# 삼국유사

# 삼국유사

일연 지음 · 배성우 편역

신라출판사

《삼국유사》는 《삼국사기》와 더불어 우리 민족의 가장 오래된 역사서이다. 《삼국사기》가 정확한 사실의 역사를 기록한 것과는 달리, 《삼국유사》는 민간에서 전해오는 야사(野史)를 중심으로 다루고 있다. 따라서 《삼국사기》에서는 찾아볼 수 없는 민간의 여러 가지 이야기들이 실려 있으며, 이들은 고대의 문학, 언어, 민속, 사상, 종교 등을 이해하는데 귀중한 자료가 되고 있다.

그럼에도 불구하고 《삼국유사》를 읽은 사람들이 그리 많지 않다. 이미 오래된 역사서이고, 따분한 옛날 이야기 책이라는 선입감 때문에 일반인들이 쉽게 접하지 않기 때문이다. 《삼국유사》의 이야기들은 옛날 이야기이고 현대인들이 납득하기 어려운 이야기들이 대부분이다. 그러나 그 속에서 우리는 우리 조상들의 삶의 방식과 삶에 대한 깊은 성찰을 발견할 수 있다.

우리는 무엇을 위해 살아가고 있는가? 깨달음을 위해 자신의 몸을 버리는 사람들, 하룻밤의 인연을 소중히 여겨 은혜를 갚는 호랑이, 자신의 잘못을 인정하고 참회하는 엄장, 부모를 위해 자기 허벅지 살을 베거나, 자신의 아이를 묻으려 하는 사람, 뼈만 남은 수달이 자신의 새끼를 찾아 간 이야기 등등 많은 이야기들이 우리를 기다리고 있다.

그렇기 때문에 이 책에서는 왕력 편을 제외한 모든 이야기를 실었다. 그리고 독자들이 보다 친근하게 다가갈 수 있도록 어려운 용어들을 쉬운 우리말로 바꾸는데 중점을 두었다.

아무쪼록 이 책이 우리의 이야기를 가까이 하는 데 도움이 되기를 바란다. 끝으로 이 책을 출간하는 데 도움을 주신 신라출판사에 감사드린다.

편역을 마치며

# 일연에 대하여

　일연(一然, 1206~1289)은 고려 후기의 고승으로 출가하기 전의 성은 김(金), 이름은 견명(見明)이다. 자는 회연(晦然), 일연(一然)이고 호는 무극(無極), 목암(睦庵)이다. 경상북도 경산(慶山)에서 출생하였다.

　1214년(고종 1년), 나이 9세에 전라도 해양 무량사(無量寺)에 들어가 대웅(大雄) 스님 밑에서 학문을 닦다가 1219년 14세에 승려가 되었고 1227년 22세에 승과(僧科)에 급제하였다. 그 후 20여 년 동안 은둔하여 수도에 정진하였다.

　1261년(원종 2년)에 왕명으로 선월사(禪月寺) 주지가 되어 목우(牧牛)의 법을 이었다. 1277년(충렬왕 3년)에 운문사(雲門寺) 주지가 되어 왕에게 법을 강론하였다. 1283년 국존(國尊)으로 추대되고 원경충조(圓經沖照)의 호를 받았다. 1284년 경상북도 군위(軍威)의 인각사(麟角寺)를 중건하고 궁궐에서 구산문도회(九山門都會)를 열었다. 1289년 84세의 나이로 입적하였다.

　저서로는 《삼국유사(三國遺事)》 외에도 《어록(語錄)》, 《계승잡저(界乘雜著)》, 《조동오위(重編曹洞五位)》, 《조도(祖圖)》, 《대장수지록(大藏須知錄)》, 《제승법수(諸僧法數)》, 《조정사원(祖庭事苑)》, 《선문점송사원(禪門頌事苑)》 등이 있다.

# 삼국유사에 대하여

저자인 일연이 생존한 시대인 13세기는 최씨 정권의 전성기에서 몽고 침입, 그리고 강화 천도 및 몽고에 굴복 등 아주 혼란한 시기였다.

그는 청년 시기에 몽고의 침입을 겪고, 천하가 오랑캐의 복장을 입고 원(元)에 굴복하는 것을 보고는 분노를 금할 수 없었다.

이에 그는 이 《삼국유사》를 통해 민족의 자긍심을 회복하고 우리나라가 중국에 버금갈 만한 유구한 역사를 지닌 민족임을 드러내고자 하였다.

《삼국유사》는 김부식(金富軾)이 편찬한 《삼국사기(三國史記)》와 더불어 현존하는 한국 고대 사적(史籍)의 쌍벽으로 평가받고 있다.

일연의 혼자 힘으로 씌어진 《삼국유사》는 그 체재가 여러 사관(史官)에 의하여 이루어진 《삼국사기》에 비하여 떨어지고, 질서 없이 이 글 저 글 뒤섞여 있으며, 조금은 믿기 어려운 이야기도 많이 나타나고 있다. 그러나 이러한 점이 오늘날 이 책을 더욱 소중한 문헌으로 만들고 있다.

이러한 《삼국유사》에는 고조선의 단군신화를 비롯하여, 부여, 신라, 가락국 등의 건국신화 등이 실려 있다. 그 중에서도 특히 고조선에 관한 서술은 우리 민족의 유구한 역사를 내세울 수 있게 하고, 단군신화(檀君神話)는 단군을 국조(國祖)로 받드는 근거를 제시하여 주는 기록인 것이다. 그밖에도 많은 전설과 신화가 수록되어 있어 설화문학서(說話文學書)라고도 일컬을 만하다.

또한 우리나라 최초의 정형시가인 향찰(鄕札)로 표기된 14수의 향가(鄕歌)가 실려 있어 국문학에서는 사서(史書) 이상의 귀중한 자료가 되고 있다.

또한 불교에 관한 풍부한 자료뿐만 아니라 우리 조상들의 사상, 민속 등 다방면에 걸친 내용 또한 귀중한 자료가 되고 있다.

《삼국유사》의 간행 연대는 확실하지 않으나, 대체로 1281~1283년경으로 보는 것이 일반적인 견해이다.

《삼국유사》는 모두 5권으로 다음과 같이 구성되어 있다.

1권 : 왕력(王曆)과 제1 기이(紀異)

2권 : 제2 기이(紀異)

3권 : 제3 흥법(興法), 제4 탑상(塔像)

4권 : 제5 의해(義解)

5권 : 제6 신주(神呪), 제7 감통(感通), 제8 피은(避隱), 제9 효선(孝善)

차례

# 3권

# 4권

## 제5 의해(第五義解)

# 5권

## 제6 신주(第六神呪)

# 제1 기이(第一紀異)

# 제1 기이

첫머리에 말한다.

대체로 옛날 성인(聖人)들이 예(禮)와 악(樂)으로 나라를 일으켜 인(仁)과 의(義)로써 가르침을 베풀었을 때, 괴이, 용력, 패란 및 귀신과 같이 이성적으로 설명하기 어려운 불가사의한 일에 대해서는 어디에서도 말하지 않았다. 그러나 제왕이 일어나려고 할 때는 부명(符命, 하늘이 제왕이 될만한 자에게 내리는 상서로운 징조)을 받는다, 도록(미래를 점쳐 두었다는 예언집)을 받는다 하여 반드시 보통 사람과는 다른 데가 있었고 그런 연후에야 비로소 큰 사변을 이용하여 정권을 잡고 큰일을 성취하였다.

그렇기 때문에 황하로부터 그림(河圖, 중국의 복희 시대에 황하에서 나왔다는 팔괘그림)이 나오고 낙수(洛水)로부터 글(洛書, 중국 우 시대에 낙수로부터 나왔다는 글)이 나오면서 성인이 나타나게 되었으며, 무지개가 신모(神母)를 둘러싸서 희(羲)를 낳고 용이 여등(女登)과 관계하여 염(炎)을 낳고, 황아(皇娥)가 궁상이라는 들에서 놀다가 자칭 백제(白帝)의 아들이라는 신동과 관계하여 소호(小昊)를 낳고, 간적(簡狄)이 알을 삼키고서 설(楔)을 낳고 강원(姜嫄)은 거인의 발자국을 밟고서 기를 낳았으며 요(堯)는 14개월만에 태어났고, 용이 큰 연못에서 교미하여 패공(沛公)을 낳았다. 이로부터 내려오는 일을 어찌 다 기록할 수 있겠는가? 따라서 삼국의 시조 모두가 그 신비스럽고 기이한 데서 나타난 것을 어찌 괴이하다고 하겠는가? 이것이 기이(紀異) 편을 이 책의 첫머리에 싣게 된 이유이다.

## 고조선(왕검조선)

《위서(魏書)》에는 다음과 같이 전한다.

지금으로부터 2천년 전에 단군왕검이라는 이가 아사달에 도읍을 정하고 나라를 세워 조선이라 하니 중국의 요 임금과 같은 시대이다.

《고기(古記)》에는 다음과 같이 전한다.

옛날 환인의 서자 환웅이란 이가 자주 천하에 뜻을 두고 인간 세상을 탐내어 요구하였다. 그 아버지가 아들의 뜻을 알고 삼위태백 땅을 내려다보니 인간들에게 크나큰 이익을 줄 만하여 이에 천부인 세 개를 주어 내려보내 다스리게 하였다.

환웅은 무리 3천명을 거느리고 태백산(지금의 묘향산) 꼭대기 신단수 아래 내려오니 여기를 신시라 하고 그를 환웅천왕이라 했다. 그는 풍백(風伯, 바람 맡은 우두머리), 우사(雨師, 비 맡은 우두머리), 운사(雲師, 구름 맡은 우두머리)를 거느리고 농사, 생명, 질병, 형벌, 선악 등 인간 세상의 360여 가지 일을 주관하여 세상에 살면서 다스렸다.

때마침 곰 한 마리와 범 한 마리가 같은 굴에 살면서 항상 환웅에게 사람으로 만들어 달라고 빌었다. 이에 환웅은 신령한 쑥 한 다발과 마늘 스무 개를 주었다.

"너희들이 이것을 먹고 백일동안 햇빛을 보지 않으면 사람의 형체를 얻게 될 것이다."

곰과 범은 이것을 얻어먹고 21일 동안 참았다. 곰은 계집의 몸이 되고 범은 참지 못해서 사람의 몸으로 변하지 못하였다. 웅녀는 혼인할 자리가 없었다. 매일 신단수 아래서 어린애를 배도록 해달라고 기원했다. 환웅은 잠시 사람으로 변하여 그와 혼인하였다. 웅녀가 아들을 낳으니 이가 단군왕검이다.

단군왕검은 중국의 요임금이 즉위한 50년에 평양성에 도읍을 정하고 나라를 조선이라 불렀다. 후에 다시 도읍을 백악산 아사달로 옮겼다. 그곳은 궁홀산이라고도 하고 금미달이라고도 하며 1,500년 동안 나라를 다스렸다.

주나라 무왕이 즉위한 기묘년에 무왕은 기자를 조선의 임금으로 임명하였다. 단군은 곧 장당경으로 옮겼다가 후에 다시 돌아와 아사달에 숨어서 산신이 되었으니 나이가 1,908세였다.

당나라 《배구전(裵矩傳)》에는 다음과 같이 전한다.

고려는 본시 고죽국(孤竹, 지금의 해주)인데 주나라가 기자를 조선의 왕으로 봉함으로써 조선이라 하였다. 한나라가 3군으로 나누어 다스렸는데 현도, 낙랑, 대방이다. 《통전(通典)》 또한 위와 같은 기록이 전한다.


## 위만조선

《전한서(前漢書)》 조선전(朝鮮傳)에는 다음과 같이 전한다.

처음 연나라 때부터 진번 조선을 빼앗아 거기에 관리를 두고 성을 쌓았다. 진나라가 연나라를 멸망시키자 요동의 변방에 속했었다. 한나라가 일어나자 이 땅이 멀기 때문에 지키기 어려워 다시 요동의 옛

보루를 수리하고 패수를 경계 삼아 연나라에 예속시켰다. 연나라 왕 노관은 배반하여 흉노에게로 갔다. 이에 연나라 사람 위만이 천여 명의 무리를 이끌고 동쪽 국경을 넘어 달아났다. 패수를 건너 진나라 옛 공터의 아래위 보루에 와서 살았다. 위만은 진번 조선의 무리들과 예전 연나라, 제나라의 망명자들을 종속시키고 임금이 되어 왕검성에 도읍하고 무력으로써 근방 작은 고을들을 침범하여 종속시키니 진번, 임둔이 모두 항복하여 영토가 수천 리나 되었다. 그의 아들을 거쳐 손자 우거에 이르러 진번과 진국이 글을 올려 한나라의 천자를 뵙고자 청하였으나 우거가 길을 막아 통하지 못하였다.

한나라 무제 2년 즉 기원전 109년에 한나라의 사신 섭하가 우거를 타일렀으나, 우거는 끝내 거절하였다. 섭하가 돌아가면서 국경의 패수에 다다르자 그는 마부를 시켜 자신을 배웅하는 조선의 비왕 장을 찔러 죽이고 곧 패수를 건너 한나라로 돌아가 이 사실을 천자에게 보고하였다. 천자는 섭하를 요동의 동부도위로 임명하였다. 섭하에게 원한을 품고 있던 조선은 습격하여 그를 죽였다.

천자는 누선장군 양복을 보내어 제나라로부터 발해를 건너게 하니 군사가 5만이었다. 또한 좌장군 순체는 요동에서 나와 우거를 공격하였다. 우거는 군사를 풀어 험한 지형에서 맞섰다. 누선장군은 제나라 군사 7천명을 거느리고 먼저 왕검성에 도착하였다. 우거는 성을 지키다가 누선장군의 군사가 적은 것을 탐지하고 곧 나가서 누선장군을 공격하자, 누선장군은 패하여 달아났다. 누선장군 양복은 군사들을 잃어버리고 산중으로 도망가서 붙들리지는 않았다. 좌장군은 조선의 패수 서쪽 군사를 공격하였으나 이를 깨뜨릴 수 없었다.

천자는 두 장군이 불리함을 깨닫고 곧 위산을 사신으로 보내어 군사의 위엄으로 우거를 타이르자 우거가 항복을 청하고 태자를 보내어 천자에게 말을 바치기로 했다. 태자의 일행 만여 명이 무기를 들고 패수를 건너려 하자, 위산과 좌장군은 변고가 있을까 의심하였다.

"이미 항복을 했으니 병기를 지닐 필요가 없다."

태자도 역시 위산이 속일까 두려워 패수를 건너지 않고 다시 돌아갔다. 천자에게 이 일을 보고하니 천자가 위산의 목을 베었다.

좌장군은 패수의 위쪽 군사를 깨뜨리고 나아가 성 밑에 이르러 그 서북쪽을 둘러쌌다. 누선 장군도 와서 왕성 남쪽에 모였다. 우거는 성을 굳게 지켰으므로 몇 달을 두고 항복시킬 수 없었다. 천자는 오랫동안 싸움을 결판낼 수 없게 되자, 예전의 제남 태수 공손수를 시켜 공격하도록 하면서 그에게는 일을 처리할 권한이 부여되었다. 그가 도착하자 곧 누선장군을 체포하고 그의 군대를 병합하여 좌장군과 함께 조선을 공격하였다. 조선의 상 노인(相路人), 상한도(相韓陶), 이계(尼谿)의 상삼(相參), 장군 왕협이 서로 의논하고 항복하려고 하였으나 왕이 이를 거부하였다. 이에 한도와 왕협과 노인은 모두 도망하여 한나라에 항복하였는데 노인은 도중에 죽었다.

한나라 무제 즉위 3년 즉 기원전 108년 여름에 이계의 상삼은 사람을 보내 왕 우거를 죽이고 와서 항복하였으나 다시 우거의 대신 성기(成己)가 배반하여 왕검성은 예속되지 않았다. 좌장군이 우거의 아들 장과 노인의 아들 최를 시켜 그의 백성들로 하여금 성기를 암살하게 하였다. 마침내 조선을 평정하고 진번, 임둔, 낙랑, 현도 4군을 만들었다.


## 마한

〈위지(魏志)〉에는 다음과 같이 전한다.

위만이 조선을 공격하자 조선 준왕은 궁인과 측근들을 데리고 바다를 건너 남쪽 한(韓)의 땅에 도착하여 나라를 세우니 마한(馬韓)이라 하였다.

또 견훤이 태조에게 올린 글에는 다음과 같이 전한다.

옛날에 마한이 먼저 일어나고 혁거세가 일어나자 이에 백제가 금마산에서 나라를 창건하였다.

또한 최치원은 다음과 같이 말하였다.

마한은 고구려요, 진한은 신라이다. 4이(四夷)는 9이(九夷)·9한(九韓)·예(穢)·맥(貊)이다. 《주례(周禮)》에서 직방씨(職가方氏)가 4이(四夷)와 9맥(九貊)을 다스렸다고 한 것은 동이(東夷)의 종족으로 즉 9이(九夷)이다.

《삼국사(三國史)》에는 다음과 같이 전한다.

명주(溟洲)는 옛날 예(穢) 나라이며, 농부가 밭을 갈다가 예(穢) 왕의 인장을 얻어 나라에 바쳤다. 춘추(春秋)는 옛날의 우수주(牛首州)인데 옛날 맥(貊) 나라이다. 또한 어떤 이는 지금의 삭주(朔州)가 맥(貊) 나라라 하고 어떤 이는 평양성(平壤城)이 맥 나라라고도 한다.

《회남자(淮南子)》의 주석(註釋)에는 다음과 같이 전한다.

동이는 아홉 종족이 있다.

《논어정의(論語正義)》에서는 다음과 같이 전한다.

아홉 종족은 첫째 현도, 둘째 낙랑, 셋째 고려, 넷째 만식(滿飾), 다섯째 부유(鳧臾), 여섯째 소가(素家), 일곱째 동도(東屠), 여덟째 왜인(倭人), 아홉째 천비(天鄙)이다.

《해동안홍기(海東安弘記)》에서는 다음과 같이 전한다.

9한(九韓)은 첫째 일본(日本), 둘째 중화(中華), 셋째 오월(吳越), 넷째 탁라(?羅), 다섯째 응유(鷹遊), 여섯째 말갈(靺鞨), 일곱째 단국(丹國), 여덟째 여진(女眞), 아홉째 예맥(濊貊)이다.

## 2부

《전한서(前漢書)》에는 다음과 같이 전한다.

기원전 82년에 조선의 옛 땅에 두 곳의 외부(外府)를 두었다. 두 곳의 외부는 평나(平那)와 현도군 등의 평주도독부(平州都督府)와, 임둔(臨屯)과 낙랑(樂浪) 등의 땅에 설치한 동부도위부(東部都尉府)를 말한다.


## 72국

《통전(通典)》에는 다음과 같이 전한다.

조선의 유민들은 70여 국으로 나뉘어 있으며, 영토가 모두 사방 100리나 된다.

《후한서(後漢書)》에는 다음과 같이 전한다.

서한(西漢)이 조선의 옛 땅에 최초 4군을 두었다가 뒤에는 두 곳의 외부를 두었다. 법령이 점차 번거로워지자 78국으로 나누었는데 각각 1만 호였다.


## 낙랑국

전한(前漢) 때에 처음으로 낙랑군을 설치하였고, 응소는 이를 옛날의 조선국이라 하였다.

《신당서(新唐書)》 주석에는 다음과 같이 전한다.

평양성은 옛날 한(漢)나라의 낙랑군이다.

《국사(國史)》에는 다음과 같이 전한다.

혁거세 30년에 낙랑 사람들이 항복해 왔다. 또한 제3대 노례왕 4년에 고구려의 무휼왕이 낙랑을 쳐서 멸망시키니 그 나라 사람들이 북대방 사람들과 함께 신라에 귀순하였다.

또한 무휼왕 27년에 한나라의 광호제(光虎帝)가 사신을 보내어 낙랑을 정벌하고 그 땅을 빼앗아 군과 현을 만들었으니 살수 이남이 한나라에 속하였다.

또한 백제의 온조는 다음과 같이 말하였다.

"동쪽으로 낙랑이 있고 북쪽으로 말갈이 있다."

아마도 이는 한나라 때 낙랑군에 속했던 현의 땅일 것이다. 신라 사람도 역시 낙랑이라고 부르므로 지금 우리나라도 역시 여기 준하여 낙랑군 부인이란 말이 있고, 또 태조가 김부에게 딸을 시집보내고 낙랑공주라 하였다.

## 북대방

북대방은 본래 죽담성이다. 신라 노례왕 4년 즉 기원전 27년에 대방 사람이 낙랑 사람과 함께 신라로 귀순해 왔다.

## 남대방

조조(曹操)의 위나라 때 처음으로 남대방군을 두었기 때문에 남대방이라 했다. 대방 남쪽의 바닷물은 1천리나 되었는데 이를 한해(翰海)라고 한다.

# 말갈과 발해

《통전(通典)》에 다음과 같이 전한다.

발해는 본래 '속말말갈(粟末靺鞨)'로서 그 추장인 조영(祚榮)에 이르러 나라를 세우고 자칭 진단(震旦)이라 부르더니 712년에 비로소 말갈이라는 이름을 버리고 발해라 하였다. 712년에 조영이 죽자 시호를 고왕이라 하였다. 세자가 이어서 왕위에 오르니 명황(明皇, 당나라 현종)이 왕위 계승의 책문을 내리고 왕위를 계승하게 하였다. 그런데 발해가 해동지역의 강국으로 성장하자 사사로이 연호를 고치고 이 지역에 5경 15부 62주를 두었다. 후당(後唐) 천성(天成)초년(初年) 즉 926년에 거란이 나라를 쳐부수었고 그 후 거란의 지배를 받게 되었다.

《삼국사(三國史)》에는 다음과 같이 전한다.

의봉(儀鳳) 3년 즉 678년에 고구려의 남은 자손들이 무리를 모아 태백산 아래를 의지하여 국호를 발해라 했다. 732년에 명황이 장수를 보내어 토벌하였다. 또 이듬해인 성덕왕 32년, 당나라 현종 갑술년에 발해와 말갈이 바다를 건너 당나라의 등주를 공격하니 현종이 이를 막았다.

신라 고기(古記)에는 다음과 같이 전한다.

고구려의 옛 장수 조영의 성은 대씨이며, 고구려의 남은 병사를 모아 태백산 남쪽에 나라를 세우고 국호를 발해라 하였다.

이상의 여러 글들을 고려해 볼 때 발해는 말갈의 별종으로 다만 갈라지고 합해짐이 같지 않을 뿐이다. 《지장도(指掌圖)》에 따르면 발해는 장성 동북쪽 외각에 있다 하였다.

가탐《군국지(君國志)》에는 다음과 같이 전한다.

발해국의 압록·남해·부여·추성 네 고을은 모두 고구려의 옛 땅이다. 신라의 천정군(泉井郡, 지금의 용주(湧州)이다)으로부터 추성부까지 39개의 역(驛)이 있다.

또한《삼국사(三國史)》에는 다음과 같이 전한다.

백제 말년에 발해와 말갈과 신라가 백제의 땅을 갈랐다.

신라 사람들은 다음과 같이 말하곤 하였다.

북쪽에는 말갈이 있고, 남쪽에는 왜인이 있고, 서쪽에는 백제가 있으니 이것이 나라의 해가 된다. 또한 말갈의 땅은 아슬라주(阿瑟羅州)에 접하였다.

또《동명기(東明記)》에는 다음과 같이 전한다.

졸본성은 땅이 말갈에 인접하고 있다. 신라 제6대 지마왕(祇摩王) 14년 즉 125년에 말갈 군사가 북쪽 국경으로 대거 몰려와서 대령(大嶺)의 목책(木柵: 말뚝 따위를 잇달아 박아 만든 울타리)을 습격하고 이하(泥河)를 건넜다.

《후위서(後魏書)》에는 말갈을 물길로 썼으며,《지장도(指掌圖)》에는 읍루는 물길과 함께 모두 숙신(肅愼)이다 라고 하였다. 흑수와 옥저는 동파(東坡)의《지장도》를 보면 진한의 북쪽에 있었으며 남·북 흑수가 있었다. 상고해 보면 동명제 즉위 10년에 북옥저를 멸망시켰고, 온조왕 42년에는 남옥저의 20여 가호가 신라로 귀순해 왔다. 또 혁거세 53년에는 동옥저가 와서 좋은 말을 바쳤다고 하였으니 동옥저도 있었음을 알 수 있다.《지장도》에는 흑수는 만리장성 북쪽에 있고 옥저는 만리장성 남쪽에 있다고 하였다.


## 이서국

노례왕 14년에 이서국 사람이 금성을 침략했다. 예로부터 전해오는 운문사의《제사납전기(諸寺納田記)》에 따르면 '당 태종 즉위 6년 임진년 632년에 이서군 금오촌 영미사 납전' 이라는 구절이 있다. 금오

촌은 바로 지금의 청도(淸道) 땅이며, 청도군은 즉 옛날 이서군이다.

## 5가야

5가야는 아라가야(阿羅伽倻, 지금의 함안), 고령가야(古寧伽倻, 지금의 함녕), 대가야(大伽倻, 지금의 고령이다), 성산가야(星山伽倻, 지금의 경산), 소가야(小伽倻, 지금의 고성이다)이다.
또한 고려《사략》에는 다음과 같이 전한다.
태조 천복 5년 경자년 940년에 5가야의 이름을 고쳤다. 첫째 금관, 둘째 고령, 셋째 비화 나머지 둘은 아라와 성산이다.

## 북부여

《고기(古記)》에는 다음과 같이 전한다.
기원전 59년 4월 8일에 천제(天帝)가 다섯 마리 용이 끄는 수레를 타고 흘승골성(訖升骨城)에 내려와 도읍을 정하고 왕이 되었다. 나라 이름을 북부여라 하고 자신을 해모수라 하였다. 아들을 낳아 이름을 부루(夫婁)라 하고 '해(解)' 씨로 성을 삼았다. 그 후 왕은 상제(上帝)의 명령에 따라 동부여로 옮기게 되었다. 이후 동명제가 북부여의 땅에서 일어나 졸본주(卒本州)에 도읍을 세우고 졸본부여가 되었으니 곧 고구려의 시조이다.

# 동부여

북부여 왕 해부루의 신하 아란불(阿蘭佛)의 꿈에 천제가 내려왔다.
"장차 나의 자손을 보내 이곳에 나라를 세울 것이다. 너는 이곳을
떠나라. 동해 해변에 가섭원이라는 땅은 토지가 기름져서 왕도를 삼
을 만 하노라."
아란불이 왕에게 권하여 도읍을 그곳으로 옮기도록 하고 나라이름
을 동부여라 하였다.
부루는 늙도록 자식이 없었다. 하루는 산천에 제사를 지내어 대를
이을 아들을 점지해 주시길 빌었다. 돌아오는 길에 부루 곤연(鯤淵)
에 이르렀을 때, 부루의 말이 큰돌을 마주 보고 눈물을 흘렸다. 왕은
이를 괴상히 여겨 사람을 시켜 그 돌을 굴렸다. 그러자 돌 밑에 금빛
개구리 형상의 어린아이가 있었다. 왕은 기쁨에 차 말했다.
"이는 하늘이 나에게 주시는 아들인가 보다."
그 아이를 거두어 기르고 이름을 '금와'라 하였다.
금와가 자라자 태자로 삼고 부루가 죽자 금와가 왕위를 이었다. 그
후 다음 왕위를 태자 대소에게 전하였다. 그 후 지황 3년 임오년 즉
기원후 22년에 이르러 고구려 무휼왕(撫恤王)이 부여를 공격하여 왕
대소를 죽이니 나라가 없어졌다.


# 고구려

고구려는 곧 졸본부여이다. 어떤 이는 말하기를 지금의 화주(和州)
또는 성주(成州)라고도 하나 모두 잘못이다. 졸본주는 요동 경계에
있다.
《국사(國史)》〈고구려본기[高麗本紀]〉에는 다음과 같이 전한다.

시조 동명성제의 성은 고씨요, 이름은 주몽이다. 처음에 북부여왕 해부루가 동부여로 자리를 피하고 나서 부루가 죽자 금와가 왕위를 이었다. 이때에 금와는 태백산 남쪽 우발수에서 한 여자를 만났다.

"저는 본시 하백의 딸로서 이름은 유화인데 여러 아우들과 함께 나와 놀던 중 어떤 사내가 나타나 천제의 아들 해모수라고 자칭하였습니다. 그는 저를 웅신산 밑 압록강변의 집으로 유인하여 관계하고는 떠나서 돌아오지 않았습니다. 부모는 제가 중매도 없이 남의 말을 들었다고 꾸짖고는 이곳으로 귀양을 보내셨습니다."

금와가 이를 이상히 여겨 유화를 방 속에 몰래 가두었더니 햇빛이 그녀를 비추었다. 그녀는 이를 피하였으나 햇빛은 또 따라와 비추곤 하였다.

이래서 임신하였고 알 한 개를 낳으니 크기가 다섯 되쯤 되었다. 왕이 이것을 버려 개와 돼지에게 주니 모두 먹지 않았다. 다시 이것을 길바닥에 버렸더니 소와 말이 피하여 갔으며, 들에 버렸더니 새와 짐승이 덮어 주었다.

왕이 이것을 쪼개려 하여도 깨뜨릴 수가 없어 그만 그 어미에게 돌려주었다.

어미는 이것을 물건으로 싸서 따뜻한데 두었더니 아이 하나가 껍질을 깨고서 나왔는데 골격이나 외양이 영특하고 신비롭게 생겼다.

나이 겨우 일곱 살에 뛰어나게 숙성하여 제 손으로 활과 살을 만들어 백 번 쏘면 백 번 맞혔다. 이 나라 풍속에 활 잘 쏘는 자를 주몽이라 하였으므로 이로써 이름을 삼았다.

금와에게는 일곱 명의 아들이 있었다. 언제나 주몽과 함께 노는데 재주가 그를 따르지 못했다. 맏아들 대소가 왕을 찾았다.

"주몽은 사람의 소생이 아니니 빨리 처치하십시오. 만일 빨리 처치하지 않는다면 후환이 있을 것입니다."

그러나 왕은 이 말을 듣지 않았다.

왕이 주몽을 시켜 말을 기르게 하였다. 주몽은 날쌘 말에게는 먹이를 덜 주어 여위도록 만들고 굼뜬 말은 잘 먹여서 살이 찌도록 하였다. 왕은 살찐 놈을 자신이 타고 여윈 놈을 주몽에게 주었다.

여러 왕자들과 여러 신하들이 장차 그를 모해하고자 하는 것을 주몽의 어머니가 알게 되었다.

"이 나라 사람들이 장차 너를 해치려고 하는데 너와 같은 재주를 가지고 어디로 간들 못 살겠느냐? 빨리 손을 쓰는 것이 좋을 것이다."

이에 주몽은 오이 등 세 사람과 벗이 되어 부여를 도망쳤다. 추격자들이 뒤쫓았다. 엄수에 이르자 물이 깊어 건널 수 없었다.

"나는 천제의 아들이요 하백의 손자인데 오늘 도망을 가는 길에 뒤따르는 자가 쫓아 닥치니 좀 도와 주십시오."

주몽이 물에게 도움을 요청하자 고기와 자라들이 나와 다리로 되었다. 주몽 일행이 물을 건너자 다리는 풀려버려 추격하던 자들을 따돌릴 수 있었다.

그는 졸본주까지 와서 그곳을 도읍으로 정하였다. 미처 궁궐을 지을 사이도 없어 그저 비류수가에 초막을 짓고 살면서 나라 이름을 고구려라 하였다. 이로 인하여 고(高)씨로 성을 삼았다. 본래의 성은 해씨였는데, 지금 스스로 천제의 아들로 햇빛을 받아 출생하였기 때문에 스스로 높을 고자로 성을 삼은 것이다.

한나라 효원제(孝元帝) 건소(建昭) 2년 즉 기원전 37년에 열 두 살의 나이로 즉위하고 왕이 되었다. 고구려는 전성기에 210,508호였다.

《주림전(珠琳傳)》제21권에 다음과 같이 전한다.

옛날 영품리왕의 몸종이 태기가 있어 점쟁이가 점을 쳤다.

"아이를 낳으면 반드시 왕이 되리다."

이 말을 들은 왕은 말하였다.

"내 자식이 아니니 마땅히 죽여야 한다.

몸종이 말하기를,

"하늘로부터 기운이 뻗쳐 와서 내가 아이를 밴 것입니다."

그녀가 아들을 낳게 되자 상서롭지 못하다 하여 돼지우리에 버렸다. 돼지가 입김을 불어 따뜻하게 해주었다. 마구간에 버리니 말이 젖을 먹여서 죽지 않았다. 마침내 부여 왕이 되었다.


## 변한과 백제

신라시조 박혁거세가 즉위한지 19년 임오년에 변한 사람이 나라를 바치면서 투항해 왔다.

《신당서(新唐書)》와 《구당서(舊唐書)》에는 다음과 같이 전한다.

변한의 후예들이 낙랑 땅에서 살고 있다.

《후한서》에는 다음과 같이 전한다.

변한은 남쪽에 있고 마한은 서쪽에 있고 진한은 동쪽에 있다.

최치원은 변한이 백제라고 하였다.

〈본기〉에 따르면 온조가 나라를 세운 것은 홍가 4년 즉 기원전 17년이라 했으니 혁거세나 동명왕보다도 40여 년 뒤의 일이다.

그런데 《당서》에는 '변한의 후손들이 낙랑 땅에 살고 있다' 라고 하였다. 이것은 온조왕의 계통이 동명왕에서 나왔기 때문에 그렇게 말한 것이다. 낙랑 땅에서 어떤 인물이 나타나 변한에 나라를 세우고 마한 등과 함께 대치한 적이 있었다고 한 것은 아마도 온조 이전에 있었던 일로 생각된다. 결국 백제가 도읍한 곳이 낙랑 북쪽에 있었다는 것은 아니다.

어떤 이는 구룡산을 변나산(卞那山)이라 불렀기 때문에 고구려를 변한이라 하는 자가 있는데 대체로 이는 잘못이다. 마땅히 옛날 현인(賢人)의 말을 옳다 해야 할 것이다. 백제 땅에는 원래 변산(卞山)이 있었으므로 변한이라 한 것이다. 백제의 전성기에는 호수가 152,300

호였다.


## 진한

《후한서》에는 다음과 같이 전한다.

진한의 노인들이 직접 말하기를 진(秦)나라 망명자들이 한(韓)나라로 오자, 마한이 동쪽 지역 땅을 떼어 주었다. 그들은 한 무리를 이루었는데, 서로 부르는 소리가 진나라 말과 비슷하여 진한(秦韓)이라고도 불렸다. 열두 개의 작은 나라가 있었고 각각 1만 호였다.

또 최치원은 말하였다.

"진한은 본래 연나라 사람들이 도피해 온 곳인데, 탁수의 이름을 따서 그들이 사는 고을과 마을 이름을 사탁, 점탁 등으로 불렀다."

신라는 전성기에 서울이 178,936호에 1,360 동네요, 주위가 55리였다. 서울 안에는 서른 다섯 개의 큰 저택이 있었으니 남택(南宅)·북택(北宅)·우비소택·본피택(本彼宅)·양택(梁宅)·지상택(池上宅)·재매정택(財買井宅)·북유택(北維宅)·남유택(南維宅)·대택(大宅)·빈지택(賓支宅)·장사택(長沙宅)·상앵택(上櫻宅)·하앵택(下櫻宅)·수망택(水望宅)·천택(泉宅)·양상택(楊上宅)·한기택·비혈택(鼻穴宅)·판적택(板積宅)·별교택(別教宅)·아남택(衙南宅)·금양종택(金楊宗宅)·곡수택(曲水宅)·유야택(柳也宅)·사하택(寺下宅)·사량택(沙梁宅)·정상택(井上宅)·이남택(里南宅)·사내곡택(思內曲宅)·지택(池宅)·사상택(寺上宅)·임상택(林上宅)·교남택(橋南宅)·항즐택(巷叱宅)·누상택(樓上宅)·이상택(里上宅)·명남택(椧南宅)·정하택(井下宅)이다.

## 계절 따라 노니는 저택

봄에는 동야택(東野宅), 여름에는 곡량택(谷良宅), 가을은 구지택(仇知宅), 겨울은 가이택(加伊宅)이다. 제49대 헌강왕 때에는 성안에 초가집이 하나도 없었고, 처마와 담장이 서로 맞닿아 있었으며, 노래와 피리소리가 길에 가득하여 밤낮으로 그치지 않았다.

## 신라 시조 혁거세왕

예로부터 진한 땅에는 여섯 마을이 있었다.

첫째는 양산촌으로, 그 남쪽은 지금의 담엄사이며, 촌장을 알평이라 하였다. 최초에 표암봉으로 내려 왔으며, 급량부 이씨의 조상이 되었다. 노례왕 9년에 부(部)를 설치하여 이름을 급량부라 하였고, 고려 태조 천복 5년 경자년에 이름을 중흥부라 고쳤다. 파잠 · 동산 · 피상 · 동촌이 여기에 속한다.

둘째는 돌산 고허촌으로, 촌장을 소벌도리라 하였다. 최초에 형산으로 내려왔으며, 사량부 정씨의 조상이 되었다. 지금은 남산부라 하며, 구량벌 · 마등오 · 도북 · 회덕 등 남쪽 마을들이 여기에 속한다.

셋째는 무산 대수촌으로, 촌장을 구례마라고 하였다. 최초에 이산으로 내려 왔으며, 점량부 또는 모량부 손씨의 조상이 되었다. 지금은 장복부라고 하며, 박곡촌 같은 서쪽 마을들이 여기에 속한다.

넷째는 취산 진지촌으로, 촌장을 지백호라 하였다. 최초에 화산으로 내려 왔으며, 본피부 최씨의 조상이 되었다. 지금은 통선부라고 하며, 시파와 같은 동남쪽 마을들이 여기에 속한다. 최치원은 이 본피부 사람이며, 지금도 황룡사 남쪽 미탄사 앞에 옛날 집터가 있어 이것이 최씨의 옛집이라고 전해진다.

다섯째는 금산 가리촌으로 촌장을 지타라고 하였다. 최초에 명활산으로 내려왔으며, 한기부 또는 한지부 배씨의 조상이 되었다. 지금은 가덕부라고 하며, 상서지, 하서지, 내아 등 동쪽 마을들이 여기에 속한다.

여섯째는 명활산 고야촌으로 촌장을 호진이라 하였다. 최초에 금강산으로 내려왔으며, 습비부 설씨의 조상이 되었다. 지금은 임천부라고 하며, 물이촌·잉구며촌·궐곡 같은 동북쪽 마을들이 여기에 속한다.

위에 글들을 고려해 볼 때, 이 여섯 부의 조상들은 모두 하늘에서 내려온 것 같다. 노례왕 9년에 처음으로 여섯 부의 이름을 고쳤고, 또 각각 성(姓)을 주었다. 지금 풍속에서 중흥부를 어머니, 장복부를 아버지라 하고, 임천부를 아들, 가덕부를 딸로 삼는데, 그 까닭은 전해지지 않는다.

전한 지절 원년 임자년 즉 기원전 69년 3월 초하룻날 여섯 부의 조상들은 각기 그 자제들을 데리고 알천 강변 언덕에 모여 의논하였다.

"우리들은 위로 백성들을 다스릴 만한 임금을 가지지 못하여 백성들이 모두 방종하고 제멋대로 하고 있다. 덕이 있는 사람을 찾아내어 임금으로 삼아 나라를 세우고 도읍을 정하는 것이 어떻겠는가?"

그런 다음 모두 높은 데 올라가 남쪽을 바라보았다. 양산 아래 나정(蘿井)이라는 우물 옆에 이상한 기운이 번개처럼 땅에 드리우고 백마 한 마리가 무릎을 꿇고 절하는 모습이 보였다. 그 곳을 찾아가 살펴보니 자주색 알 한 개가 있었다. 말은 사람을 보자 울음소리를 길게 뽑으면서 하늘로 올라갔다.

그 알을 쪼개자 모습이 단정하고 아름다운 사내아이가 있었다. 사람들은 놀랍고도 이상하여 아이를 동천에서 목욕을 시키자, 몸에서 광채가 나고 새와 짐승들이 모두 춤을 추며 천지가 진동하고 해와 달이 맑게 밝았다. 따라서 이름을 혁거세왕(赫居世王, 혹은 불구내왕(弗

矩內王)이라고도 한다. 이는 밝은 빛으로 세상을 다스린다는 뜻이다. 설명하는 사람들에 의하면 이는 서술성모(西述聖母)가 낳았다고 한다. 중국 사람들이 선도성모(仙桃聖母)를 찬양하는 글에 어진 사람을 낳아서 나라를 세웠다는 말이 있는데, 이를 두고 말한 것이라 하였다. 그렇기 때문에 계룡이 상서로움을 나타내어 알영을 낳은 것 또한 서술성모가 나타났음을 말함이 아니겠는가 라고 한다)이라 하고 왕의 칭호는 거슬한(居瑟邯) 혹은 거서간(居西干)이라고도 하였다. 처음 입을 열었을 때 스스로 '알지 거서간이 한 번 일어났다' 라고 하였으므로 그에 따라 불렀던 것인데, 이후 왕의 존칭이 되었다.

당시 사람들이 다투어 가면서 축하를 하며 말하였다.

"이제 천자님이 이 땅에 내려 왔으니 마땅히 덕 있는 왕후를 찾아서 배필을 정해야 하겠다."

그 날 사량리 알영정에서 계룡이 나타나서 왼쪽 옆구리로부터 계집아이를 낳으니 용모가 매우 아름다웠다. 그러나 입술이 닭의 부리 같기 때문에 월성 북쪽 냇물에 가서 목욕을 시켰더니 그 부리가 떨어졌다. 그리하여 그 내 이름도 발천(撥川)이라 하였다.

궁궐을 남산 서쪽 기슭에 짓고는 신성한 두 아이를 모셔 길렀다. 사내아이는 알에서 나왔고 그 알이 박처럼 생겼으며, 신라 사람들은 바가지를 박이라 했기 때문에 성을 박씨라 하였다. 여자아이는 그가 나온 우물 이름을 따서 이름을 지었다. 두 성인의 나이가 열세 살이 되던 기원전 57년에 남자아이는 왕이 되고 여자아이를 왕후로 삼았다. 그리고 나라이름을 서라벌 또는 서벌(지금의 풍속에 경(京)자를 서벌이라 하는 것은 이 때문이다)이라 하였다. 혹은 '사라' 또는 '사로' 라고도 하며 처음에 왕이 계정에서 났으므로 혹은 '계림국' 이라고도 하니 계룡이 상서로움을 보여주었기 때문이다. 일설에는 탈해왕 때에 김알지를 얻으면서 숲 속에서 닭이 울었으므로 나라 이름을 계림으로 고쳤다고 한다. 후세에 와서 국호는 결국 신라로 정해졌다.

박혁거세가 나라를 다스린 지 61년 만에 하늘로 올라갔는데 이레 뒤에 유해가 땅에 흩어져 떨어졌으며 왕후도 역시 죽었다고 한다.

나라 사람들이 한 곳에 모아 장사를 지내려 하자, 큰 뱀이 나타나 방해를 하므로 다섯 동강이로 난 몸을 각각 장사지내 오릉(五陵)으로 만들었다. 이를 사릉(蛇陵)이라고도 하며, 담엄사 북쪽 왕릉이 바로 이것이다. 그 후 태자 남해왕이 왕위를 계승하였다.


## 제2대 남해왕

남해 거서간은 차차웅이라고도 한다. 이는 존장을 부르는 칭호로 오직 이 임금만 이렇게 불렀다. 아버지는 혁거세요, 어머니는 알영 부인이요, 왕비는 운제 부인(雲帝夫人, 운제(雲梯)라고도 한다)이다.

기원 후 4년에 즉위하여 21년 동안 나라를 다스리다가 24년에 죽으니 이 임금을 삼황의 첫째라고 한다.

《삼국사》에는 다음과 같이 전한다.

신라에서는 왕을 거서간이라고 불렀는데, 진한에서는 왕이란 말이며 혹은 귀인을 부르는 말이라고도 한다. 혹은 왕을 차차웅 또는 자충이라고도 하는데 김대문은 말하기를 '차차웅은 우리말로 무당을 말한다. 세상 사람들이 무당으로 귀신을 섬기고 제사를 받들므로 이를 존경하다가 마침내 높은 어른을 자충이라 하였다. 혹은 이사금이라고도 하는데 잇끔을 두고 하는 말이다'라고 하였다.

남해왕이 죽고 그 아들 노례가 왕위를 탈해에게 사양하니 탈해가 말하였다.

"내가 들은 바에 의하면 성스럽고 슬기로운 사람은 이가 많다고 합니다."

이리하여 둘은 곧 떡을 씹어 누가 더 이가 많은 지 시험해 보았다는 이야기가 전해 온다. 혹은 왕을 마립간이라고도 하는데, 김대문은 다음과 같이 말하였다.

"마립이란 것은 방언에 말뚝이란 말이다. 말뚝표는 직위에 따라 설치하는데, 왕의 말뚝이 주가 되고 신하의 말뚝은 아래로 벌려 서게 되므로 이렇게 이름을 지은 것이다."

《사론(史論)》에 의하면, 신라에서 거서간 또는 차차웅으로 불렸던 임금이 각각 한 명씩 있었고, 이사금으로 불렸던 임금이 열여섯이며, 마립간으로 불렸던 임금이 네 명 있었다.

신라 말기의 이름난 선비 최치원이 지은 《제왕연대력(帝王年代歷)》에는 모두 아무개 왕이라 하였고 거서간 등으로 부르지 않았다. 이는 그 말이 거칠고 비천하여 일컬을 말이 못된다고 해서는 아닐 것이다. 지금 신라의 일들을 기록하는데 있어서 방언들을 모두 그대로 두는 것도 역시 옳은 일일 것이다.

신라 사람들은 죽은 뒤에 왕으로 추대되는 자를 모두 갈문왕(葛文王)이라 하였는데, 그 까닭을 정확히 알 수 없다.

남해왕 시대에 낙랑국 사람들이 금성을 침범해 왔으나, 이기지 못하고 돌아갔다. 또한 천봉 5년인 18년에는 고구려에 예속되었던 일곱 나라가 투항해 왔다.


## 제3대 노례왕

박노례 이즐금(유례왕이라고도 한다)이다. 처음에 왕이 그의 매부인 탈해와 서로 왕위를 양보할 때에 탈해가 말하였다.

"무릇 덕이 있는 자는 이가 많은 법이니 마땅히 잇끔으로 시험을 해봅시다."

둘은 곧 떡을 씹어 시험을 해 보았더니 왕의 이가 많았으므로 먼저 왕위에 올랐다. 따라서 이름을 이즐금이라 하니 이즐금이란 칭호가 이 임금으로부터 시작되었다.

23년에 왕이 즉위하여 여섯 부의 칭호를 고쳐 정하고 이어 여섯 성(姓)을 내렸다.

처음으로 〈도솔가〉를 지으니 감탄할 만한 구절과 사뇌격을 갖추었다. 또한 땅을 가는 농기구를 만들고 얼음을 저장하는 빙고를 짓고 사람 타는 수레를 만들었다. 42년에는 이서국을 쳐서 없앴다. 이 해에 고구려 군사가 침범하였다.


## 제4대 탈해왕

탈해 치즐금(토해 이사금이라고도 한다)이다.

남해왕 때에 가락국 바다 가운데 어떤 배가 와서 닿았다. 가락국의 수로왕은 신하와 백성들과 함께 북을 울리면서 맞아서 머물도록 하려 하였으나, 배는 나는 듯이 달아나서 계림 동쪽 하서지촌 아진포에 닿았다.

그때 포구(浦口)에 아진의선이라는 한 노파가 있었는데, 혁거세왕 어부의 어머니였다. 그녀는 바다를 바라보며 말하였다.

"이 바다에는 원래 바위가 없는데 무슨 까닭으로 까치들이 몰려서 올까?"

그리고는 배를 저어 가서 살펴보니 배 한 척 위에 까치들이 몰려 있었고 배 가운데는 궤짝이 한 개 있었다. 궤짝의 길이는 20척이요, 너비는 13척이었다.

그녀는 배를 끌어다가 어떤 나무 숲 아래 가져다 두고 좋은 일인지 나쁜 일인지 알 수가 없어 하늘을 향하여 고하였다.

잠시 후에 열어 보니 단정하게 생긴 사내아이가 들어 있었고, 가지

각색의 보물과 노비들이 가득 실려 있었다. 7일 동안 그의 뒷바라지를 하였다.

7일이 지난 후에야 비로소 그 사내아이는 입을 열었다.

"나는 본래 용성국 사람입니다. 우리나라에는 일찍부터 28용왕이 있는데, 사람의 몸으로 나서 5, 6세부터 왕위를 이어 받아 모든 백성들이 인성을 닦고 천성을 받들도록 교화하였습니다. 8품의 성골이 있으나 차별을 두지 않고 모두가 임금자리에 오르게 됩니다. 당시 나의 부왕인 함달파가 적녀국 왕녀를 왕비로 삼았는데 오랫동안 아들이 없자, 아들 낳기를 기도하였더니 7년 후에 한 개의 커다란 알을 낳았습니다. 이에 부왕은 여러 신하들을 모아서 '사람이 알을 낳는다는 것은 고금에 없는 일이니 아마도 좋은 일이 아닌가 보다' 라고 말하고, 궤짝을 만들어 나를 넣고 겸하여 가지각색 보물과 노비들을 배에 싣고 바다에 띄우면서 '인연 닿는 땅에 닿아 나라를 세우고 가문을 세우거라' 라고 축원하였습니다. 때마침 붉은 용이 있어 배를 호위하여 이곳까지 오게 되었습니다."

말을 마치자 그 사내아이는 지팡이를 끌면서 두 노비를 데리고 토함산 위에 올라가서 돌무덤을 만들고 칠일 동안 머물렀다. 머무는 동안 성안에 살만한 곳을 살펴보았다.

초승달처럼 생긴 봉우리의 지세가 살기에 좋은 자리였다. 그래서 내려가 알아보았더니 이는 호공의 집이었다. 그는 곧 몰래 그 집 옆에 숫돌과 숯을 묻고는 다음날 아침에 그 집에 다시 와서 호공을 찾았다.

"이 집은 우리 할아버지가 대대로 살던 집이오."

호공은 그렇지 않다 하여 서로 시비를 따졌으나 결판이 나지 않았다. 결국 관가로 가서 시비를 가리게 되었다.

관리가 물었다.

"무슨 증거로 네 집이라고 하느냐?"

그 아이는 대답하였다.

"우리 집은 본래 대장장이인데 잠시 이웃지방으로 나간 동안에 다른 사람이 빼앗아 여기 살았습니다. 땅을 파서 확인해 보십시오."

그 아이의 말대로 땅을 파보니 과연 숫돌과 숯이 나왔다. 결국 그 아이는 그 집을 빼앗아 살게 되었다. 이때 남해왕은 탈해가 지혜로운 사람임을 알아보고 맏공주를 아내로 삼게 하니, 이가 바로 아니부인이다.

하루는 탈해가 동악에 올라갔다가 돌아오는 길에 심부름하는 자를 시켜 물을 구하여 오라 했다. 그런데 심부름하는 자가 물을 길어 가지고 오던 도중에서 먼저 마시자 물그릇이 입에 달라붙어 떨어지지 않았다. 그래서 탈해가 꾸중을 하였더니 심부름하던 자가 맹세하였다.

"다음에는 가깝고 멀고 간에 감히 먼저 마시지 않겠습니다."

그러자 비로소 그릇이 떨어졌다. 그 후로 하인은 두려워 감히 탈해를 속이지 못하였다. 지금도 동악 속에는 속칭 요내정(遙乃井)이라 하는 우물 하나가 있는데 바로 이곳이다.

노례왕이 죽은 57년 6월 마침내 탈해가 왕위에 올랐다. 그가 '이것이 옛날 우리 집이오' 하면서 남의 집을 빼앗았다 하여 성을 석(昔 옛석)씨로 하였다. 어떤 이는 까치 때문에 궤짝을 열었으므로 까치 작(鵲)에 새 조(鳥)를 떼어버리고 석(昔)씨로 성을 삼았으며, 궤짝 속의 알을 벗고 나왔으므로 이름을 탈해(脫解)라 하였다고도 한다. 왕위에 있은 지가 23년이요, 79년에 죽어서 소천구에 장사지냈다.

뒤에 탈해의 신령이 나타나서 말하였다.

"내 뼈를 조심해 묻어라."

그의 해골 둘레가 석 자 두 치요, 몸뚱이 뼈 길이가 아홉 자 일곱 치요, 치아는 고르고 가지런하며, 뼈마디가 떨어져 있지 않고 살았을 때처럼 연결되어 있어, 이른바 천하에 둘도 없는 장사의 골격이었다. 그 뼈를 부수어 빚어 그의 형상을 만들어 궁궐 안에 모셨다.

탈해의 신령이 또 말하기를,

"내 뼈를 동악에 두라."

하였으므로 그곳에 모셨다. (일설에 따르면, 탈해왕이 죽은 뒤 27대 문무왕 때인 경신년 3월 15일 밤, 문무왕의 꿈에 매우 늠름하고 사나워 보이는 모습의 노인이 나타나 '나는 탈해왕이다. 내 뼈를 소천구에서 파내 형상을 만들어 토함산에 안치하라'고 하였고 왕은 그 말대로 하였다고 한다. 그래서 지금까지 나라의 제사가 끊이지 않고 있으며, 이가 바로 동악신이라 했다.)


## 김알지, 탈해왕 시대

60년 8월 4일 호공은 밤에 월성 서쪽 동리로 걸어가다 시림이라는 숲 속에서 밝은 빛이 환하게 나는 것을 보았다. 자줏빛 구름이 하늘로부터 땅에 드리우고 구름 사이로 보이는 나뭇가지에 황금 궤짝이 걸려 있었는데, 궤짝으로부터 빛을 뿜고 또 흰 닭이 나무 아래서 울므로 이 사실을 왕에게 보고하였다.

왕이 그 숲으로 가서 궤짝을 열어보니 사내아이가 누워 있다가 일어났다. 마치 혁거세의 옛 일과 같았으므로 알지라고 이름을 지으니 알지는 우리나라 말로 어린아이를 뜻하는 말이다. 그를 안고 대궐로 돌아오는데 새와 짐승들이 뒤를 따르면서 기뻐서 뛰며 너울너울 춤을 췄다.

왕이 좋은 날을 받아 그를 태자로 책봉하였으나, 뒤에 그는 파사에게 왕위를 양보하고 왕위에 오르지 않았다. 그가 금궤짝에서 나왔으므로 성을 김씨라 하였으며, 알지가 열한을 낳고, 열한이 아도를 낳고, 아도가 수류를 낳고, 수류가 욱부를 낳고, 욱부가 구도를 낳고, 구도가 미추를 낳았고, 미추가 왕위에 올랐다. 신라의 김씨는 알지로부터 시작되었다.

# 연오랑과 세오녀

제8대 아달라왕이 즉위한 지 4년 157년, 동해 해변에 연오랑과 세오녀 부부가 살고 있었다.

어느 날 연오랑이 바다에 나가 미역을 따는데 갑자기 어떤 이상한 바윗돌이 나타나 연오랑을 태우고 일본으로 갔다. 일본 사람들이 보고 말하기를,

"이는 범상한 인물이 아니다."

그들은 연오랑을 왕으로 받들었다. 세오는 남편이 돌아오지 않는 것을 이상하게 여겨 나가서 찾다가 남편이 벗어놓은 신발을 보고 역시 바위 위에 올라갔더니 바윗돌은 또한 앞서처럼 그를 태우고 갔다. 그 나라 사람들이 놀랍고 이상하여 왕에게 아뢰었다. 부부는 서로 만나게 되었고, 그녀는 왕비가 되었다. 이 때에 신라에서는 해와 달의 빛이 없어졌다.

천문 맡은 관리가 아뢰기를,

"우리나라에 내려와 있던 해와 달의 정기가 지금은 일본으로 가버렸기 때문에 이런 괴변이 생겼사옵니다."

왕이 사신을 보내어 두 사람을 찾았더니 연오가 말하기를,

"내가 이 나라에 온 것은 하늘이 그렇게 시킨 것이다. 그런데 어찌 돌아갈 것이랴. 그러나 나의 왕비가 가는 생초비단을 짠 것이 있으니 이것으로 하늘에 제사를 지내면 좋을 것이다."

그리고는 그 생초를 주었다. 심부름 갔던 사람이 신라로 돌아와 연유를 아뢰었고, 그의 말대로 제사를 지냈더니, 해와 달이 이전과 같았다. 그 생초비단을 임금의 곳간에 간직하여 국보로 삼았다. 그 곳간을 귀비고라 하고 하늘에 제사지낸 곳을 영일현 또는 도기야라 불렀다.

# 미추왕과 죽엽군

제13대 미추 이즐금은 김알지의 7대 손이다. 대대로 벼슬이 높았고 덕이 높았으므로 점해 이사금으로부터 왕위를 물려받아 즉위하였고 왕위에 오른 지 23년 만에 죽었다. 왕릉은 흥륜사 동쪽에 있다.

제14대 유리왕시대에 이서국 사람이 와서 금성을 공격하자, 신라 측은 대대적으로 군사를 동원하여 막았으나 오래 저항할 수 없었다. 그런데 홀연히 이상한 군사들이 와서 돕는데 모두들 대잎사귀를 귀에 꽂고 아군과 힘을 합하여 적을 쳐서 깨뜨렸다.

적군이 물러간 후 그들은 어디로 갔는지 알 수 없었다. 다만 대잎사귀들이 미추의 왕릉 앞에 쌓여 있음을 보고서야 비로소 선대임금의 공로인 것을 알게 되었다. 따라서 이 왕릉을 죽현릉이라고 불렀다.

그 후 37대 혜공왕 시대 779년 4월에 갑자기 회오리바람이 유신공의 무덤으로부터 일어났다. 회오리바람 속에 어떤 사람 하나가 좋은 말을 탔는데 장군의 차림을 하였다. 또한 갑옷차림에 병장기를 가진 자 40여 명이 뒤를 따라오더니 죽현릉으로 들어갔다. 조금 있다가 왕릉 속에서 왁자지껄하고 울음소리 같은 소리가 나는데 혹은 하소연하는 소리처럼 들렸다.

"제가 살아서는 정치를 돕고 환란을 구제하고 나라를 통일한 공로를 세웠으며, 지금에는 혼백이 되어도 나라를 수호하며 재앙을 물리치고 환란을 구제하고자 하는 마음이야 잠시라도 변함이 없거늘 지나간 경술년에 제 자손이 죄 없이 처형을 당하였고 임금이나 신하들은 나의 공훈을 생각하지 않으니 저는 멀리 다른 곳으로 옮겨가서 다시는 나라를 위해 애써 근심하지 않겠으니 원컨대 왕은 허락하소서."

"오직 나와 그대가 이 나라를 수호하지 않는다면 저 백성들은 어떻게 될 것인가? 그대는 이전과 다름없이 힘을 써 주시오."

세 번을 청했으나 다 듣지 않고 회오리바람은 그만 돌아갔다.

왕이 이 말을 듣고 겁이 나서 즉시 대신 김경신을 보내어 김유신공의 무덤에 가서 사과하고 김유신공을 위해 공덕보 밑천으로 밭 30결을 취선사에 들여놓아 그의 명복을 빌었다. 이 절은 김유신공이 평양을 친 후에 복을 담기 위하여 세웠던 것이었기 때문이다. 미추의 영혼이 아니었더라면 김유신공의 노여움을 막을 수 없었을 것이니 미추왕이 나라를 보호하는 마음은 크지 않다고 할 수 없을 것이다.

이래서 나라 사람들이 그의 덕을 사모하여 삼산과 함께 제사를 계속하였고, 제사의 직위를 오릉(혁거세의 묘)의 위에다가 높여 대묘라 일컬었다.


## 내물왕과 제상

제17대 내물왕 36년 390년에 왜왕이 사신을 보내어 왔다.

"저희 임금은 대왕이 신성하심을 듣고 저희들로 하여금 백제의 죄를 대왕에게 고하도록 하였습니다. 원컨대 대왕은 왕자 한 명을 보내어 우리 임금에게 성의를 보여주시기 바랍니다."

이에 왕이 셋째아들 미해를 왜국에 보냈다. 그때 미해는 나이가 열 살이기에 말이나 행동이 아직 미숙하였다. 때문에 내신 박사람을 부사로 삼아 보냈다. 그런데 왜왕은 이들을 붙잡아 두고 30년 동안이나 보내지 않았다.

눌지왕 즉위 3년 419년에 고구려의 장수왕이 사신을 보내 왔다.

"저희 임금이 대왕의 아우님 되는 보해가 지혜와 재주가 특출하다는 말을 듣고 그와 서로 친하고 싶어 저를 보내셨습니다."

왕이 이 말을 듣고 매우 다행스럽게 생각하고 고구려와 친하게 지낼 뜻을 알렸다. 그리고 내신 김무알을 보좌로 삼아 아우 보해를 사신으로 보냈다. 그러나 고구려의 장수왕도 역시 보해를 억류하고 보내지 않았다.

눌지왕 10년 425년에 이르러 왕이 여러 신하들과 국내외 호걸들을 불러 친히 연회를 베풀었다. 술이 몇 차례 돌고 여러 음악이 울리기 시작하자, 왕은 눈물을 지으면서 여러 신하들에게 말하였다.

"예전 돌아가신 아버님께서 성심으로 백성들을 위하여 정사를 하셨기 때문에 사랑하는 아들을 동쪽 왜국에 보내었다가 다시 만나보지 못하고 돌아가셨다. 또 내가 즉위한 후 이웃나라 군사들의 기세가 매우 드세어지고 전쟁이 쉴 사이 없었는데 때마침 고구려가 친교를 맺자는 말이 있어 나는 그 말을 믿고 나의 친아우를 고구려에 보냈더니 고구려 역시 붙들어 두고 보내지 않는다. 내가 비록 부귀는 누리지마는 이제까지 하루라도 잠시나마 이를 잊어버리거나 울지 않을 때가 없었다. 만약 두 아우를 다시 만나게 되어 함께 돌아가신 아버지의 묘를 뵐 수 있게 된다면 온 나라 사람들에게 은혜를 갚을 터이니 누가 이 일을 계획하여 성공할 수 있겠는가?"

이때에 모든 관리들이 함께 아뢰었다.

"이 일은 결코 쉬운 일이 아닙니다. 반드시 지혜와 용기가 있어야만 될 것입니다. 저희들 생각에는 삽라군 태수 제상이 적임자라 생각됩니다."

이에 왕이 제상을 불러 그의 생각을 물었다. 제상이 공손히 절하고 말하였다.

"제가 듣기에 임금이 걱정을 하게 되면 신하가 욕을 보게 되는 법이요, 임금이 욕을 보게 되면 신하는 죽어야만 하는 것입니다. 만약 어렵다느니 쉽다느니 논란을 한 뒤에 실행한다면 이를 불충이라 할 것입니다. 죽고 사는 것을 따져본 뒤에 움직이는 것은 용기가 없다고 해야 할 것입니다. 제가 비록 똑똑하지는 못하오나 명령을 받들고 실행하겠습니다."

왕은 그를 매우 가상히 여겨 술잔을 나누어 마시고 손을 잡고는 작별하였다.

제상이 임금으로부터 직접 명령을 받고는 변복(變服)을 한 채 북해 바닷길로 길을 질러 고구려로 들어갔다. 보해의 처소로 가서 함께 빠져나갈 기일을 짜고 제상은 먼저 5월 15일에 고성 포구에 돌아와 배를 대고 기다리기로 하였다. 약속한 날이 다다르자 보해는 병을 핑계 삼아 며칠이나 조회에 참가하지 않다가 밤중에 도망쳐 나와 고성 해변에 닿았다. 고구려왕이 이것을 알고 수십 명의 사람을 보내 이를 추격하였고 고성에 이르러 따라 잡았다.

그러나 보해가 고구려에 있을 때에 언제나 주위 사람들에게 은혜를 베풀었기에 군사들이 그를 매우 동정하여 모두가 화살촉을 빼버리고 활을 쏘았다. 그리하여 마침내 무사히 빠져서 돌아올 수 있었다. 왕이 보해를 만나고 보니 미해 생각이 더하여 한편으로는 기쁘고 한편으로는 슬픈지라, 눈물을 흘리면서 측근자들에게 말하였다.

"몸뚱이는 하나에 한쪽 팔 뿐이요, 얼굴하나에 한 쪽 눈만 있는 것 같구나. 동생 하나는 찾았지마는 또 하나가 없으니 어찌 아프지 않겠소?"

제상이 이 말을 듣고 공손히 절하여 하직한 후 말을 타고 집에 들르지도 않은 채 길을 떠나 곧장 율포 해변에 닿았다.

그의 아내가 이 소문을 듣고 말을 달려 율포에 이르렀다. 그러나 그의 남편은 벌써 배 위에 올랐었다. 그의 아내는 애타게 불렀으나 제상은 손만 흔들 뿐 멈추지 않았다.

제상이 왜국에 도착하자 속임수로 왜왕에게 말했다.

"계림왕이 아무 죄도 없는 나의 부형을 죽였습니다. 그래서 이곳까지 도망하여 왔습니다."

왜왕이 이 말을 믿고 집을 지어서 그를 편히 살게 하였다.

이 때에 제상은 늘 미해를 모시고 해변에 나가 놀면서 고기와 새들을 잡아서 매번 잡은 것을 왜왕에게 바쳤다.

왕은 매우 기뻐하여 의심을 두지 않았다.

때마침 새벽 안개가 자욱하게 끼어 캄캄하였다. 제상은 미해에게 말하였다.

"떠나실 때가 되었습니다."

"그러면 함께 갑시다."

"제가 만약 간다면 왜인들이 알아채고 쫓아올지 모르니 저는 머물면서 저들의 추격을 막겠습니다."

"오늘에 이르러 내가 당신을 부형이나 다름없이 여기는 터에 어찌 당신을 버리고 혼자 돌아갈 수 있겠습니까?"

"저는 왕자님의 생명을 구해서 대왕님의 마음이 편안해지신다면 더 바랄게 없습니다. 어찌 살기를 바라겠습니까?"

그리고는 술을 따라 미해에게 바쳤다. 이때 계림사람 강구려가 왜국에 있었는데 그 사람으로 하여금 미해를 호위하게 하였다. 미해가 떠난 후 제상은 미해의 방에 들어가 있었다. 이튿날 아침이 되어 측근자들이 방에 들어오려고 하자 제상이 나와서 그들을 말렸다.

"어제는 왕자님이 사냥하기 위해 돌아다니셨기 때문에 몹시 고단하시어 일어나시지 못합니다."

해가 기울어질 무렵에 측근자들이 수상이 여겨 다시 물었더니 그는 대답하였다.

"미해는 벌써 떠나간 지 오래다."

그들이 달려가 왜왕에게 이 사실을 보고하였다. 왕이 말 탄 군사들을 시켜 미해를 추격하였으나 끝내 잡지 못하였다. 그러자 제상을 가두고 심문하기 시작하였다.

"네가 어째서 너의 나라 왕자를 몰래 보냈느냐?"

제상은 대답하였다.

"나는 계림의 신하이지 왜국의 신하가 아니다. 여기서 나는 우리 임금의 뜻을 성취코자 할 뿐이니 구태여 그대에게 무슨 말을 하겠는가?"

왜왕은 노하였다.

"네가 이미 나의 신하가 되었는데 그러고도 계림의 신하라고 하니 응당 갖은 형벌로 다스려주겠다. 그러나 만약에 네가 왜국 신하라고만 말한다면 반드시 높은 벼슬로 상을 주리라."

"차라리 계림의 매를 맞을지언정 왜국의 벼슬과 녹은 받을 수 없다."

재상이 거절하자 왕이 노하여 제상의 발바닥 가죽을 벗기게 하고 갈대를 베고는 그 위로 걷게 하였다.

왜왕이 다시 물었다.

"너는 어느 나라 신하인가?"

"계림의 신하이다."

다시 그를 뜨겁게 단 쇠 위에 서게 하고 물었다.

"어느 나라 신하인가?"

"계림의 신하이다."

왜왕이 그를 굴복시킬 수 없음을 알고 목도에서 그를 불에 태워 죽였다.

한편 미해는 바다를 건너와서 먼저 강구려를 서울로 보내 자신이 도착했음을 보고하였다. 왕이 놀랄 듯이 기뻐 모든 관리들에게 명하여 굴헐역에 나가 마중하도록 하고 왕은 그의 친아우 보해와 함께 남쪽 교외에 나가서 맞아 들였다.

대궐로 들어 와서 연회를 베풀고 전국에 대대적으로 죄수를 사면하고 제상의 아내를 '국대부인'으로 책봉하여 그의 딸을 미해공의 부인으로 맞아들였다.

사람들은 흔히 옛 주가(周苛)의 일과 비교하여,

옛날 한나라 신하 주가가 형양에 있다가 초나라 군사의 포로가 되었을 때 항우가 주가에게 말하기를 '네가 내 신하가 된다면 만 호를 거느린 제후로 봉하겠다' 했더니 주가가 욕을 퍼붓고 굴복하지 않다가 초나라 임금 손에 죽었다. 제상의 열렬한 충성은 주가보다 못하지 아니할 것이다 라고 하였다.

처음 제상이 떠나갈 때에 그 부인이 이 말을 듣고 따라 갔으나 따라잡지 못하고 망덕사 대문 남쪽 모래밭 위에 이르러 나가 넘어져 목놓아 울었다. 이 때문에 이 모래밭을 장사(長沙)라고 불렀다. 친척 두 사람이 그녀를 부축하여 돌아오려는데 부인이 다리를 뻗고 주저앉아 일어서지 않으므로 그 땅이름을 '벌지지'라고 하였다.

한참 뒤에도 부인이 못 견딜 만큼 그 남편을 사모하여 딸 셋을 데리고 치술령에 올라가 왜국을 바라다보며, 통곡을 하다가 죽었다. 이래서 치술신모가 되었으니 지금도 이곳에는 사당이 남아 있다.


## 제18대 실성왕

413년에 평양주에 큰 다리가 완성되었다. 실성왕은 전 임금의 태자 눌지가 덕망이 있음을 꺼려 그를 죽이려고 고구려에 군사를 청하고 거짓으로 눌지가 맞이하도록 하였다. 그러나 고구려 사람들은 눌지를 만나 그의 행실이 착함을 보고 곧 창 끝을 되돌려 왕을 죽이고 눌지를 왕으로 삼아 놓고 가버렸다.


## 거문고집을 쏘다

제21대 비처왕 즉위 10년 488년 어느 날 왕이 천천정으로 거동하였다. 이때 까마귀와 쥐가 와서 울었다. 쥐가 사람의 말로 말하였다.

"이 까마귀가 가는 곳으로 따라가 보소서."

왕이 말 탄 군사를 시켜 그 뒤를 밟아 따라가 보게 하였다.

말 탄 군사는 남쪽으로 피촌에 이르러 돼지 두 마리가 싸우는 것을 구경하다가 그만 까마귀 행방을 놓쳐 버렸다. 따르던 군사가 길가에서 방황하고 있을 때에 마침 어떤 늙은 노인이 연못으로부터 나와 편지를 바쳤다.

편지 거죽에는 '뜯어보면 둘이 죽고 뜯어보지 않으면 한 사람이 죽는다' 라고 써 있었다.

심부름 갔던 자가 돌아와 편지를 왕에게 바치니 왕이 말하였다.

"만약에 두 사람이 죽을 바에는 편지를 뜯지 않고 한 사람만이 죽는 것이 낫겠다."

옆에 있던 일관(日官) 아뢰었다.

"두 사람이란 것은 일반 백성이요, 한 사람이란 것은 임금님입니다."

왕은 그럴 듯 싶어 뜯어보니 편지 속에 '거문고 집을 활로 쏘아라' 라고 써 있었다.

왕이 대궐로 들어가 거문고집을 보고 쏘았다. 그 속에는 내전에서 불공을 드리는 중과 궁주가 몰래 간통을 하고 있다가 발각되었다. 두 사람은 처형되었다.

이로부터 나라 풍속에 매년 정월 첫 돼지날, 첫 쥐날, 첫 말날에는 모든 일을 조심하고 함부로 출입을 하지 않으며 정월 보름날을 까마귀의 기일이라 하여 찰밥을 지어 제사 지냈으니 지금까지 이 풍속이 남아 있다. 속언에 이러한 풍속을 '달도' 라 하는데, 이는 슬퍼하고 근심하면서 모든 일을 조심한다는 말이다.

한편 편지가 나온 연못을 '서출지' 라 하였다.

# 지철로왕

제22대 지철로왕의 성은 김씨요, 이름은 지대로 또는 지도로라 하며, 시호는 지증이이라 했으니 이때부터 시호가 시작되었다. 또 우리말로 왕을 불러 마립간이라고 하기는 이 임금 때부터 시작된다.

왕은 500년에 즉위하였다. 왕의 생식기 길이가 1자 5치나 되어 좋은 배필을 얻기 어려웠다. 이에 세 방면으로 사람을 보내어 배필을 구하였다. 임무를 맡은 자가 모량부 동로수 나무 아래에 이르렀을 때, 개 두 마리가 북 만한 큰 똥덩이 한 개를 두고 서로 다투어 가면서 으르렁대고 있었다.

동리 사람에게 물어보았더니 한 계집아이 하나가 나와서 말하였다.

"이 마을 재상 댁 따님이 여기 와서 빨래를 하다가 숲 속에 들어가 눈 똥입니다."

그의 집을 찾아가 알아보니 여자의 키가 7자 5치나 되었다. 이 사실을 자세히 왕에게 아뢰었다. 왕이 수레를 보내어 궁중으로 맞아들여 왕후로 봉하니 여러 신하들이 모두 축하하였다.

또 아슬라주 동쪽 바다 가운데 순풍이면 뱃길로 이틀쯤 떨어진 곳에 우릉도란 섬이 있었다. 그 섬의 둘레는 26,730보쯤 되었다. 섬 오랑캐들이 물 깊은 것을 믿고는 건방지게도 조공을 하지 않았다. 왕은 이찬 박이종을 시켜 군사를 거느리고 가서 이를 토벌하도록 하였다.

박이종은 나무 허수아비 사자를 만들어 큰 배 위에 싣고 그들을 위협하였다.

"항복하지 않는다면 이 짐승을 풀어놓을 것이다."

섬 오랑캐들은 무서워하여 항복하였다. 왕은 박이종을 포상하여 아슬라주의 원님으로 삼았다.

# 진흥왕

　제24대 진흥왕이 즉위하니 이때 나이가 열다섯이었으므로 태후가 섭정을 하였다. 태후는 바로 법흥왕의 딸이요, 입종 갈문왕의 아내이다. 임종 때는 머리를 깎고 승복을 입은 채 세상을 떠났다.

　554년 9월에 백제군사가 와서 진성을 침공하여 남녀 39,000명과 말 8,000필을 노략해 갔다.

　이보다 앞서 백제가 신라와 군사를 합하여 고구려를 치려고 하였는데 진흥왕이 말하였다.

　"나라가 흥하고 망하는 것은 하늘에 달려있는 것이다. 만약 하늘이 고구려를 미워하지 않는다면 내가 어찌 감히 성공을 바라겠는가?"

　바로 이 말이 고구려로 전달되었고, 고구려가 이 말에 감복하고 신라와 우호를 맺었다. 그러나 백제는 신라를 원망하였으므로 이렇게 침공한 것이다.


# 도화녀와 비형랑

　제25대 사륜왕의 시호는 진지대왕이니 성은 김씨요, 왕비는 기오공의 딸 지도부인이다.

　576년에 즉위하여 나라를 다스린 지 4년 만에 정치가 문란하고 음탕하여 나라 사람들이 그를 임금자리에서 몰아 내었다. 그가 임금자리에 있을 때 사량부 백성의 딸이 있어 자색이 곱고 아름다워 세상 사람들이 부르기를 도화녀라 하였다.

　왕이 소문을 듣고 궁중으로 불러들여 관계를 맺으려고 하자, 도화녀가 말하였다.

　"여자가 지킬 도리는 두 남편을 섬기지 않는 것입니다. 남편이 있으면서 어찌 다른 데로 가리까. 설령 천자의 위엄으로도 끝내 절조는 빼앗지 못할 것입니다."

왕은 말하였다.

"너를 죽이면 어찌 하려느냐?"

"차라리 저자거리에서 목을 베어 주소서. 다른 소원은 없습니다."

왕은 장난말로 물었다.

"남편이 없으면 될 수 있겠지?"

그러자 여자가 좋다고 하였다. 왕은 그녀를 놓아 보냈다.

이 해에 왕이 임금자리에서 쫓겨나서 죽었다. 그 후 2년 만에 그녀의 남편도 역시 죽었다. 그녀의 남편이 죽은 지 열흘만에 갑자기 밤중에 왕이 평상시처럼 여자의 방에 들어왔다.

"네가 예전에 승낙을 하였고 지금은 네 남편이 없으니 내 말을 듣겠느냐?"

도화녀는 경솔히 승낙을 못하여 그의 부모에게 고했더니 그 부모가 말하기를,

"나랏님의 말씀인데 어떻게 어기겠느냐?"

그리고는 딸을 방으로 들게 하였다. 이레동안 왕이 머무는데 언제나 오색 구름이 지붕을 덮고 향기가 방안에 가득하였다. 이레가 지난 뒤에 왕은 홀연히 자취를 감추었고, 여자는 이로 인하여 임신을 하게 되었다. 달이 차서 해산을 하려는데 천지가 진동하면서 사내아이 하나를 낳으니 이름을 비형이라 하였다.

진평왕이 이 신기한 소문을 듣고는 그 아기를 데려다가 궁중에서 길렀다. 나이 열 다섯 살이 되어 집사 벼슬에 임명하였다. 그런데 비형은 밤마다 궁궐에서 나가 놀다 들어 왔다. 이를 이상하게 여긴 왕은 날랜 군사 50명을 시켜 감시하도록 하였다. 비형은 매번 월성을 뛰어 넘어 서쪽으로 황천 언덕으로 가서 뭇 귀신들을 데리고 놀았다.

군사들이 숲 속에 엎드려 엿보았더니 귀신들은 여러 절에서 새벽종

소리가 들리면 제각기 흩어지고 형랑도 궁궐로 돌아왔다. 군사들이 이 사실을 왕에게 아뢰니, 왕은 비형을 불렀다.

"네가 귀신들을 데리고 논다 하니 참말인가?"

"그렇습니다."

"그러면 네가 귀신들을 부려 신원사 북쪽 개천에 다리를 놓아 보거라."

형랑이 임금의 명령을 받들고 귀신 무리들을 부려 돌을 다듬어 하룻밤에 큰 다리를 놓았다. 이 때문에 이 다리를 귀교(鬼橋)라고 하였다.

왕이 또 물었다.

"귀신들 가운데 인간으로 변하여 조정 정사를 도울만한 자가 있는가?"

"길달이란 자가 있어 나라 일을 도울 만합니다."

왕이 함께 오라고 하여 이튿날 비형과 함께 나타났다. 왕이 그에게 벼슬을 주어 일을 보게 하였더니 과연 충직함이 비할 데 없었다. 이때 각간 임종이 아들이 없는 것을 안 왕은 길달을 아들로 삼게 하였다.

임종이 길달을 시켜 흥륜사 남쪽 문에 다락집을 세우게 하였더니 그는 매일 밤 그 문 위로 올라가 자므로 문 이름을 길달문이라 하였다.

어느 날 길달이 여우로 변하여 달아나 버렸다. 이에 비형은 귀신을 시켜 길달을 잡아 죽였다. 이일로 인하여 귀신무리들은 비형의 이름만 들어도 겁을 내어 달아났다. 당시 사람이 이를 두고 노래를 지어 불렀다.

성스러운 임금의 영혼이 낳은 아들,
비형랑의 집이 여기일세.
날고 뛰는 귀신의 무리들아,

이곳에 함부로 머물지 마라.

나라 풍속에 이 글을 써서 붙여 귀신을 쫓았다.


## 하늘이 준 옥대

제26대 백정왕의 시호는 진평왕이요, 성은 김씨이다. 579년 8월에 즉위하였는데, 키가 열 한 척이었다. 그가 내제석궁을 방문하였을 때에 돌계단을 밟으니 돌 두 개가 한 번에 부러졌다. 왕이 곁에 있던 신하에게 말하였다.

"이 돌을 옮기지 말고 후세 사람들에게 보여주어라."

그리하여 이 돌은 성안에 있는 움직이지 못하는 돌 다섯 개 가운데 하나가 되었다. 그가 즉위한 첫해에 천사가 대궐 마당에 내려와서 왕에게 말하였다.

"하느님이 저를 시켜 옥대를 전해 주라 하셨소."

왕은 친히 무릎을 꿇고 옥대를 받았다. 그 천사는 하늘로 올라갔다. 교외에 나가 지내는 제사 때나 조상에 지내는 제사 때나 왕은 모두 이 옥대를 착용하였다.

훗날 고구려왕이 신라를 치려고 계획하였다.

"신라에는 세 가지 보물이 있기 때문에 침범을 해서는 아니 된다고 하는데 무엇을 두고 하는 말인가?"

"첫째는 황룡사 장륙존상이요, 둘째는 그 절의 구층탑이요, 셋째는 진평왕이 하늘로부터 받은 옥대입니다."

신하들이 대답하자 왕은 곧 계획을 중지하였다고 한다.

이를 다음과 같이 기린다.

구름 밖 하늘에서 내린 옥대는
천자의 곤룡포에 어울리누나,
우리 임금 이로부터 몸 무거워져
아마도 내일 아침 무쇠로 섬돌 만들리.


## 선덕여왕이 세 가지 일을 미리 알다


제 27대 덕만왕의 시호는 선덕여왕이니 성은 김씨요, 진평왕의 딸
이다. 632년에 즉위하여 나라를 다스린 지 16년 동안에 그녀가 앞일
을 미리 알아 맞춘 일이 세 가지나 있었다.

첫째는 당나라 태종이 붉은 빛·자줏빛·흰빛 세 가지 빛깔의 모란
꽃 그림과 그 꽃씨 석 되를 그녀에게 보내왔다. 왕은 꽃 그림을 보고
말했다.

"이 꽃은 필시 향기가 없을 것이다."

바로 뜰에 심으라고 명령하고 그 꽃이 피고 떨어지는 것을 기다려
보았더니 과연 그녀의 말처럼 꽃에 향기가 없었다.

둘째는 겨울철에 영묘사 옥문지라는 못에서 뭇 개구리가 모여 삼사
일 동안 울었다. 나라 사람들이 이것을 괴상스럽게 여겨 왕에게 물었
다. 왕은 서둘러 각각 알천과 필탄 등에게 정병 2,000명을 뽑아 빨리
서쪽 교외로 나가 여근곡을 찾아가라고 명했다. 그러면 반드시 적병
이 있을 것이고 그들을 습격하여 죽이라는 명령까지 하였다. 두 각간
이 명령을 받은 후 각각 군사 1천명씩을 데리고 서쪽 교외로 가서 물
었더니 부산 밑에 과연 여근곡이 있었고 백제 군사 5백 여명이 와서
그곳에 숨어 있었고 모두 잡아죽였다. 또한 백제 장군 우소란 자가 남
산 고개 바윗돌 위에 숨어 있는 것을 포위하여 쏘아 죽였다. 또 백제
의 후속부대 군사 1,200명도 역시 습격하여 한 명도 남기지 않고 다

죽였다.

셋째는 왕이 아무런 병도 앓지 않을 때에 여러 신하들에게 말하였다.

"내가 아무 해 아무 달 아무 날 죽을 것이니 나를 도리천 가운데 장사하라."

신하들은 도리천이 어디인지 알 수 없어 어디냐고 물었더니 왕은 대답하였다.

"낭산 남쪽이니라."

왕이 예언했던 그 날이 되자 과연 왕은 죽었고, 여러 신하들이 낭산 남쪽에 장사하였다. 그 후 십여 년 뒤 문무대왕이 사천왕사를 왕의 무덤 밑에 지었다. 불경에 '사천왕천 위에 도리천이 있다' 라는 말을 생각해 볼 때 대왕이 얼마나 신령스럽고 성스러웠음을 알 수 있을 것이다.

당시 여러 신하들이 왕에게 물었다.

"어떻게 하여 모란꽃과 개구리 사건을 미리 알았습니까?"

왕이 말하기를,

"꽃을 그리면서 나비가 없으니 향기가 없음을 알았다. 이는 바로 당나라 황제가 내가 혼자 지내는 것을 조롱하는 것이다. 개구리가 성난 모습을 하고 있는 것은 군사의 모습이고, 옥문이란 여자의 생식기다. 여자는 음이요, 그 빛은 흰 빛이니 흰빛은 곧 서쪽방위이다. 그러므로 군사가 서쪽에 있다는 것을 알 수 있었다. 남자의 생식기가 여자의 생식기에 들어가면 필경은 죽는 것이니 이래서 적병을 쉽게 잡을 줄 안 것이다."

그녀의 설명을 듣고 여러 신하들은 모두 그녀의 지혜에 탄복하였다. 당나라에서 세 가지 빛깔의 꽃을 보낸 것은 혹 신라에 여왕 세 사람이 날 것을 내다보고 그러함인가? 선덕·진덕·진성이 세 여왕이니, 당나라 황제도 선견지명이 있었다고 하겠다. 선덕이 영묘사를 세

운 내력은 양지사전(良志師傳)에 자세히 실려 있다. 별기(別記)에는
선덕여왕 시대에 돌을 다듬어 첨성대를 쌓았다고 하였다.


## 진덕여왕

제28대 진덕여왕이 즉위하자 직접 태평가(太平歌)를 지어 이를 비
단에 무늬로 짜 넣었다. 이것을 사신을 시켜 당나라에 보냈다.
당나라 황제가 이를 가상히 여겨 왕을 계림국왕으로 고쳐 봉하였
다. 태평가의 가사는 다음과 같다.


위대한 당나라가 왕업을 여니,
황제의 높은 포부 번창하리라.
전쟁이 그치니 군사들은 평안해지고
문(文)에 힘쓰니 대대로 이을세라.
하늘을 대신하여 자애로운 비를 내리고,
만물을 다스리니 저마다 빛을 내는구나.
그지없이 어진 덕행 해와 달과 짝을 이루고.
태평세월 지향하며 세상을 인도하네.
나부끼는 깃발은 어찌 그리 빛나며,
울리는 북소리 어찌 그리 우렁차게 들리는고.
황제 명령 거역하는 나라 밖 오랑캐는
한칼에 베어져 천벌을 받으리라.
순박한 풍속은 밝고 어두운 데 없이 고루 어리고
먼 곳 가까운 곳 없이 저마다 상서로움을 드러내네.
사철 비바람은 옥촉처럼 고르고
해와 달과 별들은 만방을 두루 돈다.

산신령은 어진 재상 내려 주시고,
황제는 충성스럽고 선량한 신하를 임명하였네.
삼황과 오제의 덕이 한 덩어리 되어
우리 당나라 길이 비춰리.

진덕여왕 시대에 알천공·임종공·술종공·호림공·염장공·유신공 등이 있었다. 어느 날 이들은 남산 우지암에 모여 나랏일을 의논하는데, 큰 범 한 마리가 좌석에 뛰어 들어 왔다. 여러 사람들이 깜짝 놀라서 일어나는데 알천공은 꼼짝하지 않고 태연히 담소하면서 범의 꼬리를 붙잡아 땅에 내어 쳐서 죽였다.

알천공의 힘이 이처럼 세었으므로 좌석의 맨 윗자리를 차지하였다. 그러나 모든 사람들은 유신의 위엄에 복종하고 있었다.

신라에는 네 곳의 신령스러운 땅이 있어, 큰 일을 의논할 때는 대신들이 그곳에 모여 의논을 하였고, 그러면 그 일이 꼭 성공하였다.

첫째로 동쪽에 있는 것을 청송산이라 하고, 둘째로 남쪽의 우지산, 셋째로 서쪽의 피전이요, 넷째로 북쪽의 금강산이다.

진덕여왕 시대에 처음으로 신년 축하의식을 시행하고, 또 처음으로 '시랑'이란 칭호를 썼다.


## 김유신

무력 이간의 손자이자 서현 각간 김씨의 맏아들이 유신이고, 그의 아우는 흠순이다. 맏누이는 보희라 하고 아명은 아해요, 동생은 문희라 하며 아명은 아지였다.

유신공은 진평왕 즉위 17년 595년에 태어났다. 해와 달과 별들의 정기를 받았으므로 등에 칠성 무늬가 있었고, 또 신기하고 이상한 일이 많았다.

그의 나이 열여덟 되던 임신년에는 검술로 국선이 되었다.

당시 백석이란 자가 있었다. 그가 어디에서 왔는지 내력을 전혀 알수 없었는데 여러 해 동안 화랑 무리에 속해 있었다.

그때 유신은 고구려와 백제를 정벌할 계획으로 깊이 궁리하고 있었다. 백석은 그의 계획을 알고 유신에게 제안하였다.

"저와 함께 저쪽 적국의 내정을 정탐한 후에 일을 착수함이 어떠리까?"

유신은 좋은 생각이라 여기고 친히 백석을 데리고 밤을 타서 적국으로 출발했다. 잠시 어느 고개 위에서 쉬는데 어떤 여인 둘이 나타나 유신을 따라왔다.

골화천에 와서 유숙을 하는데 또 한 여인이 홀연히 나타났다. 유신은 세 여인과 즐겁게 이야기를 나누었고, 여인들이 맛있는 과일을 주니 받아먹으면서 서로 마음이 통하여 서로 속마음을 털어놓았다.

여인들이 말하였다.

"당신이 하는 말씀은 잘 알아들었습니다. 당신은 백석을 잠시 따돌리시고 함께 숲 속으로 들어가시면 다시 알려 드릴 곡절이 있습니다."

그리하여 유신은 여인들과 함께 숲 속으로 들어갔다. 처녀들은 금방 신령의 모습으로 변하였다.

"우리들은 나라를 지키는 나림 · 혈례 · 골화 이 세 곳의 신령이외다. 지금 적국 사람이 당신을 유인하는데 당신은 이것을 알지 못하고 길을 가니 우리는 당신을 만류하고자 여기까지 왔습니다."

말을 마치자 세 신령은 사라졌다.

유신공이 이 말을 듣고 놀라 엎어지면서 공손히 절을 하고 숲을 나왔다. 유신은 골화의 숙소에 묵으면서 백석에게 말하였다.

"지금 타국으로 가면서 중요한 문서를 가지고 오지 않았으니 나와 함께 집으로 돌아가 가지고 오자."

백석을 데리고 집으로 돌아온 유신은 백석을 결박해 놓고 사실 여부를 심문했다.

그는 다음과 같이 고백하였다.

"나는 본래 고구려 사람인데 우리나라에서 여러 신하들이 말하기를 신라의 유신은 우리나라의 점술가 추남이 환생했다고 합니다. 어느 날 국경에 거슬러 흐르는 물이 있어 그를 시켜 점을 치게 하였습니다. 추남은 점괘를 뽑아 왕에게 아뢰었습니다. '대왕의 부인께서 음양의 법칙을 거슬러서 이 같은 조짐이 나타난 것입니다' 하니 왕은 놀라 괴상스럽게 여기고 왕비는 크게 노하여 이를 요사스러운 말이라고 왕에게 고하였습니다. 그리고는 다시 다른 일로써 추남을 시험하여 그의 말이 틀리면 엄중한 형벌을 내리자고 하였습니다. 이리하여 쥐 한 마리를 함 속에 간직하고 이 속에 어떤 물건이 있냐고 물었더니 추남이 말하기를 '이는 틀림없이 쥐요, 여덟 마리' 라고 하였습니다. 그 말이 틀렸다고 하여 바로 사형을 집행하기로 하였습니다. 추남은 죽기 전에 맹세하였습니다. '내가 죽은 후에 다른 나라의 대장이 되어 반드시 고구려를 멸망시킬 것이다' 하니 즉시 목을 베었습니다. 그런데 함 속의 쥐를 잡아 배를 갈라본 즉 새끼가 일곱 마리였습니다. 이때야 그의 앞서 한 말이 맞은 것을 알게 되었습니다. 그 날 밤 왕의 꿈에 추남이 신라 서현공 부인의 품속으로 들어가는 것을 보았습니다. 왕이 여러 신하들에게 이 사실을 말했더니 다들 말하기를 '추남이 맹세를 하고 죽더니 이것이 과연 사실로 될지 모르겠다' 라고 하였습니다. 이 때문에 나를 이 곳까지 보내어 당신을 모해코자 한 것입니다."

유신이 백석을 처형하고 온갖 제물을 갖추어 세 분 신령에게 제사하니 신령들이 모두 사람의 형상으로 나타나 제사를 받았다.

김씨 문중의 어른이 되는 재매부인이 죽자 청연의 골짜기 위쪽에 장사하고 이를 재매곡이라 하였다. 매년 봄철이면 온 집안 남녀들이 그 골짜기 남쪽 개울에 모여 잔치를 하는데 이 때면 백화가 만발하고 송화는 골짜기 숲에 가득하였다. 그래서 골짜기 어귀에 암자를 짓고 이름을 송화방이라고 하였다. 후에 이곳은 유신의 명복을 비는 절이 되었다.

54대 경명왕 때에 와서 유신공을 추모하여 흥무대왕으로 봉하였다. 그의 무덤은 서산 모지사 북쪽에 있는 동쪽으로 뻗은 봉우리에 있다.


## 태종 춘추공

제29대 태종왕의 이름은 춘추요, 성은 김씨이니 용수 각간, 즉 추봉(追封, 죽은 뒤에 관위(官位)를 내림)한 문흥왕의 아들이다. 어머니는 진평왕의 딸 천명부인이요, 왕비는 문명왕후, 문희이니 즉 유신공의 막내 누이이다.

처음에 문희의 언니인 보희가 서악에 올라가 오줌을 누었더니 오줌이 서울 안에 가득 차는 꿈을 꾸었다.

아침에 동생을 데리고 꿈 이야기를 했더니 문희가 듣고 제안하였다.

"내가 그 꿈을 사겠소"

"무엇을 주겠니?"

"비단 치마로 팔면 어떻겠소?"

언니가 좋다고 하여 동생은 옷섶을 헤치고 받아들일 준비를 하자 언니는 말하였다.

"지난밤의 꿈을 네게 넘겨준다."

동생 문희는 비단치마로 값을 치렀다.

한 열흘 뒤인 정월 오기일(16일)에 유신은 춘추공과 함께 그의 집 앞에서 공을 차다가 일부러 춘추의 옷자락을 밟아 옷고름을 떼었다.

유신이 청하였다.

"우리 집에 들어가 꿰맵시다."

춘추공은 그 말을 따라 그의 집으로 들어갔다. 유신은 손위 누이인 아해(보희)를 시켜 꿰매드리라고 하니 아해는 이를 사양하였다.

"어찌 그런 하찮은 일로 귀공자 옆을 함부로 가까이 가겠나이까?"

그러자 아지(문희)에게 시켰다. 춘추공은 유신의 뜻을 알아채고 아지와 가까이 지내며 자주 내왕을 하게 되었다.

얼마 후 유신이 그의 누이가 아이 밴 것을 알고 그를 나무랐다.

"네가 부모에게도 말도 없이 아이를 뱄으니 어찌된 일이냐?"

그리고는 곧 서울 안에 소문을 퍼뜨리고 그 누이를 태워 죽이겠다고 했다.

하루는 선덕왕이 남산으로 산책 나가는 시점에 장작을 마당 가운데 쌓고 불을 질러 연기를 올렸다. 왕이 바라보고 무슨 연기냐고 물었다. 곁에 있던 신하들이 말하기를,

"아마도 유신이 그 누이를 태워 죽이는 모양입니다."

왕이 그 까닭을 물었더니 신하는 대답하였다.

"그 누이가 남편도 없이 아이를 가졌기 때문이라고 합니다."

왕은 다시 물었다.

"이것이 누구의 소행이냐?"

이 때 마침 왕을 옆에서 모시고 있던 춘추공의 얼굴빛이 사뭇 달라졌다. 이를 본 왕은 춘추공의 소행임을 눈치채고 춘추공에게 말하였다.

"이는 네 소행이로구나. 빨리 가서 구하여라!"

춘추공이 이 명령을 받고 말을 타고 달려가 왕의 분부를 전달하고 이를 말렸다. 그 뒤 곧 혼례를 치렀다.

진덕여왕이 죽은 후, 춘추공은 654년에 즉위하여 8년 동안 나라를 다스리다가 661년에 죽으니 향년 59세였다. 애공사 동쪽에 장사를 지

내고 거기에 비를 세웠다.

왕은 유신과 함께 신통한 계획과 힘을 합하여 삼한을 통일하고 국가에 큰 공로를 세웠으므로 묘호(廟號, 임금이 죽은 뒤에 생전의 공덕을 기리어 붙인 이름)를 태종이라 하였다.

태자 법민, 각간 인문, 각간 문왕, 각간 노차, 각간 지경, 각간 개원 등은 모두가 문희의 소생으로, 그때 언니의 꿈을 산 효험이 여기서 나타났다. 서자들로는 개지문 급간, 영공 차득, 아간 마득과 딸들까지 합하여 모두 다섯 이었다.

왕의 식사는 하루에 쌀 세 말, 수꿩이 아홉 마리였다. 660년에 백제를 멸망시킨 이후부터는 점심을 없애고 다만 아침과 저녁만 먹었다. 그래도 이를 합치면 하루 쌀 여섯 말, 술 여섯 말, 꿩 열 마리였다.

왕이 태자로 있을 때 고구려를 정벌하기 위하여 당나라로 군사를 요청하러 갔다. 당나라 황제는 그의 풍채를 칭찬하여 '신성한 사람'이라 하고 자신의 신하로 삼으려 했으나, 애써 사양하고 돌아왔다.

이 때에 백제의 마지막 임금인 의자왕은 무왕의 맏아들로서 사람됨이 크고 담력이 있을 뿐 아니라, 어버이를 효성으로 섬기고 형제간에 우애가 있어 당시 동방의 증자로 불리었다.

그러나 641년에 왕위에 오르자 술과 계집에 빠져 정치는 문란해지고 나라가 위태롭게 되었다. 이에 좌평 벼슬에 있던 성충이 충간(忠諫, 충성스러운 마음으로 윗사람의 잘못을 간함)을 하였으나, 이를 듣지 않고 그를 옥에 가두었다. 성충이 옥중에서 극도로 쇠약하여 거의 죽음에 다다르자 의자왕에게 글을 올렸다.

"충신은 죽어도 임금을 잊지 못한다 합니다. 바라옵건대 한 말씀만 드리고 죽겠습니다. 제가 일찍이 시국의 변동을 살펴보니 반드시 전쟁이 있을 것으로 생각됩니다. 무릇 군사를 쓰는 데는 그 지세를 잘 살펴서 택해야 하니, 상류에 자리를 잡고 적을 맞이하면 나라를 보전할 수 있을 것입니다. 만약 다른 나라의 군사가 오거든 육로는 탄현을 넘어서지 못하도록 막아야 하며, 수군은 기벌포에 들어오지 못하도록 하여, 험한 요충지에 기대여 적을 막아야 합니다."

그러나 왕은 깨닫지 못했다. 659년에 백제의 오회사에서는 붉은 빛깔의 큰 말이 나타나 밤낮으로 여섯 시간 동안 절을 돌면서 공덕을 닦은 일이 있었다.

2월에는 여우 떼가 의자왕의 궁중에 들어 왔는데, 그 중 흰여우 한 마리가 좌평의 책상 위에 앉는 일도 있었다. 4월에는 태자궁의 암탉이 작은 참새와 교미를 한 일도 있었다. 5월에는 사비 강가에 큰 고기가 나와 죽었는데 길이가 세 길이나 되었고, 이것을 먹은 사람은 다 죽은 일도 있었다. 9월에는 대궐 안에 있는 홰나무가 사람처럼 울었고, 밤에는 대궐 남쪽 길 위에서 귀신이 울었다.

660년 봄 2월에는 서울 안 우물물이 핏빛으로 변하였다. 서해 바다에서는 작은 고기가 나와서 죽었는데 백성들이 아무리 먹어도 없어지지 않았으며, 사비수 역시 핏빛으로 변하였다. 4월에는 수만 마리의 개구리들이 나무 위에 모여드는 일이 있었고, 서울의 저자 사람들 가운데 마치 누가 붙잡기라도 하듯이 까닭 없이 놀라 달아나다가 넘어져 죽은 자가 일백 여명이나 되었으며 재물을 잃어버린 자 또한 수없이 많았다. 6월에는 왕흥사의 모든 승려들이 배 같은 것이 큰 물결을 따라 절 문으로 들어오는 것을 보았고, 사슴만큼 큰 개가 서쪽으로부터 사비수 언덕에 와서 왕궁을 향하여 짖다가 갑자기 사라져 버렸다. 성안의 많은 개들이 길 위에 모여 더러는 짖고 더러는 울기도 하다가 한참 후에는 흩어지기도 하였다.

한 번은 한 귀신이 대궐 안으로 들어와,

"백제가 망한다! 백제가 망한다!"

라고 크게 소리치고는 땅속으로 들어가 버렸다. 왕이 괴상하게 여겨 사람을 시켜 그 자리를 파보았더니 깊이가 석자쯤 되는 곳에 거북이 한 마리가 있었고 그 등에 글이 쓰여 있었다.

'백제는 보름달이요, 신라는 초승달과 같다.'

왕은 이를 무당에게 물었다.

"보름달이라 함은 이미 다 찼다는 것을 말함이니 차면 이지러지는 법이요, 초승달과 같다는 말은 아직 차지 못했다는 것을 말함이니 아직 차지 못한 것은 차츰 차게 될 것입니다."

무당의 해석을 들은 왕은 노하여 그를 죽였다. 다른 사람이 말하였다.

"보름달은 융성하다는 뜻이요, 초승달과 같다는 것은 미약해진다는 뜻입니다. 이는 우리나라는 융성하고 신라는 미약해진다는 뜻이라고 생각합니다."

왕은 이 말을 듣고 기뻐하였다.

신라의 태종 무열왕이 백제 국내에 괴변이 많이 일어나고 있다는 소문을 듣고, 660년에 인문을 당나라로 보내어 군사를 요청하였다.

당나라 고종은 좌무위 대장군 형국공 소정방을 신구도 행군총관으로 임명하고 좌위장군 유백영과 좌무위장군 풍사귀, 좌효위장군 방효공 등을 막료로 삼아 군사 13만 명을 보냈다. 또 신라왕 춘추를 우이도행군총관으로 삼아 신라 군사를 거느리고 이들과 합세하게 하였다.

소정방이 군사를 이끌고 성산으로부터 바다를 건너 신라의 서쪽 덕물도에 도착했다. 신라왕은 장군 김유신을 시켜 정예 병사 5만을 거느리고 그 곳으로 가게 하였다.

의자왕은 이러한 소문을 듣자 여러 신하들을 모아 놓고 싸워서 막아낼 계책을 물었다.

좌평 의직이 앞에 나와 계책을 말하였다.

"당나라 군사는 멀리 바다를 건너왔으나 물에는 익숙하지 못하며, 신라 사람들은 당 나라의 원조를 믿고 상대를 가벼이 여기고 있습니다. 만약 당나라 군사가 불리한 것을 본다면, 반드시 신라군은 겁을 내어 감히 날카롭게 달려들지 못할 것입니다. 따라서 먼저 당나라와 결전을 벌이는 것이 옳다고 생각됩니다."

달솔 상영 등은 이 계책에 반대하였다.

"그렇지 않습니다. 당나라 군사가 멀리서 왔기 때문에 빨리 싸울 태세이며, 그들의 기세를 꺾기는 쉽지 않습니다. 반면 신라군들은 이미 여러 번 우리 군사에게 패배한 적이 있으므로, 우리 군사의 기세를 보면 두려워하지 않을 수 없을 것입니다. 오늘의 계책으로는 마땅히 당나라 군사의 길을 막아 그들이 피로하기를 기다리면서, 일부 군대로 신라를 쳐서 그들의 날카로운 기세를 꺾어 놓은 후에 좋은 기회를 엿보아 접전을 하면 군사를 온전히 할 수 있는 동시에 나라를 보전할 것입니다."

왕은 어느 의견을 따를지 몰라서 망설이고 있었다. 그때 좌평 홍수가 죄를 받고 고마미지현에서 귀양살이를 하고 있었는데, 왕은 그에게 사람을 보내어 물었다.

"사태가 긴박한데 어떻게 했으면 좋겠소?"

홍수는 대답하였다.

"대체로 성충의 의견과 같습니다."

대신들은 홍수를 믿지 않고 돌아왔다.

"홍수가 옥중에 있으면서 임금을 원망하고 나라를 사랑하고 있지 않습니다. 그의 말은 믿을 것이 못됩니다. 차라리 당나라 군사를 백강으로 들어오게 하여, 강물의 흐름으로 빠져나가지 못하게 하고, 신라 군사를 탄현 고개로 올라오게 하여 오솔길에 들어서 두 마리 말도 나란히 서지 못하게 만든 후, 이런 기회를 이용하여 습격을 하면 이야말로 저들은 우리 속에 든 닭이요, 그물에 걸린 고기가 될 것입니다."

왕은 이 의견에 따르기로 하였다.

곧 당나라와 신라 군사가 벌써 백강과 탄현을 지났다는 보고를 들은 왕은 장군 계백을 시켜 결사대 5천명을 거느리고 황산으로 출동시켰다. 계백은 신라 군사와 네 번 싸워서 모두 이겼으나 군사가 적고 힘이 다하여 결국 패하고 계백은 전사하였다.

신라 군사는 당나라 군사와 연합하여 도성으로 들어가는 나루 어구에 이르러 진을 치고 주둔하고 있었다.

그때 돌연히 어떤 새가 소정방의 군영 위로 빙빙 돌았다. 소정방은 꺼림칙하여 사람을 시켜 점을 쳤다.

"반드시 원수님이 다치실 것입니다."

이 점괘에 소정방은 겁을 먹고 군사를 물리고 싸움을 그만 두려고 하였다. 이에 김유신이 소정방에게 말하였다.

"어찌 나는 새의 요괴스러운 짓을 가지고 하늘이 주신 기회를 놓칠 수 있겠소? 하늘과 백성의 뜻에 따라 어질지 못한 자를 정벌하는 이 때에 나쁜 조짐이 어디 있겠소?"

김유신 이어서 곧 신검을 뽑아 새를 겨누어 쳤다. 새는 갈라져 정방의 좌석 앞에 떨어졌다. 이 때야 비로소 소정방은 강 왼편 기슭으로 나와 산밑에 진을 치고 싸웠더니 백제 군사가 크게 패하였다. 당나라 군사는 밀물을 타고 수많은 병선을 몰아 북을 울리고 함성을 치며 진격하였다.

정방이 보병과 기병을 거느리고 도성 삼십 리 밖에 와서 머물렀다. 백제는 성중의 모든 군사가 힘을 합하여 항전하였으나, 결국 패하여 죽은 자가 일만 여명이나 되었다. 당나라 군사들은 승승장구하여 도성으로 진격해 갔다. 백제왕이 패배로부터 벗어나지 못할 것을 탄식하였다.

"성충의 말을 듣지 않았기 때문에 일이 이 지경에 이르렀으니 후회막급이구나."

마침내 태자 융과 함께 북쪽 변읍으로 달아났다. 정방은 도성을 에워쌌다. 왕의 둘째 아들인 태가 제 스스로 왕이 되어 무리를 거느리고 성을 굳게 지켰다. 그러자 태자 융의 아들 문사가 숙부인 태에게 불복했다.

"왕과 태자가 함께 떠나고 숙부가 제멋대로 왕이 되었으니 만약 당나라 군사가 물러가면 우리가 어떻게 목숨을 부지하겠나이까?"

문사는 측근자들을 데리고 줄을 타고 성밖으로 나가니 백성들이 모두 그를 따랐으나 태가 막지 못하였다.

정방이 군사를 시켜 성채에 올라 당나라 깃발을 세우니 태는 궁지에 몰려 할 수 없이 성문을 열고 목숨을 빌었다. 이에 의자왕, 태자 융, 왕자 태, 대신 정복이 여러 성들과 함께 항복하였다. 정방이 의자왕과 태자 융, 왕자 연, 대신 및 장수 88명과 백성 12,870명을 당나라로 보냈다.

백제는 원래 5부 37군 200성 76만 호였는데, 이때 당나라는 백제의 영토에 웅진·마한·동명·금련·덕안 등 다섯 도독부를 나누어 설치하고 도독과 자사를 두어 다스리게 하였다. 그리고 낭장 유인원을 시켜 도성을 지키게 하고 또 좌위낭장 왕문도를 웅진도독으로 삼아 백제의 유민들을 무마하게 하였다.

정방이 포로들을 데리고 황제를 찾아뵈니 황제는 포로들을 책망만 하였고 다 용서하였다.

의자왕이 병들어 죽자 황제는 '금자광록대부위위경'이라는 벼슬을 내리고 옛 신하들이 조문하는 것을 허락하였다. 그리고 손호와 진숙보의 무덤 곁에 장사지내게 명하고 비석을 세워 주었다.

662년에 소정방을 요동도행군대총관으로 삼았다가 얼마 후 평양도행군대총관으로 다시 임명하였다. 이때 소정방은 고구려 군사를 패강에서 격파하고 마읍산을 점령하여 군영을 세우고 드디어 평양성을 포위하였다. 그러나 때마침 큰 눈이 와서 포위를 풀고 돌아갔다.

그 후 소정방은 양주 안집대사로 임명되어 토번을 평정하였고, 667년에 죽었다. 당나라 황제가 애도하여 '좌효기 대장군 유주도독' 벼슬을 내리고 시호를 장(莊)이라 하였다.

《신라별기(新羅別記)》에는 다음과 같이 전한다.

문무왕 즉위 5년 665년 가을 8월에 왕이 친히 대군을 거느리고 웅진성으로 이동하였다. 가왕 부여융을 만나 제단을 만들고 흰말을 잡아서 맹세를 하였다. 먼저 하늘의 신과 산천의 신령들에게 제사한 후, 입에 피 바르는 절차를 치르고 글을 지어 맹세하였다.

"지난날 백제의 전 임금은 역리와 순리를 분간 못하여 이웃 나라와 우호적으로 지낼 줄 모르고 인척간에 화목하지 못하였다. 게다가 고구려와 결탁하고 왜국과 내통하여 잔인하고 포악한 짓을 일삼았으며, 신라를 침략하여 고을을 파괴하고 성을 함락시켜 조금도 편안한 해가 없었다. 천자는 물건 하나라고 제자리를 잡지 못하는 것을 딱하게 여기고 백성들이 해 입는 것을 불쌍히 여겨 여러 차례 사신을 보내 화친할 것을 권유하였다. 그러나 백제는 지세가 험하고 거리가 먼 것을 믿고 하늘의 뜻을 업신여겼다. 이에 황제는 크게 노하였고, 삼가 백성들을 위로하고 반역자를 토벌하기 위하여 군사를 일으켰다. 군사들의 깃발이 향하는 곳마다 한 번에 대승을 거두었으며, 반역의 무리들이 평정되었다. 마땅히 궁궐과 집을 없애 연못으로 바꾸어서라도 후예들에게 경계가 되게 하고, 근원을 막고 뿌리를 뽑아 그 후손들에게 교훈을 남겨주어야 할 것이다. 그러나 유순한 자를 맞아들이고 배반하는 자를 치는 것이 앞선 임금들의 좋은 본보기요, 망한 것을 다시 일으키고 끊어진 것을 이어주는 것이 과거 성현들의 공통된 규범이니, 어떤 일이든지 전해오는 옛 본보기를 본받아야 할 것이다. 따라서 전 백제왕 사가정경 부여융을 웅진 도독으로 삼아 자기 조상의 제사를 모시게 하고 그의 옛 고장을 보전케 하니, 신라에 의지하여 길이 우방이 될 것이요, 저마다 묵은 감정을 버리고 우호를 맺으며 서로 화친하여 공손히 조서의 명령을 받들고 길이 속국으로 복종해야 할 것이다. 이에 우위위장군 노성현공 유인원을 보내어 친히 타이르고 자세히 취지를 알릴 것이니, 그대들은 서로 혼인을 약속하고 짐승의 피를 발라 맹세를 하여, 언제나 함께 친목하여야 하며, 재해를 나누고 환난을 서로 구제하여 형제처럼 사랑하여야 할 것이다. 공경하는 마음으로 황제의 말씀을 받들어 함부로 실수를 하지 말아야 할 것이다. 이미 맹세를 마친 뒤에는 다 함께 의리를 지켜야 할 것이다. 만일 맹세를 저버리고 그 행동이 한결같지 못하여 군사를 일으키거나, 변경을 침범하는 등의 일이 있게 된다면 신명이 이를 굽어보고서, 수많은 재앙을 내려 자손을 기르지 못할 것이요, 나라를 보존하지 못할 것이요, 제사가 끊어져 남는 것이라곤 아무 것도 없게 될 것이다. 그러므로 여기에 금서철계(金書鐵契, 철판에다 글자를 새기고 금으로 입힌 것으로 한 고조가 천하를 평정하고 공신을 봉할 때 사용한 것이라 한다)를 만들어 종묘에 간직해 두니, 자손만대를 통하여 감히 어기는 일이 없도록 하라. 신령이시여 들으셔서 제물을 받으시고 복을 내려주소서!"

입에 피를 바르는 절차가 끝난 후 제물을 제단의 북쪽에 묻고 맹세문을 신라 왕실의 사당에 간직하였다. 이 맹세문은 바로 대방도독 유인궤가 지은 것이다.

또한《고기(古記)》에는 다음과 같이 전한다.

무진년 668년에 신라에서 청한 당나라 원군이 평양성 교외에 주둔하고 있으면서 급히 군량을 보내 달라는 글을 신라 조정에 보내 왔다.

문무왕은 여러 신하들을 모아 대책을 물었다.

"적국에 있는 당나라 진영까지 들어간다는 것은 매우 위험한 일이요, 우리가 청해 온 당나라 군사의 군량이 부족한데 이것을 보내지 않는다면 이 역시 옳지 못한 일이오. 어떻게 했으면 좋겠소?"

김유신이 나섰다.

"저희들이 능히 그 군량을 나를 수 있으니 대왕께서는 걱정하지 마십시오."

김유신은 김인문과 수만의 군사를 거느리고 고구려 국경을 넘어 들어가 군량 2만 섬을 당나라 원군에게 수송하고 돌아오니 왕이 크게 기뻐하였다.

다시 군사를 일으켜 당나라 군사와 연합하고자 유신이 먼저 연기와 병천 두 사람을 보내어 회합할 기일을 물었다. 당나라 장수 소정방이 종이에다가 난새와 송아지 그려 보내왔다.

사람들은 그 뜻을 풀지 못하였다.

곧 사람을 시켜 원효법사에게 물었다.

"속히 군사를 돌리라는 뜻입니다. 난새와 송아지를 그린 것은 둘이 끊어짐을 말한 것입니다."

이에 유신은 군사를 돌려 패강을 건너면서 명령하였다.

"늦게 건너는 자는 목을 베겠다."

이에 군사들이 앞을 다투어 가며 절반쯤 건넜을 때, 고구려 군사가 쳐들어 와서 미처 건너지 못한 자들을 죽였다. 이튿날 유신은 군사를 돌려 고구려 군사를 추격하여 수만 명을 잡아 죽였다.

《백제고기(百濟古記)》에는 다음과 같이 전한다.

부여성 북쪽 귀퉁이에는 큰 바윗돌이 강물을 굽어보며 서 있다.

전해오는 말에 따르면 의자왕이 여러 궁녀들과 함께 죽음을 피하지 못할 것을 느끼고 차라리 자결을 할지언정 남의 손에는 죽지 않겠다고 하고는 서로 이끌고 이 곳에 와서 강물에 몸을 던져 죽었기 때문에 이 바위를 '타사암'이라고 부른다고 한다.

그러나 이는 잘못 전해지고 있는 속설이다. 궁녀들은 여기에서 떨어져 죽었으나 의자왕은 당나라에 가서 죽었다는 것이 《당사》에 명백히 기록되어 있다.

또 《신라고전(新羅古記)》에는 다음과 같이 전한다.

정방이 고구려와 백제 두 나라를 정벌하고 나서 다시 신라를 칠 계획으로 한동안 머물러 있었다.

이 때에 유신이 그 계획을 알고 당나라 군사에게 잔치를 베풀고는 독주를 먹여 모두 죽여서 이를 구덩이에 묻었다.

지금도 상주 지방에 '당교'가 있으니 이곳이 당나라 군사를 묻은 자리이다.

당나라 군대가 백제를 평정하고 돌아가고 난 후에 신라왕은 여러 장수들에게 명령하여 백제의 남은 잔당들을 추격하여 잡도록 하였다. 신라군이 한산성에 주둔하고 있을 때, 고구려와 말갈 두 나라 군사가 와서 이들을 포위하였다.

서로 마주 싸웠으나 포위를 풀지 못하였다. 5월 11일부터 6월 22일에 이를 때까지 신라군은 포위를 뚫지 못하고 위급한 상황에 빠져 있었다.

왕은 이 소식을 듣고 여러 신하들과 의논하였다.

"무슨 방법이 없겠소?"

모두들 선뜻 결정하지 못하고 망설이고 있었다. 이 때 유신이 달려 나와 아뢰었다.

"형세가 매우 위급합니다. 사람의 힘으로는 미치지 못할 것이요, 오직 신술로만 구원할 수 있을 것입니다."

유신은 곧 성부산에 제단을 설치하고 신술을 청했더니 갑자기 큰 독 만한 불빛이 번쩍거리면서 제단 위로부터 나와 별처럼 날아서 북쪽으로 갔다. 한산성 안의 군사들은 구원병이 오지 않음을 원망하면서 마주 쳐다보고 울고만 있었다.

적들이 공격을 하려고 서두르고 있는데 갑자기 광채가 남쪽 하늘로부터 날아와서 벼락이 되어 30여 개의 돌 대포를 부수었고 적군의 활과 살, 창칼들이 모조리 부서지고 땅에 쓰러졌다. 얼마 후에 깨어난 적군들은 흩어져 달아나고 신라군도 돌아 왔다.

태종이 처음 즉위했을 때, 머리는 하나에 몸뚱이는 둘이요, 발이 여덟 개인 돼지를 바친 자가 있었다. 해석하는 자가 이를 두고 말하였다.

"이는 필시 천지 사방을 차지할 상서로운 조짐입니다."

태종 시대에 처음으로 중국 의관과 상아로 만든 홀(笏, 벼슬아치가 임금을 만날 때에 손에 쥐던 물건)을 사용하게 되었는데, 이는 자장 법사가 당나라 황제에게 청하여 가지고 와서 전한 것이다.

신문왕 때에 당나라 고종이 신라에 사신을 보내 따졌다.

"돌아가신 나의 아버지께서는 어진 신하 위징과 이순풍 등을 만나 마음과 행동을 함께 하여 천하를 통일하였으므로 '태종' 황제라 한 것이다. 그러나 너희 신라는 해외의 작은 나라로서 '태종'이란 칭호를 사용하여 천자의 명호를 함부로 범함은 그 뜻이 불충스러우니 빨리 칭호를 고치도록 하라."

신라의 신문왕은 이에 글을 보내 답변했다.

"신라가 비록 작은 나라일지라도 훌륭한 신하 김유신을 얻어 삼국을 통일하였기 때문에 '태종'이라 한 것입니다."

당나라 황제가 신라 신문왕의 글을 보고는 곧 자신이 황태자로 있을 때 하늘에서 외치는 소리를 들었던 기억이 났다.

"33천의 한 분이 신라에 태어나서 유신이 되었다."

당시 들었던 이 말을 글로 적어 두었고 생각나서 그 기록을 찾아보고는 사뭇 놀라고 두려웠다. 그래서 다시 사신을 신라에 보내어 '태종'이란 칭호를 고치지 않아도 좋다,고 하였다.


## 장춘랑과 파랑


예전에 백제군사와 싸우던 황산전투에서 장춘랑과 파랑이 진중에서 전사하였다. 그 후 백제를 토벌할 때에 태종의 꿈에 이들이 나타났다.

"우리는 예전에 나라를 위하여 싸우다 죽었고, 백골이 되어도 나라를 지키고자 언제나 부지런히 군사들을 따라다녔습니다. 그러나 당나라 장수 소정방의 위력에 부대껴 남의 뒤만 따라 다닐 뿐입니다. 원하옵건대 왕께서는 저희들에게 약간의 군사를 보태주십시오."

왕은 놀랍고 괴이하여 두 영혼을 위하여 모산정에서 하루 동안 불경을 설법하고, 또 한산주에 장의사(壯義寺)를 세워 명복을 빌었다.

# 제2 기이 (第二 紀異)

# 제2 기이

## 문무왕과 법민

문무왕이 즉위한 때는 661년이었다.

667년 사비수 남쪽 바다에 여자의 시체가 발견되었는데, 몸의 길이가 73자요, 발의 길이가 6자요, 생식기 길이가 3자나 되었다. 혹은 몸의 길이가 18자였다고도 한다.

668년에 문무왕이 군사를 거느리고 인문. 흠순 등과 함께 평양에 이르러 당나라 군사와 연합하여 고구려를 멸망시켰다. 그때 당나라 장수 이적은 보장왕을 사로잡아 본국으로 돌아갔다.

이 때에 당나라 유병(遊兵, 대개 진(陣)의 후방에 있다가 전투가 벌어지기 바로 전에 나아가 적을 교란하거나 와해된 적을 추격하는 임무를 맡은 병력)과 장병들 가운데에는 진영에 머물면서 기회를 보아 신라를 습격하려고 하는 자들이 있었다.

왕은 그 계획을 알아채고 군사를 일으켰다. 그 이듬해에 당나라 고종은 인문을 불러 꾸짖었다.

"너희들이 우리 군사를 청하여 고구려를 멸하고는 이제 도리어 우리 군사를 해치려 하는 것은 무슨 까닭이냐?"

그리고는 곧 인문을 옥에 가두고 50만 군사를 훈련시켜 설방을 대장으로 삼아 신라를 공격하려 하였다. 이 때에 의상법사가 불법공부를 위하여 당나라에 들어가 있던 중 인문을 찾아보았는데, 인문이 이 사실을 그에게 알려 주었다.

의상은 곧 귀국하여 왕에게 보고하자 왕은 매우 걱정이 되어 여러 신하들을 모아놓고 방어할 계책을 물었다.

각간 김천존이 아뢰었다.

"요즘 명랑법사라는 이가 용궁에 들어가 비법을 배워 왔다고 합니다. 한번 불러 물어보십시오."

왕의 부름을 받고 온 명랑법사는 왕에게 아뢰었다.

"낭산 남쪽에 신유림이 있습니다. 그 곳에 사천왕사를 세우고 도량(道場, 도를 얻으려고 수행하는 곳)을 개설하면 될 것입니다."

그때 정주에서 사자가 달려와 보고하였다.

"지금 수많은 당나라 군사들이 우리 바닷가를 맴돌고 있습니다."

왕은 명랑을 다시 불렀다.

"일이 벌써 다급하게 되었으니 어떻게 했으면 좋겠소?"

"채색비단으로 임시로 절을 만드십시오."

왕은 채색비단으로 임시로 절을 짓고, 풀로 다섯 방위를 맡은 신의 형상을 만들었으며, 유가명승(瑜伽明僧, 밀교에 정통한 중) 열두 명을 불러 명랑법사가 문두루의 비법을 쓰는 것을 돕게 하였다.

명랑법사가 문두루의 비법을 썼을 때에는 아직 당나라 군사와 신라 군사가 교전을 하기 전이었는데, 갑자기 풍랑이 크게 일어나서 당나라 배가 모두 물 속으로 침몰하였다.

뒤에 절을 제대로 지어 사천왕사라고 불렀는데 지금도 이 절의  법석은 계속되고 있다. 그 후 671에 당나라는 조헌을 장수로 삼아 보내어 역시 군사 5만을 거느리고 침공해왔다. 이 때에도 다시 이 비법을 썼더니 배들은 그 전과 마찬가지로 침몰되었다.

이 때 신라의 한림방 박문준이 김인문을 따라 옥중에 있었다. 당고종이 문준을 불렀다.

"너희 나라에 무슨 비법이 있는가? 두 번이나 큰 군사를 동원했는데도 살아 돌아온 자가 없구나!"

"저희들이 당나라에 온 지 10여 년이나 되어 본국 일은 알 수 없으나 다만 멀리서 한 가지 일을 들었을 뿐입니다. 그것은 당나라의 은혜를 받아 삼국을 통일하고 그 은덕을 보답하기 위하여 새로 천왕사를 낭산의 남쪽에 짓고 황제님의 만수무강을 기원하고자 오랫동안 법석을 열었다는 것뿐입니다."

당 고종은 이 말을 듣고 크게 기뻐하며 바로 예부시랑 악붕귀를 신라에 보내어 그 절을 알아보도록 하였다.

문무왕은 당나라 사신이 천왕사를 살피러 온다는 소식을 듣고 이절을 보여줄 수 없다고 생각했다. 그리하여 곧 따로 그 절 남쪽에 별도로 새 절을 지어놓고 기다렸다. 이윽고 당나라 사신이 도착하였다.

"먼저 우리 황제의 만수무강을 기원하는 천왕사에 가서 향을 올리겠습니다."

곧 새 절로 인도하였다. 그러나 사신은 절문 앞에 서서 들어가지 않았다.

"이것은 사천왕사가 아니요, 이 절은 망덕요산의 절이오."

그리하여 신라에서는 그에게 황금 1천냥을 뇌물로 주었다. 그 사자가 당나라로 돌아가 황제에게 아뢰었다.

"신라가 천왕사를 세우고 새 절에서 황제의 장수를 빌 뿐이었습니다."

당나라의 사신의 말에 따라서 그 절을 망덕사라고 하였다.

왕은 박문준이 말을 잘하여 당나라 황제가 관대히 처분할 의향이 있음을 알고 곧 강수선생을 시켜 김인문의 석방을 청하는 글을 짓게 하였다.

곧 사인 원우를 시켜 그 글을 당나라에 황제에게 올렸다. 황제는 글을 보고 눈물을 흘리며 인문을 용서하여 위로해 보냈다. 인문이 당나라의 감옥에 있을 때에 신라에서는 인문을 위하여 절을 짓고 그 절 이름을 인용사라 하였고 관음도량을 개설하였었다. 그런데 인문이 돌아오다가 바다에서 죽자 그 관음도량을 미타도량으로 고쳤다. 아직도 이 절은 남아 있다.

문무왕은 나라를 다스린 지 21년만인 681년에 죽었다. 왕은 동해의 큰 바위 위에 장사를 지내라고 유언하였다. 왕이 평상시 지의법사에게 곧잘 말하곤 했다.

"나는 죽은 뒤에 나라를 수호하는 큰 용이 되고 싶다. 그리하여 불교를 떠받들고 국가를 수호하리라."

법사는 물었다.

"용은 짐승의 인과응보인데 그래도 괜찮겠습니까?"

"나는 세상 영화가 덧없음을 느낀 지 이미 오래되었소. 만약에 좋지 않은 응보로 짐승이 된다면 그것은 본래 나의 소망과 일치하는 것이오."

왕은 즉위하여 처음으로 남산에 장창(長倉, 긴 창고)을 설치하였다. 그 창고는 길이가 50보, 너비가 15보였다. 쌀과 병기를 저장하였는데 이것이 우창(오른편 창고)이 되었고, 천은사 서북쪽 산 위에 있는 것이 좌창(왼편 창고)으로 되었다.

다른 책에는 진평왕 13년 591년에 남산성을 쌓으니 주위가 2,850 보라고 기록되어 있는 것을 보면, 이 남산성은 진평왕 때에 처음 쌓았다가 이 때에 와서 중수한 것으로 보인다.

또 부산성을 쌓아 3년 만에 끝마치고 안북 하변에 철성을 쌓았다.

또 서울 일대에 성곽을 쌓으려고 하여 이미 관리들에게 명령까지 하였다. 이 때에 의상법사가 이 말을 듣고 글을 올렸다.

"왕의 정치와 교화가 밝으면 비록 풀 둔덕에 땅 금을 그어 성으로 삼더라도 백성들이 감히 타고 넘지 않을 것이며, 재앙을 물리치고 복이 들어올 것입니다. 만약 정치와 교화가 밝지 못하면 비록 만리장성이 있더라도 재해가 끊이지 않을 것입니다."

이 글을 본 왕은 곧 공사 계획을 중지하였다.

666년 3월 10일에는 길이라는 어떤 사람의 여자 종이 있었는데 한 번에 아들 셋을 낳았다. 또한 670년 정월 7일에 한기부의 일산 급간의 여자 종이 한 번에 아이 넷을 낳았는데 딸이 하나요, 아들이 셋이었다. 나라에서는 곡식 2백 석을 상으로 주었다. 또 고구려를 쳐서 그 나라의 왕손을 데려다가 진골 계급을 주었다.

왕이 하루는 그의 서출 아우인 거득공을 불렀다.

"네가 정승이 되어 모든 관리들을 잘 감독하고 나라 일을 처리하라."

"폐하가 만약 저 같은 자를 재상으로 삼으신다면, 저는 먼저 나라 안을 몰래 순행하면서 백성들의 부역이 과한가 아닌가, 세금이 무거운가 가벼운가, 관리들이 깨끗한가 혼탁한가를 살핀 연후에 취임하기를 원합니다."

왕이 이를 승낙하였다.

거득공은 검은 색 승복을 입고 손에 비파를 들고 거사의 차림을 하고는 서울을 떠나서 아실라주·우수주·북원경을 경유해 무진주에 이르러 마을을 두루 돌아다녔다.

이때 무진주의 관리 안길은 그를 범상한 사람이 아니라고 생각하고 자기 집으로 맞아들여 극진히 대접하였다. 밤이 되자 안길은 처첩 세 명을 불렀다.

"오늘 저 거사를 모시고 자는 사람은 나와 죽을 때까지 해로할 것이다.”

그 중 두 아내는 거절하였다.

“차라리 당신과 함께 죽을 때까지 살지 못하더라도 다른 남자와 동침할 수 없습니다.”

그러나 그의 나머지 한 아내는 이를 받아들였다.

“당신이 죽을 때까지 함께 살 것을 허락하신다면 저는 시키는 대로 따르겠습니다.”

이튿날 아침 거사는 하직 인사를 하였다.

“나는 서울 사람이외다. 우리 집은 황룡과 황성의 두 절 사이에 있고 내 이름은 단오라고 합니다. 주인께서 혹시 서울에 오는 일이 있거든 우리 집을 꼭 찾아 주십시오.”

마침내 거득공은 순행을 마치고 서울로 돌아와 재상에 취임하였다. 당시 제도에는 외방 고을의 관리 한 사람을 불러 올려 중앙의 여러 부처에서 근무하게 했는데, 마침 무진주의 안길이 그 차례가 되어 서울로 올라왔다. 서울로 온 안길은 황룡과 황성 두 절 사이에 있다는 단오거사의 집을 찾아보았으나, 아무도 아는 이가 없었다.

안길이 한동안 길가에 서서 오가는 사람들에게 집을 묻고 있었는데, 한 노인이 지나다가 그 말을 듣고는 한참을 서서 생각하였다.

“황룡과 황성 두 절 사이의 한 집이라면 그건 대궐일 겁니다. 그리고 단오란 곧 거득공일 겁니다. 이전 외방 고을을 잠행할 때 아마 그대와 인연이 있었는가 보군요.”

안길이 거득공과의 관계를 그 노인에게 말하자, 노인은 안길에게 일러 주었다.

“궁성의 서쪽 귀정문으로 가서 기다리다가, 드나드는 궁녀를 잡고 알리시오.”

안길은 노인의 말에 따라, 궁녀를 통해 자신을 알렸다.

“무진주의 안길이 뵈러 왔소이다.”

거득공은 이 말을 전해 듣고는 뛰어 나가 손을 잡아끌며 궁으로 데리고 들어갔다.

거득공의 부인을 불러 함께 잔치를 베풀었는데, 음식이 50 가지나 되었다. 그리고 나서 왕에게 아뢰니 왕은 성부산 아래에 있는 땅을 무진주 상수리의 소목전으로 지정하여 어느 누구도 벌채하지 못하게 하였다.

사람들은 소목전에 감히 접근하지 못했고, 궁 안팎의 사람들이 부러워했다. 그 성부산 아래 전답이 30이랑이 있었는데, 이 전답에 씨앗 세 섬을 뿌려 풍년이 들면 무진주에도 풍년이 들고, 그렇지 않으면 무진주에도 흉년이 들었다고 한다.


## 만파식적


제31대 신문대왕의 이름은 정명이고, 성은 김씨였다. 681년 7월 7일에 즉위하였고, 아버지 문무대왕을 위해 동해가에 감은사를 세웠다.

이듬해 682년 5월 초하루에 바다의 일을 맡아보는 파진찬 박숙청이 아뢰었다.

"동해 가운데 한 작은 산이 감은사로 떠 와서 파도가 움직이는 대로 왔다 갔다 합니다."

왕은 이 말을 듣고 이상하다고 생각하여 천문을 맡은 김춘질에게 점을 치도록 하였다. 김춘질은 점괘를 뽑았다.

"돌아가신 임금께서 지금 바다의 용이 되어 삼한을 지키며, 또 김유신 공이 33천의 한 아들이 되어 내려와 대신이 되어 있습니다. 두 성인께서 뜻을 같이하여 나라를 지킬 보배를 내리시려고 합니다. 만일 폐하께서 해변으로 가시면 반드시 값으로 따질 수 없는 큰 보배를 얻게 될 것입니다.”

점괘를 들은 왕은 크게 기뻐했다. 그 달 7일에 왕은 이견대로 나아가서 바다에 뜬 그 작은 산을 바라보고 사람을 보내 살펴보게 하였다.

산세는 마치 거북이 머리처럼 생겼고 그 위에는 대나무 한 그루가 있었는데, 낮에는 둘이 되고 밤에는 하나로 합쳐진다고 살펴본 이가 와서 보고했다.

왕은 감은사에서 묵었다. 이튿날 오시에 그 대나무는 합하여 하나로 되자, 천지가 진동하고 비바람이 몰아쳐 날이 어두워졌다가 그 달 16일에야 바람이 멈추고 파도도 잔잔해졌다.

왕이 배를 타고 그 산으로 가니 한 마리 용이 검은 옥대를 가져다 바쳤다. 왕은 용을 영접하여 함께 자리에 앉았다. 그리고 물어 보았다.

“이 산과 대나무가 갈라졌다 합쳐졌다 하는 것은 무슨 까닭입니까?”

“한 손으로 치면 소리가 나지 않고 두 손으로 치면 소리가 나는 것과 같은 이치입니다. 이 대나무는 본시 합쳐진 뒤에야 소리가 나도록 되어 있습니다. 이것은 훌륭하신 대왕께서 소리로써 천하를 다스릴 상서로운 징조입니다. 대왕은 이 나무를 가져가시어 피리를 만들어 불어보십시오. 그러면 천하가 평안해질 것입니다. 지금 왕의 돌아가신 아버님께서는 바다의 큰 용이 되셨고 유신 장군은 천신이 되었습니다. 두 성인께서 마음을 같이하여 값으로 따질 수 없는 큰 보물을 내려 저에게 바치도록 한 것입니다.”

용의 말을 들은 왕은 매우 기뻤다.

오색 비단과 금과 옥으로 용에게 답례하고 사람을 시켜 그 대나무를 베어 가지고 오게 했다. 왕과 그 일행들이 대나무를 베어 나오는 동안 그 산과 용은 홀연히 사라져 보이지 않았다.

그 날 밤을 감은사에서 지내고 17일에 왕 일행은 지림사 서쪽 시냇가에 이르러 점심을 먹고 있었다. 태자 이공이 대궐을 지키다가 이 소식을 듣고는 말을 타고 달려와 축하하였다. 그리고는 찬찬히 옥대를 살펴보았다.

"이 옥대의 여러 쪽들이 모두 진짜 용입니다."

그것을 어떻게 아느냐고 왕이 묻자 태자는 대답하였다.

"그 옥대의 쪽 하나를 떼어 물에 넣어 보시면 알게 될 것입니다."

이공 태자의 말대로 옥대의 왼편 둘째 쪽을 떼어 내어 시냇물에 담갔더니 곧바로 용이 되어 하늘로 올라가고 그 자리는 연못이 되었다. 그리하여 그 연못을 용연이라 불렀다.

한편 궁궐로 돌아와서 그 대나무로 피리를 만들어 월성의 천존고에 보관했는데 이 피리를 불면 적군이 물러가고, 병이 낫고, 가물 때는 비가 내리고, 장마 때는 비가 그치고, 바람이 멈추고 파도가 잠잠해졌다. 그리하여 그 피리를 만파식적이라 부르고 국보로 삼았다.

효소왕 때에 이르러, 즉 693년에 적군의 포로가 되었던 부례랑이 살아 돌아오게 된 기이한 일과 연유되어 그 피리를 다시 만만파파식적이라 불렀다. 자세한 것은 그 전기에 보인다.


## 효소왕 때의 죽지랑


제 32대 효송왕 때에 죽지랑을 따르는 낭도 가운데 급간 득오라는 자가 있었다. 그는 화랑의 명부에 이름을 올려 놓고 날마다 나오다가 열흘 동안 보이지 않았다. 죽지랑이 그의 어머니를 불러 물었다.

"당신 아들은 지금 어디 있소?"

"당전인 모량부의 아간 익선이 제 아들을 부산성의 창고지기로 보냈습니다. 급히 가느라 낭에게 말씀을 드리지 못한 것 같습니다."

"당신의 아들이 사사로운 일로 그곳에 갔다면 찾아 볼 필요가 없겠지만, 공적인 일로 갔다니 마땅히 내가 가서 대접해야겠다."

좌인(左人, 노복)들에게 떡 한 합과 술 한 동이를 들게 하고 떠났는데, 낭의 무리 137명 역시 의장을 갖추어 따라갔다.

부산성에 도착하자 문지기에게 득오의 행방을 물어보았다.

"지금 익선의 밭에서 관례에 따라 부역을 하고 있습니다."

죽지랑은 익선의 밭으로 가서 가지고 간 떡과 술을 득오에게 먹였다. 그리고 익선에게 득오의 휴가를 청해 같이 돌아오려고 했으나, 익선은 죽지랑의 소청을 허락하지 않았다.

그때 사리 간진이 추화군 진절 세금 30석을 거두어 성안으로 수송하다가 죽지랑이 선비를 중히 여기는 성품을 마음 속으로 찬미하여 가지고 있던 30석의 벼를 익선에게 주면서 죽지랑의 청을 도왔다. 그래도 익선은 허락하지 않았다. 간진은 다시 진절의 말과 안장을 주었다. 그때서야 비로소 익선이 허락하였다.

조정의 화주(花主, 화랑을 관할하는 관직)가 이 사실을 듣자, 익선을 잡아다가 그 더러움을 씻겨주려 하였으나, 익선이 달아나 숨어버렸기에 대신 그의 맏아들을 잡아갔다.

때는 매우 추운 때였다. 성안의 연못 가운데에서 익선의 아들을 목욕시키니 그대로 얼어죽고 말았다. 대왕은 그 말을 듣고는 모량리 사람으로 벼슬에 종사하는 사람은 모두 몰아내어 관공서에 몸을 붙이지 못하게 했고, 승복을 입지 못하게 했으며, 만약 승려가 된 자가 있다면 종을 치고 북을 올리는 절에는 들어가지 못하게 하였다. 이때 원측법사는 해동의 고승이었음에도 그가 모량리 사람이란 이유로 승직을 얻지 못하였다.

한편 간진의 자손은 평정호손으로 삼아 표창하였다. 죽지랑의 아버지 술종공은 삭주도독사가 되어 임지로 가려고 하는데, 삼한에 난리가 났기에 기병 3천명으로 그를 호위해 보냈다. 일행이 죽지령에 이르자 한 거사가 나와 고갯길을 닦고 있었다. 술종공은 그 거사를 보고 감복하였고, 거사 역시 술종공의 위세에 감탄하여 서로 좋은 인상을 가졌다.

술종공이 임지에 간 지 한 달쯤 되었을 때, 그 거사가 자기 방에 들어오는 꿈을 꾸었다. 그의 부인도 같은 꿈을 꾸었기에 이상하고 놀랍기도 하여 사람을 보내 그 거사의 안부를 알아보았다. 사람들의 말이 그 거사는 이미 죽었다고 하여 심부름꾼은 그가 죽은 소식을 전하였다. 술종공이 날짜를 따져보니 거사가 죽은 날이 꿈을 꾼 날과 같은 날이었다.

"아마도 거사가 우리 집에 태어나려나 보다."

술종공은 이렇게 말하고 다시 군사를 내어 고갯마루 북쪽 봉우리에다 장사지내고 돌로 미륵을 만들어 무덤 앞에 세워 주었다.

술종공의 부인은 거사 꿈을 꾼 날부터 태기가 있어 아이를 낳았고, 고개 이름을 따서 죽지라 이름을 지었다. 그가 성장하여 벼슬을 하여 부수(副帥, 대장 다음의 칭호)가 되어 유신공과 함께 삼한을 통일하였고, 진덕·태종·문무·신문 4대에 걸쳐 재상이 되어 나라를 안정시켰다. 득오가 죽지랑을 사모하여 지은 노래가 전해지고 있다.


가는 봄을 그리며
자연의 섭리를 거역하지 못하고 울음으로 지내는 시름이여!
은밀히 사랑해 주시던 그 거룩한 모습 천명이 다하였구나.
논돌릴 사이에 다시 만나보게 되리
낭이여! 그리운 마음에 가는 길에
다북쑥 우거진 마을에 잘 밤이 있으랴

## 성덕왕

제33대 성덕왕 때인 706년에 흉년이 들어 백성들이 몹시 굶주렸다. 조정에서는 그 다음 해 707년 정월 초하루부터 7월 30일까지 백성들을 구제하기 위하여 한 사람 앞에 하루 석 되씩 벼를 나누어주었다. 구제사업을 마치고 계산해 보니 모두 30만 5백 석이나 되었다.

왕은 태종을 위하여 봉덕사를 창건하고 이레 동안 인왕도량을 베풀고 죄수들을 대폭 사면하였다. 이 왕 때부터 시중이라는 관직을 두었다.


## 수로부인

성덕왕 시대에 순정공이 강릉 태수로 부임해 가는 도중에 바닷가에서 점심을 먹게 되었다. 옆에는 돌로 된 산이 병풍처럼 바다를 둘러서 있고 높이는 천 길이나 되었다. 그 꼭대기 위에는 철쭉이 만발해 있었다.

순정공의 부인 수로가 이것을 보고 주위 사람들에게 말하였다.

"저 꽃을 꺾어다가 줄 사람이 없을까?"

시종들은 모두 회피하였다.

"사람이 발 붙여 올라갈 데가 못됩니다."

그 때 옆에서 새끼 밴 암소를 끌고 가고 있던 한 늙은이가 부인의 말을 듣고 꽃을 꺾어다 바치며 노래를 지어 불렀다.

붉은 바위 언저리에
암소 잡은 손 놓아 두고
나를 아니 부끄러워하시면

꽃을 꺾어 바치겠나이다.

그 늙은이가 어떤 사람인지 알 수 없었다. 다시 이틀 동안 길을 가니 바닷가에 정자가 있었다. 거기서 점심을 먹고 있는데, 홀연히 바다에서 용이 나타나 부인을 잡아 가지고 바다로 들어갔다.

순정공은 발을 굴렀으나 어찌할 줄 몰랐다. 이때 다시 한 노인이 나타났다.

"옛 말에 여러 입이 떠들면 쇠도 녹일 수 있다고 했습니다. 그까짓 바다의 미물이 어찌 여러 입을 겁내지 않겠습니까? 이 경내에 있는 백성들을 시켜 노래를 지어 부르고 막대기로 언덕을 두드리면 부인을 다시 볼 수 있을 것입니다."

순정공이 노인의 말에 따라 노래를 지어 백성들과 함께 불렀다.

거북아 거북아 수로를 내놓아라
남의 아내 빼앗아 간 죄 얼마나 클까.
네 만일 거역하고 내놓지 않으면
그물로 사로잡아 구워먹으리라.

그러자 용이 부인을 모시고 바다로부터 나와 바쳤다. 순정공이 부인에게 바다 속에서 있었던 일을 물었다.

"칠보로 꾸민 궁전에 먹는 음식들이 달고 부드러우며 향기롭고 깨끗하여 인간세상의 음식이 아니었습니다."

부인의 입은 옷에서는 향기가 베어 있었는데 이 세상에서는 맡아보지 못한 향내였다. 수로부인은 절세 미인이어서 깊은 산이나 큰물을 지날 적마다 여러 번 귀신이나 영물들에게 붙들려 가곤 했다.

# 효성왕

722년 10월에 처음으로 모화군에 관문을 세웠다. 지금의 모화촌으로 경주 동남쪽 경계에 붙어 있으며, 바로 일본을 막기 위한 요새였다. 그 둘레는 7,792보 5척이고, 공사에 참가한 사람은 39,262명이었으며, 공사를 관장한 관리는 원진이었다.

733년에는 당나라 사람들이 북쪽 오랑캐를 정벌하려고 신라에 군사를 요청하였다. 이때 사신 604명이 왔다가 돌아갔다.


## 경덕왕 · 충담사 · 표훈대덕

경덕왕은 24년 동안 나라를 다스렸는데, 5악과 3산의 신령들이 때때로 대궐 마당에 나타나 대왕을 모셨다.

어느 삼월 삼짓날 왕이 귀정문 문루 위에 앉아 측근들에게 말하였다.

"누가 길에 나가 풍모 있는 승려 한 분을 데려 오겠는가?"

이때 마침 풍모가 깨끗한 중이 어슬렁어슬렁 걸어오는 것을 옆에 있던 신하들이 바라보고 그를 데려왔다. 왕은 그를 물리쳤다.

"내가 말한 풍모 있는 중이란 저런 중이 아니다."

또 다시 어떤 중 한 명이 가사를 입고 앵두나무로 된 대롱을 메고 남쪽으로부터 오고 있었다. 왕이 그를 보고 크게 기뻐서 문루 위로 맞아들였다. 왕이 그 대롱 속을 들여다보니 차 달이는 도구만 들어 있을 뿐이었다.

"당신은 대관절 누구요?"

"충담이라 합니다."

"어디서 오는 길이오?"

"삼월 삼짓날과 9월 9일이 되면 소승이 남산 삼화령에 있는 미륵세존님께 차를 달여 올립니다. 지금도 차를 올리고 막 돌아오는 길입니다."

"나도 차 한 잔 얻어먹을 인연이 있소?"

중은 곧 차를 달여 바쳤는데 차 맛이 희한하고 찻잔 속에서 향내가 풍겼다.

"내 일찍이 대사가 기파랑을 찬미한 사뇌가는 뜻이 매우 높다고 들었는데, 정말 그렇소?"

"그렇습니다."

"그러면 나를 위하여 안민가(백성을 편안하게 하는 노래)를 지어 주시오."

충담은 즉시 그 명을 받들어 안민가를 지어 올렸다.

임금은 아비요, 신하는 자애로운 어머니로다.
백성이 어리석은 아이라 할지라도,
백성은 사랑하는 이 알리라.

윤회의 쳇바퀴 속에 백성
이들을 편안케 하여라.
이 땅을 버리고 어디로 가라 할 것인가!
나라가 보전됨을 알 것이로다.

아아 임금은 임금답게, 신하는 신하답게,
백성은 백성답게 한다면
나라는 태평을 지속하리라.

왕은 아름답게 여겨 충담을 왕사로 봉했으나, 그는 간곡히 사양하고 받지 않았다.

충담사의 〈찬기파랑가〉는 다음과 같다.

해치고 나타나 밝게 비친 달이
흰 구름 좇아 멀리 떠난 것은 무슨 까닭인가?
새파란 냇물 속에 기파랑의 모습이 있구나!
낭이여! 시냇가의 조약돌이 님의 지니신 마음 끝을 좇으려하네.
아! 잣나무 가지 드높아 서리 모를 씩씩한 모습이여!

경덕왕의 음경은 길이가 여덟 치로, 아들이 없으므로 왕비를 폐하여 사량부인으로 봉하였다. 다음 왕비는 만월부인이니 시호는 경수태후요, 의충 각간의 딸이다.

왕이 하루는 표훈스님을 찾았다.

"내가 복이 없어 자식을 얻지 못하니 스님이 상제께 청하여 아들을 점지해 주십시오."

표훈이 하늘로 올라가 상제를 만나고 돌아왔다.

"상제의 말씀이 딸을 원하신다면 될 수 있으나 아들은 안 된다고 하셨습니다."

이 말을 듣고 왕은 다시 부탁하였다.

"딸을 바꾸어 아들이 되게 해주시오."

표훈이 다시 하늘로 올라가 상제께 청했더니 상제는 표훈에게 말해주었다.

"딸을 바꾸어 아들이 되게 해주는 것이 좋다면 해줄 수 있다. 그러나 아들을 두면 나라가 위태로워질 것이다."

표훈이 지상으로 내려오려 할 때 상제는 다시 표훈을 불렀다.

"하늘과 인간이 혼동되어서는 안 된다. 이제 대덕이 마치 이웃마을 다니 듯 하늘을 오르내리며 천계의 비밀을 누설하고 있으니 이 후 다시는 왕래하지 말라."

표훈은 지상으로 내려와 왕에게 상제의 말을 전했고 왕은 말했다.

"나라가 위태로워지더라도 아들을 얻어 대를 잇는 것이 좋겠다."

그 후 만월왕후가 태자를 낳으니 왕이 매우 기뻐하였다.

태자가 여덟 살이 되었을 때 왕이 죽고 태자가 즉위하니, 이 왕이 혜공대왕이다. 왕은 나이가 어렸으므로 태후가 조정 일을 대신 보았으나, 정치가 문란하여 도적이 벌떼처럼 일어나 막을 수 없게 되었다. 표훈대덕의 말이 맞아떨어진 것이다.

나이 어린 왕은 원래 여자로 태어나게 된 것을 남자로 바꾸어 태어났기 때문에 첫돌부터 왕위에 오르기까지 노상 여자들이 하는 장난을 하고 비단주머니를 차기 좋아하며 도사들 따위와 어울려 놀곤 하였다. 이리하여 나라가 크게 어지럽게 되고 왕은 마침내 선덕과 김양상에게 시해되었다. 표훈대덕 이후로는 신라에 성인이 나지 않았다고 한다.


## 혜공왕

766년에 강주 관가의 동쪽 땅이 서서히 가라앉아 연못이 되었는데, 길이가 13자요, 너비가 7자였다. 갑자기 잉어 대여섯 마리가 나타나 계속하여 몸이 커지자 연못도 그에 따라 커졌다.

그 이듬해에는 천구성(유성이나 혜성을 말함)이 동루 남쪽에 떨어졌는데 머리가 항아리처럼 생겼고 꼬리는 3자나 되고 빛은 이글거리는 불빛 같았으며 떨어질 때 또한 천지가 진동하였다.

또 같은 해에 금포현에 있는 논 5경(경은 토지 면적 단위로 1백묘를 말함)안의 모든 낟알들이 이삭으로 되었다. 또 7월에 북쪽 대궐 뜰에 별 두 개가 떨어지고 또 한 개가 떨어져 별 세 개가 모두 땅속으로 들어갔다.

이보다 앞서 대궐 북쪽 변소 속에 연꽃 두 줄기가 피어올랐고 또 봉성사 논 가운데도 연꽃이 났으며 호랑이가 금성 가운데로 들어와 이를 좇아 가 잡으려 했으나 종적을 놓쳐 버렸다. 각간 대공의 집 배나무 위에도 참새가 무수히 모여들었다.

《안국병법(安國兵法)》 하권에 따르면 이것은 천하에 큰 난리가 날 징조라고 하였다. 이에 임금은 대대적으로 죄인을 사면하고 몸을 닦고 근신하였다.

769년 7월 3일 각간 대공이 반란을 일으켜 서울 및 5도 주군의 각간 96명이 서로 싸워 나라가 크게 어지러웠다. 각간 대공의 집안이 망하자 그 집안의 보물과 비단을 대궐로 옮겼고 신성에 있는 장창이 불타자 사량과 모량 등에 있는 역적들의 보물과 곡식도 대궐로 옮겼다. 난리는 석 달만에 끝났다. 상을 받은 자도 매우 많았으나, 처형된 자는 셀 수 없이 많았다. 표훈 대덕이 '나라가 위태롭게 될 것이다'라고 말한 것이 바로 이것이다.


## 원성대왕

이찬 김주원이 수석 재상이고, 원성왕은 각간으로 김주원의 다음 자리에 있었을 때, 원성왕은 머리에 썼던 두건 대신에 흰 갓을 쓰고, 손에 12현금을 잡은 채 천관사 우물 속으로 들어가는 꿈을 꾸었다. 꿈에서 깨자 사람을 시켜 점을 쳤다.

"두건을 벗는 것은 관직에서 쫓겨날 징조요, 12현금을 잡은 것은 칼을 쓸 조짐이요, 우물에 들어간 것은 옥에 들어갈 조짐입니다."

원성왕은 이 점괘를 듣고 매우 불안하여 문을 잠그고 밖으로 출입을 하지 않았다.

이때에 아찬 여삼이 와서 만나기를 청했으나, 왕은 병을 핑계로 피했다. 두 번째 연락이 왔다.

"꼭 한 번 뵙기를 청합니다."

원성왕은 이를 차마 거절하지 못하여 승낙하였다. 아찬 여삼이 찾아와 물었다.

"공께서 꺼리는 일이 무엇입니까?"

원성왕은 꿈과 해몽한 이야기 모두를 털어놓았다. 모든 이야기를 들은 아찬은 일어나 절을 하고 말하였다.

"이 꿈은 매우 길몽입니다. 공께서 만약 왕위에 오르더라도 저를 버리지 않으신다면 공을 위하여 해몽을 해드리겠습니다."

왕이 곧 주위를 물리치고 해몽을 청했다.

"두건을 벗는 것은 자기 윗자리에 사람이 없다는 것이요, 흰 갓을 썼다는 것은 면류관을 쓸 징조요, 또한 12현금을 들었다는 것은 대궐에 들어갈 조짐입니다."

왕은 믿기 어려웠다.

"위로는 김주원이 있는데 어떻게 임금의 자리에 오를 수 있겠소?"

"비밀리에 북천신에게 제사를 지내보십시오."

왕은 아찬의 말에 따랐다.

얼마 후 선덕왕이 죽자, 나라 사람들은 김주원을 왕으로 삼아 궁궐로 맞아들이려고 하였다. 그의 집은 북쪽 개천에 있었는데, 갑자기 냇물이 불어나서 건널 수가 없게 되었다. 이때 왕이 먼저 대궐로 들어가 즉위하니 대신들이 모두 따라와서 새로 즉위한 임금에게 절을 하고 축하하였다. 이가 원성대왕이니 이름은 경신이요, 성은 김씨다. 좋은 꿈의 효험이 맞은 것이다.

주원은 물러나 명주에서 살았다. 원성왕이 등극하였을 때, 여삼은 이미 죽었기에 그의 자손을 불러 벼슬을 내렸다.

왕의 손자가 다섯이 있었는데, 혜충태자, 헌평태자. 예영잡간, 대룡부인, 소룡부인 등이다. 대왕은 참으로 인생의 성공과 실패에 대한 이치를 잘 알고 있었기에 신공사뇌가를 지었다.

왕의 아버지인 대각간 효양이 선조 때부터 전해 내려오던 만파식적을 전해 받아 왕에게 전하였다. 왕은 이것을 얻었기 때문에 하늘의 은혜를 후하게 받아서 그 덕행이 원대하고 빛났다.

786년에 일본 왕 문경이 군사를 동원하여 신라를 치려고 하려다 신라에 만파식적이 있다는 소문을 듣고는 군사를 돌리고 금 50냥을 보내어 만파식적을 사려고 하였다.

왕은 사신에게 말했다.

"짐은 윗대 진평왕 때에 있었다고 들었으나 지금은 어디에 있는지 알 수 없소."

그 이듬해 7월 7일 일본 왕은 다시 사신을 보내 금 일천 냥을 보내면서 말하였다.

"신물을 보고 난 후 다시 돌려드리겠습니다."

왕은 역시 이전과 같은 대답으로 사양하고 은 삼천 냥을 사신에게 주어 가져온 금과 함께 돌려보냈다. 8월에 사신이 돌아가자 피리를 내황전에 보관하였다.

왕이 즉위한 지 11년이 되는 795년에 당나라 사신이 서울에 와서 한 달 동안 머물다가 돌아갔다. 그가 떠난 다음 날 어떤 여자 두 명이 대궐 안에 나타났다.

"저희들은 동지, 청지 두 못에 사는 용의 계집입니다. 당나라 사신이 하서국 사람 둘을 데리고 왔는데, 우리 남편인 두 용과 분황사 우물의 용 등 모두 세 마리 용들에게 술법을 써서 물고기로 만든 후 통속에 담아 가지고 갔습니다. 원컨대 폐하께서는 그 두 사람에게 명하여 저희 남편과 나라를 지키는 용을 돌려주게 해주십시오."

왕은 하양관까지 쫓아가 그들에게 친히 연회를 베풀고, 하서국 사람에게 말했다.

"어찌하여 너희들은 나의 용을 잡아 이곳까지 데려 왔느냐? 만약 사실대로 말하지 않는다면 극형에 처할 것이다."

그러자 하서국 사람들은 물고기 세 마리를 꺼내 바쳤다. 세 곳에 놓아주자 제각각 한 길씩이나 뛰어오르고 기뻐하며 사라졌다. 당나라 사람들은 왕의 명철함과 성스러움에 감복하였다.

왕이 하루는 황룡사 스님 지해를 궁중으로 불러 50일 동안《화엄경(華嚴經)》독경을 하게 하였다. 사미 묘정은 항상 금광정에서 그릇을 씻었는데 우물 속에 큰 자라가 떠올랐다가 잠기곤 하였다. 사미승은 매번 밥 찌꺼기를 주면서 놀곤 하였다.

50일 동안의 법석이 끝날 무렵에 사미승은 자라에게 말하였다.

"내가 오랫동안 네게 공덕을 베풀었는데 무엇으로 갚겠느냐?"

며칠 뒤에 자라가 작은 구슬 한 개를 토하여 마치 선물을 주는 듯 하였다.

사미승이 그 구슬을 얻어 허리띠에 찼더니 이후 왕이 사미승을 사랑하고 소중하게 여겨 안 대궐까지 불러들이고 왕의 곁에서 떠나지 못하게 하였다. 이 당시 한 잡간이 당나라에 사신으로 가게되었는데 역시 그 사미승을 귀여워하여 함께 동행할 것을 왕에게 요청하였다. 왕이 이를 승낙하여 함께 당나라로 떠났다.

당나라 황제가 그 사미승을 보고는 역시 총애하고 재상이며 모든 신하들이 존경하고 신임하였다. 그런데 관상을 보는 신하 하나가 황제에게 아뢰었다.

"이 사미를 살펴보건대, 길상이 하나도 없음에도 불구하고 사람들에게 신임을 받으니 반드시 무엇인가 특별한 물건을 지니고 있을 것입니다."

그래서 황제는 사람을 시켜 조사하였고, 사미의 허리에서 작은 구슬이 나왔다. 황제는 사미승을 불렀다.

"짐에게는 네 개의 여의주가 있었는데, 지난해에 한 개를 잃어버렸다. 지금 이 구슬을 보니 바로 내가 잃어버린 것과 같구나."

황제가 사미에게 물으니 사미승은 지난 날 있었던 일을 사실대로 말했다. 사미의 말을 들은 황제는 말하였다.

"구슬을 잃어버린 날과 네가 구슬을 얻은 날이 같다."

황제는 그 구슬을 빼앗고 사미를 쫓아냈는데 그 이후로는 아무도 그 사미를 사랑하거나 신임하지 않았다.

왕의 능은 토함산 서쪽 동곡사에 있는데, 최치원이 지은 비문이 있다. 또한 왕은 보은사를 창건하고, 망덕루를 세웠다. 조부 훈입 잡간을 추봉하여 흥평대왕으로, 증조부 의관 잡간을 신영대왕으로, 고조부 법선대아간을 현성대왕으로 삼았는데, 현성대왕의 아버지가 곧 마질차 잡간이다.


## 때 이른 눈

제 40대 애장왕 말년인 808년 8월 15일에 눈이 내렸다. 제 41대 현덕왕 때인 818년 3월 14일에 큰 눈이 왔다. 제 46대 문성왕 때인 839년 5월 19일에 큰 눈이 내리고 8월 1일에 온 세상이 어두컴컴하였다.


## 흥덕왕과 앵무새

제 42대 흥덕대왕은 826년에 즉위하였다. 얼마 후 당나라에 사신으로 갔던 사람이 앵무새 한 쌍을 가지고 왔다. 그런데 오래지 않아 암놈은 죽고 홀로 된 수놈이 늘 구슬프게 울었다.

왕이 사람을 시켜 거울을 그 앞에 걸도록 했더니 새가 거울 속의 제

모습을 보고 제 짝을 만난 줄 알고 기뻐하였다. 그러나 거울을 쪼아보고는 그것이 그림자인줄 알고 슬프게 울다 죽었다. 왕이 이를 노래로 지었다 하나 사실을 알 수 없다.

## 신무대왕 · 염장 · 궁파

제 45대 신무대왕은 임금이 되기 전에 협사 궁파에게 말하였다.

"나에게는 불공대천의 원수가 있는데, 네가 나를 위하여 처치해 준다면 임금이 된 후 너의 딸을 왕비로 삼겠다."

궁파는 이를 승낙하고 함께 힘과 마음을 다하여 군사를 일으키고 서울을 침공함으로써 일을 이루었다. 왕위를 찬탈한 뒤에 왕은 궁파의 딸을 왕비로 삼으려 했으나 신하들이 옆에서 반대하였다.

"궁파는 비천하니, 그의 딸을 왕비로 삼아서는 안됩니다."

왕은 신하들의 말을 따랐다. 이때 궁파는 청해진에서 국경을 지키고 있었다. 왕이 약속을 어긴 것을 알자 반란을 일으키려고 하였다. 이때 장군 염장이 그 말을 듣고 왕에게 아뢰었다.

"장차 궁파가 불충을 저지르려 하오니 소신이 제거하겠습니다."

왕은 이를 기쁘게 승낙하였다. 염장이 왕의 명령을 받들고 청해진으로 가서 연락하는 사람을 통해 궁파에게 말하였다.

"왕에게 작은 원망이 있어 현명한 공께 몸을 의탁하여 목숨을 보존하고자 합니다."

궁파는 그 말을 듣고 크게 노하여 말하였다.

"너희 무리가 간하여 내 딸을 왕비로 삼지 못하게 했는데 어찌하여 나를 만나려는 것이냐?"

염장이 다시 사람을 통해 전하였다.

"이는 백관들이 간언 때문입니다. 저는 그 모의에 관여하지 않았으니, 현명한 공께서는 의심하지 마십시오."

궁파는 그 말을 듣고 안으로 불러 들여 말했다.

"그대는 무슨 일로 이곳까지 왔소?"

"왕에게 감정이 있기에 당신의 부하가 되어 화를 면하고자 할 뿐입니다."

"잘 왔소."

그들은 술자리를 마련하고 매우 기쁘게 마셨다. 술을 마시던 도중 갑자기 염장은 궁파의 장검으로 그를 죽였다. 그러자 휘하의 군사들이 놀라고 두려워하면서 모두 땅에 엎드렸다. 그들을 이끌고 서울로 돌아와 결과를 보고하였다.

"궁파를 죽였습니다."

왕은 기뻐하며 염장에게 상을 주고 아간 벼슬을 내렸다.


## 경문대왕

왕의 이름은 응렴이요, 나이 열여덟 살에 국선이 되었다. 나이 스무살 때 헌안대왕이 그를 불러 대궐에서 잔치를 베풀고 물었다.

"그대는 국선이 되어 사방으로 유람을 하였는데 무슨 특별한 것이라도 본 적이 있는가?"

"신은 아름다운 행실을 가진 사람 셋을 보았습니다."

"그 이야기를 들려주게."

"다른 사람의 윗자리에 있을 만한데도 겸손하게 다른 사람의 아래에 앉아 있는 사람이 그 하나요, 부유한데도 의복이 검소한 사람이 그 둘이요, 본래 세도 높은 양반인데도 그 위세를 펼치지 않는 사람이 그 셋입니다."

왕은 이 말을 듣고 그가 현명함을 알고 자기도 모르게 눈물을 흘리며 말하였다.

"내게 두 딸이 있는데, 그대의 아내로 정하고자 한다."

응렴은 절을 하고 머리를 숙인 채 자리를 물러 나와 그의 부모에게 고하였다. 부모들은 놀랍고도 기뻐서 그의 가족들을 모와 의논하였다.

"왕의 맏공주는 얼굴이 아주 못생겼고 둘째 공주가 매우 고우니 그에게 장가를 드는 것이 좋을 것이다."

화랑의 무리 가운데 우두머리인 범교사란 자가 그 말을 듣고 집으로 찾아와 국선에게 물었다.

"대왕께서 공주를 그대에게 시집보낸다는 것이 사실이오?"

"그렇소."

"그럼 둘 중에서 누구를 선택하시겠소?"

"부모님께서 나에게 동생을 선택하라고 명하셨소."

"그대가 만약 동생을 선택한다면 나는 반드시 그대 눈앞에서 죽을 것이오. 맏공주를 아내로 맞이하면 반드시 세 가지 좋은 일이 있을 것이니 잘 살펴 결정하시오."

"가르쳐 주신대로 하겠소."

얼마 후 왕이 날을 잡고 사람을 보내 응렴에게 말하였다.

"두 딸 가운데 누구를 선택할 것인지는 오직 공의 뜻에 따르겠다."

심부름 갔던 사람이 돌아와 응렴의 뜻을 아뢰었다.

"맏공주를 모시겠다고 합니다."

그 후 석 달이 지나 왕의 병이 위독하게 되자, 왕은 여러 신하들을 불렀다.

"내가 자손이 없는 관계로 내가 죽은 후 뒷일은 맏사위 응렴이 이어받도록 하라."

그 후 이튿날 왕이 죽자, 응렴이 왕의 유언에 따라 즉위하였다. 이때야 범교사가 왕을 찾아왔다.

"이제 내가 말씀드린 세 가지 좋은 일이 모두 이루어졌습니다. 맏공주를 선택했기 때문에 지금 왕위에 오르신 것이 그 한 가지요, 이제 쉽게 아름다운 둘째 공주를 문제없이 얻을 수 있게 된 것이 두 가지요, 맏공주에게 장가를 들었으므로 선왕과 부인이 매우 기뻐하신 것이 그 세 가지입니다."

왕은 그 말을 고맙게 여겨 그에게 대덕 벼슬을 주고 금 130냥을 내렸다. 왕이 죽자 시호를 경문이라 하였다. 왕의 침전에는 매일 저녁마다 수많은 뱀들이 모여들었다. 대궐에서 일 보는 사람들이 무서워 쫓아내려 하니 왕이 말하였다.

"나는 곁에 뱀이 없으면 잠을 편히 잘 수 없다. 뱀들을 내쫓지 말라."

왕이 잠을 잘 때면 뱀들이 혀를 내밀어 왕의 가슴을 가득 덮었다.

왕은 즉위한 후 갑자기 귀가 당나귀 귀처럼 자랐다. 왕후와 궁인들은 모두 이 사실을 알지 못하고 오로지 두건을 만드는 사람 한 명만이 알뿐이었다. 그러나 그는 평생토록 아무에게도 그 사실을 말하지 않았다. 어느 날 그는 죽을 때가 되자 도림사 대숲 가운데로 들어가 사람이 없는 곳에서 대나무를 향해 외쳤다.

"임금님 귀는 당나귀 귀다."

그 후 바람이 불면 대가 소리를 내었다.

"임금님 귀는 당나귀 귀다."

왕은 이 소리가 듣기 싫어 곧 대를 베어버리고 산수유를 심었다. 그러자 바람이 불면, "임금님 귀는 길기도 하다."라는 소리만 났다.

국선 요원랑과 예흔랑과 계원, 숙종랑 등이 금란(지금의 강원도 통천)을 유람하는데 은근히 임금을 위하여 나라를 다스릴 포부가 있어 노래 3수를 짓고 다시 사지 심필에게 공책을 주어 대구화상에게 보내어 노래 3수를 짓게 했는데 첫째는 현금포곡이고, 둘째는 대도곡이며, 셋째는 문군곡이다. 이것을 왕에게 바치니 왕이 매우 기뻐하며 상을 내렸다 하는데 가사는 자세히 알 수 없다.


## 처용랑과 망해사

제49대 헌강왕 때에는 서울로부터 동해 어귀에 이르기까지 집들이 즐비하게 늘어서 있고 담장이 서로 맞닿았는데, 초가집은 한 채도 볼 수 없었다. 길에는 음악 소리가 그치지 않았으며, 사철의 비바람 또한 순조로웠다.

이때 왕이 개운포로 놀러 갔다가 돌아오던 중, 낮에 물가에서 쉬고 있는데, 갑자기 구름과 안개가 캄캄하게 덮여 길을 잃게 되었다. 왕이 괴이하게 여겨 주위 사람들에게 물으니 천문을 맡은 관리가 말하였다.

"이는 동해에 있는 용의 변괴이니 마땅히 좋은 일을 하여 풀어야 합니다."

이에 관원에게 명령하여 근처에 용을 위한 절을 짓도록 하였다. 명령을 내리자마자 구름이 걷히고 안개가 흩어졌다. 이 때문에 그곳의 이름을 개운포(구름이 걷힌 포구)라 한 것이다.

동해의 용은 기뻐하여 곧 일곱 아들을 거느리고 왕의 수레 앞에 나타나 왕의 덕을 찬양하면서 춤과 노래를 연주하였다. 그의 아들 하나가 임금을 따라 서울로 들어와서 왕의 정치를 보좌하게 되었는데, 이름을 처용이라 하였다. 왕이 그를 미인에게 장가들이고 그의 마음을 붙들어 두고자 급간이란 벼슬까지 내렸다.

그의 아내는 너무도 고와서 역신(疫神)이 사랑하였고 밤이면 사람으로 변해 그 집에 와 몰래 자곤 하였다. 처용이 집에 돌아와 두 사람이 자고 있는 것을 보고는 노래를 지어 부르고 춤을 추다가 물러났는데, 그 노래는 다음과 같다.

동경 밝은 달 아래  밤새도록 노닐다가
들어와 자리를 보니 다리가 넷이로구나
둘은 내 아내 것이지만 둘은 누구의 것인가
본래 내 아내이지만 빼앗긴 것을 어찌 하리.


이때 역신이 처용의 앞에 정체를 드러내고 무릎을 꿇었다.

"내가 당신의 아내를 탐내어 지금 그녀를 상관하였소. 그런데도 당신은 노하지 않으니 부끄러울 뿐이오. 이제부터는 당신의 얼굴 그림만 보아도 그 문에는 절대로 들어가지 않겠습니다."

이런 까닭에 우리나라 사람들이 처용의 형상을 문에 그려 붙여 나쁜 귀신을 몰아내고 복을 맞아들이게 되었다.

왕이 돌아온 후에 즉시 영취산 동쪽 기슭에 좋은 자리를 잡아 절을 지었는데 망해사라고도 하고 또 신방사라고도 불렀으니 이는 용을 위하여 세운 것이다.

또 왕이 포석정으로 행차하니, 남산의 산신이 왕 앞에 나타나 춤을 추었다. 옆에 있던 신하들에게는 보이지 않고 오로지 왕에게만 보였다. 그래서 왕이 몸소 흉내를 내어 춤을 추어 보였다.

그 산신의 이름을 상심이라고도 하므로 지금까지도 우리나라 사람들이 이 춤을 전해오면서 '어무상심'이라고도 하며 혹은 '어무산신'이라고도 한다.

어떤 이는 그 귀신이 나와서 춤을 출 때에 그 모양을 자세히 본 떠 조각하는 이를 시켜 그대로 새겨 후대에 보이게 했으므로 '상심'이라 했다고 한다. 혹은 '상염무'라고도 하였으니 이는 형상을 본떠 일컫는 말이다.

또 금강령에 행차했을 때 북악의 신이 춤을 추자 이름을 옥도금이라 했고 또 동례전에서 연회를 할 때 지신이 나와서 춤을 추니 지백급간이라 불렀다.

《어법집(語法集)》에는 다음과 같이 전한다.

이 당시 산신이 춤을 추고 노래를 부르기를 '지리다도파'라고 하였다. 이 말은 지혜로써 나라를 다스리는 사람은 앞으로 일어날 사태를 알아채고 모두 달아나, 앞으로 도읍이 곧 파괴된다는 뜻이다. 즉 지신이나 산신은 나라가 장차 망할 것을 알았으므로 그 기미를 춤을 추어 경고한 것이다. 그런데 사람들은 이를 깨닫지 못하고 오히려 좋은 조짐을 나타낸 것이라고 하여 환락이 갈수록 심해졌다. 그리하여 끝내 나라가 망하고 말았다.


## 진성여왕과 거타지

제51대 진성여왕이 정치를 한 지 몇 년 만에 그의 유모 부호부인과 그의 남편 잡간 위홍 등 서너 명의 총애하는 신하가 정권을 쥐고 마음대로 흔들었으며 도적이 벌떼처럼 일어났다. 백성들은 모두 이를 근심스러워 하였다. 어떤 사람이 다라니(불교에서 사용하는 주문)의 은어를 지어 길 위에 던졌다.

왕과 권력을 잡은 신하들은 이를 손에 넣고 말하였다.

"왕거인이 아니면 누가 이런 글을 짓겠는가?"

그리고는 곧 왕거인을 옥에 가두었다. 왕거인은 시를 지어 그의 억울함을 하소연하였다.

연단의 피울음은 무지개와 해를 뚫었고
추연(춘추전국시대의 제나라 사상가)이
머금은 슬픔은 여름에도 서리 내리네
지금 내 처지 옛일과 같은데
아! 황천은 어찌하여 가만히 있는가?

그러자 하늘이 곧 옥에 벼락을 내려 그가 빠져 나오게 되었다.

길가에 던져진 다라니의 은어는 다음과 같다.

'나무망국 찰니나제 판니판니소판니 우우삼아간 부이사파가'

풀이하는 자들은 이렇게 해석하였다.

'찰니나제'란 여왕을 말하며, '판니판니소판니'란 두 명의 소판(신라 벼슬 중 세 번째인 잡찬의 별칭)을 말하며, '우우삼아간'은 서너 명의 아간(신라 벼슬 중 여섯 번째인 아찬의 별칭)을 말한 것이며, '부이'란 부호부인을 말한다. 결국 이들이 나라를 망친다는 뜻이다.

이때 아찬 양패는 왕의 막내아들이었다. 그는 당나라에 사신으로 갈 때 백제의 해적이 진도를 막고 있다는 말을 듣고 활을 잘 쏘는 군사 50명을 데리고 갔다.

배가 곡도에 도착했을 때 풍랑이 크게 일어나 열흘이나 묵게 되었다. 양패공이 걱정을 하여 사람을 시켜 점을 쳤다.

"이 섬에 귀신이 사는 연못이 있는데 그곳에 제사를 드려야만 합니다."

이에 연못의 둑에다 제전을 차리니 연못의 물이 한 길 남짓 높이 솟았다. 그 날 밤 양패공의 꿈에 한 노인이 나타났다.

"활 잘 쏘는 사람 한 명을 이 섬에 남겨 놓으면 순풍을 맞을 수 있을 것이오."

양패공이 꿈에서 깨어 측근들에게 이 일에 대해 물었다.

"누가 여기 남으면 좋을까?"

여러 사람들이 제안하였다.

"나무 조각 50개에 우리들의 이름을 써서 물에 담가 보아 가라앉는 것을 뽑아 결정하는 것이 좋겠습니다."

양패공은 이 말대로 하였다.

군사 중에 거타지란 자가 있었는데, 그가 뽑혔으므로 그를 남게 하였더니 순풍이 불어 배는 지체 없이 떠났다. 거타가 수심에 잠겨 섬에서 있을 때 홀연히 한 노인이 연못으로부터 나타났다.

"나는 서해바다 물귀신인데, 매일 해 돋을 무렵이면 젊은 중 한 명이 하늘로부터 내려와 다라니를 외면서 이 연못을 세 바퀴 돌면, 우리 부부와 자손들이 모두 물위로 떠오르게 되고, 그러면 그 젊은 중은 우리 자손들의 간과 창자를 뽑아서 먹어 버려 지금은 우리 부부와 딸 하나만 남았을 뿐이오. 내일 아침에도 반드시 그 젊은 중이 올 터이니 그대가 그 놈을 활로 쏘아 주시오."

거타는 승낙하였다.

"활 쏘는 거야 내 장기이니 그렇게 하리다."

노인은 고마워하고는 사라졌다.

거타지는 숨어 엎드려 기다리고 있었다. 이튿날 동쪽이 밝아오자 과연 중이 와서 주문을 외워 늙은 용의 간을 빼앗아 가려고 하였다. 이때 거타가 활을 쏘아 맞추니 그 젊은 중은 여우로 화하여 땅에 떨어져 죽었다.

그러자 노인이 나와 감사해하며 말하였다.

"공의 은혜로 나의 목숨을 보전하였으니 청컨대 내 딸을 아내로 맞아 주십시오."

"따님을 제게 주신다면 평생 저버리지 않고 사랑하겠습니다."

노인은 자신의 딸을 한 송이 꽃으로 바꾸어 거타지의 품속에 간직하도록 하고 또 다시 두 마리 용을 시켜 거타지를 떠받들어 사신이 탄 배를 따라가 그 배를 호위하여 당나라로 들어가도록 명령하였다. 당나라 사람들은 신라의 배가 두 마리 용의 호위를 받으며 들어오는 것을 보자 그 사실을 위에 보고하였다.

황제가 말하였다.

"신라 사신은 반드시 비범한 사람일 것이다."

그래서 연회를 베풀었는데, 황제는 거타지를 여러 신하들의 위에 앉히고 금품과 비단을 후하게 주었다. 거타가 본국으로 돌아와서 꽃

가지를 끄집어내었더니 꽃이 여자로 변모하였으므로 그와 함께 살았다.

## 효공왕

제 52대 효공왕 때인 912년에는 봉성사 바깥 문 동서 쪽 21칸 집에 까치가 집을 지었다. 또 신덕왕 즉위 4년 915년에는 영묘사 안의 행랑에 까치 집 34개와 까마귀 집 40개가 있었다. 또 3월에는 서리가 두 번 내렸고 6월에는 참포의 물이 바다의 파도와 사흘 동안 다투었다.

## 경명왕

제 54대 경명왕 때인 918년에는 사천왕사의 벽에 그린 개가 짖어대는 일이 있었다. 사흘 동안 불경을 읽어 쫓아 버렸는데 반나절이 지나자 또 짖어댔다. 920년 2월에 황룡사 탑 그림자가 한달 동안이나 금모 사지의 집 뜰 복판에 거꾸로 비추었다.

또 10월에 사천왕사 오방신의 활줄이 모두 끊어지고 벽에 그린 개가 뛰어나와 마당 복판으로 달리다가 다시 벽 속으로 들어갔다.

## 경애왕

제55대 경애왕이 즉위한 924년 2월 19일 황룡사에 백좌(百座, 불교 설법행사)를 열어 불경을 풀이하였다. 아울러 선승 300명에게 공양한 다음 대왕이 직접 향을 피워 불공을 올렸다. 이것이 백좌로서 선종과 교종이 함께 한 시초가 된다.

## 김부대왕

제56대 김부대왕의 시호는 경순이다. 927년 9월 백제의 견훤이 신라를 침범하여 고울부에 도착하였다. 경애왕은 고려 태조에게 구원을 요청하였다.

태조는 장수에게 명령하여 날랜 병사 1만 명을 거느리고 가서 구원하게 했다. 구원병이 이르기도 전인 11월 겨울 백제의 군사가 들이 닥쳤을 때, 경애왕은 연회를 즐기느라 적병이 오는 것을 깨닫지 못하고 어찌할 바를 몰랐다. 왕과 비는 달아나 후궁으로 들어가고 종척(宗戚, 왕의 종친과 외척)과 공경대부와 사녀들은 사방으로 흩어져 달아나다가 적에게 사로잡혔다. 사람들은 귀천을 막론하고 견훤에게 모두 엎드려 노비로 삼아 줄 것을 간청하였다.

견훤은 군사를 풀어 조정과 민간의 재물을 노략질하고 왕궁으로 들어가 거처하면서 왕을 찾게 하였다. 왕과 왕비 및 빈첩 여러 명이 후궁에 숨어 있다가 붙잡혀 군영으로 끌려 나왔다. 견훤은 왕에게 자진하도록 핍박하고 왕비를 욕보이고 부하들을 풀어 빈첩들을 겁탈하게 하였다. 그리고 왕의 족제(族弟)인 부를 왕으로 세웠으니 견훤에 의해 즉위하게 된 것이다. 왕은 전왕의 시신을 서당에 안치하고 신하들과 통곡하였다.

태조는 사신을 보내 조문하였다. 이듬해 928년 3월 고려 태조가 기병 50여명을 데리고 순행을 하면서 경주 근방에 도착하였을 때 왕은 모든 관리들과 함께 교외에 나와 맞아 대궐로 들어가 서로 마주하면서 예의를 다하였다. 임해전에서 연회를 열었는데 취기가 돌자 왕이 말하였다.

"과인이 부덕하여 환란을 불러들이고 견훤이 불의를 자행하여 국가를 잃게 되었으니 얼마나 원통한 일입니까?"

그리고 눈물을 흘렸다. 주위 사람들은 모두 목이 메어 울먹였고 태조도 역시 눈물을 보였다. 태조는 그 후 수십일 동안 머물렀는데 부하 군사들은 정숙하여 조금도 법을 어긴 일이 없었다. 도성 사람들이 서로 치하하였다.

"지난 번 견훤이 왔을 때는 이리와 호랑이가 온 것 같더니, 지금 왕공이 오니 부모가 오신 것 같구나."

8월에 태조가 사신을 보내 왕에게 비단 저고리와 말안장을 보내고 여러 신하와 장사들에게도 각기 차등을 두어 선물을 보냈다.

935년 10월에 사방의 국토가 전부 남의 것이 되고 힘은 쇠약하여 형세가 고립되어 스스로 버틸 수 없다는 이유를 들어 왕은 신하들과 고려 태조에게 항복할 것을 의논하였다. 신하들의 의견은 분분하였다.

이때 태자가 말하였다.

"나라의 존망은 하늘의 뜻입니다. 마땅히 충신, 의사와 함께 민심을 수습하여 힘이 다 할 때까지 해보다 안되면 할 수 없는 일이지만, 어찌 천년의 사직을 선뜻 남에게 줄 수 있습니까?"

왕이 말하였다.

"나라가 위태롭기가 이와 같아 이미 보전할 수 없는 형세이다. 이미 강성해지기는 틀렸고, 아주 약할 대로 약해졌다. 차마 무고한 백성들을 죽음의 구렁텅이로 몰아 넣을 수 없다."

곧 시랑 김봉휴를 시켜 국서를 가지고 태조에게로 가서 항복을 간청하였다. 태자는 통곡하면서 왕에게 하직하고 개골산(금강산)으로 들어가서 죽을 때까지 삼베옷으로 나물을 뜯어먹으면서 세상을 마치게 되었다. 왕의 막내아들은 머리를 깎고 화엄종에 속하여 중이 되니 이름을 범공이라 하고 뒤에는 법수사와 해인사에서 살았다고 한다.

태조는 글을 받고 태상 왕철을 보내 맞이하게 하였다. 왕은 모든 신하들을 거느리고 태조에게 귀순해 오는데 아름답게 꾸민 수레며 말들이 30여 리에 뻗쳐 메이고 구경꾼들은 담을 쌓은 듯 하였다. 태조가 교외에 나가 맞아들여 대궐 동쪽 한 구역을 떼어주고 맏딸인 낙랑 공주로 아내를 삼게 하였다. 경순왕은 자기 나라를 떠나 다른 나라에 와서 살게 되었기 때문에 어미와 떨어져 사는 난새에 비유하여 낙랑공주의 호칭을 신란공주로 고치고 시호는 효목이라 하였다.

김부를 정승에 봉하니 지위는 태자 위에 있었으며 녹봉 1,000석을 주고 시종과 관원과 장수들 모두 임용하였다. 그리고 신라를 경주로 고치고 김부의 식읍(일정한 공로자에게 조세 수입의 독점을 허용한 고을)으로 삼게 하였다.

처음에 왕이 국토를 가져다 바치면서 항복을 하자, 태조가 매우 기뻐하여 깍듯이 대접하였고 사람을 보냈다.

"지금 왕이 나라를 나에게 내주니 너무나 큰 것을 주신 겁니다. 바라건대 종실과 결혼하여 영원히 좋게 지냈으면 합니다."

왕이 대답하였다.

"저의 백부인 억렴에게 딸이 있는데 매우 아름다우니 안살림을 맡길 만 합니다."

태조가 그녀와 혼인하니 이가 바로 신성왕후 김씨이다. 태조의 손자 경종 주는 정승공의 딸을 맞아 왕비로 삼았는데 이가 헌승황후였다. 이로 인하여 정승공을 상보(尙父·尙甫, 아버지와 같이 존경하여 받들어 모시거나 그런 높임을 받는 사람)로 봉하였다.

역사가들은 신라에 대하여 다음과 같이 평한다.

"신라의 박씨와 석씨는 모두 알에서 태어났다. 김씨는 하늘로부터 금궤에 들어 내려왔다고도 하고 혹은 금수레를 타고 내려 왔다고도 한다. 이것은 허황하고 괴이한 일이니 믿을 만한 것이 못된다. 그러나 세상에서는 대대로 전해져 있었던 일로 인정되고 있다. 이제 건국 초기로 돌아가 살펴보면 위에 있는 자는 그 자신을 위함에 있어서는 검소했고, 남을 위함에 있어서는 너그러웠다. 관청의 설치는 간략했고, 일의 시행은 간소했다. 그리고 지성으로 중국을 섬겨 산을 넘고 바다를 건너 조공하는 사신이 끊이지 않았다. 항상 자제들을 중국으로 보내어 그곳의 조정에 나아가 황제를 호위하게 했고, 국학에 입학하여 공부하게 하였다. 성현의 가르침을 따라 예의 있는 나라가 되게 하였다. 또 당나라 군사의 위엄을 빌려 백제와 고구려를 평정하고 그의 국토를 빼앗아 이를 군과 현으로 삼았으니 대단한 일이라 할 수 있었다.

그러나 불법을 숭상하면서 그 폐단은 알 지 못했고 심지어 불탑과 절들이 마을마다 즐비하였으며, 일반 백성들은 승려의 신분으로 도피하게 되어 군사력과 농경 능력은 점점 약해지고, 마침내 국가 또한 나날이 쇠약해지기에 이르렀다. 어찌 어지러워지지 않았겠으며, 망하지 않을 수 있었겠는가?

이런 때에 경애왕은 더욱 방탕하여 궁녀와 측근들을 데리고 포석정에 나가 놀면서 견훤이 들이닥치는 것도 알지 못하였으니, 저 수나라의 한금호와 진나라 장려화와 다를 바 없었다. 경순왕이 태조에게 귀순 한 것은 그것이 부득이한 조치였으나, 그래도 가상하다 할 수 있을 것이다. 그 당시 만약 우리 고려와 힘을 다하여 싸웠더라면 마침내 힘이 다해지고 형세가 다급해져 그 종족들은 섬멸되었을 것이고 무고한 백성들에게까지 피해를 주었을 것이다. 명령을 기다리지 않고 국고를 봉한 채로 군현의 문서를 그대로 가지고 귀순하였으니 그의 조정에 대한 공로와 백성들에 대한 덕행이 매우 컸었다. 옛날 전씨가 오월 땅을 가지고 송나라에 귀순할 때 소자첨은 이를 충신이라 하였다. 지금 신라의 공덕은 그보다도 훨씬 크다할 것이다. 우리 태조께서는 비빈이 많아 그 자손이 번성했지만 현종께서는 신라의 외손으로 왕위에 오르셨으니, 이 어찌 음덕이 아니겠는가?"

신라가 이미 영토를 바치고 나라가 없어지자, 아간 신회는 지방 관청에서 근무하다가 그만 두고 돌아와 서울이 황폐해진 것을 보고 노래를 지었다고 하는데 없어져 알 수 없다.


## 남부여·전백제

부여군이란 전 백제의 수도이니 혹은 소부리군이라고도 한다.

《삼국사기(三國史記)》에 따르면, "백제 성왕 26년 548년 봄에 서울을 사비로 옮기고 나라 이름을 남부여라 하였다."하였으며, 또한 주석에는, "그 땅이름은 소부리이고, 사비는 지금의 고성진이며, 소부리란 부여의 별칭이다."라고 기록되어있다.

또 《양전장적(고려시대의 토지측량대장)》을 보면, 소부리군 〈전정주첩〉이라 기록되어 있는데, 지금 부여군이라 부르는 것은 아주 먼 옛날의 이름을 회복한 것이다. 백제 왕족의 성이 부여 씨이기 때문에 그렇게 알려진 것이다. 혹은 여주라고 부르기도 한다. 고을 서쪽에 있는 자복사 고좌(高座, 절에서 설법할 때의 높은 좌석)위에 수를 놓은 휘장이 있는데, 수로 놓은 글에 '통화 15년 정유년(997) 5월 어느 날 여주 공덕대사 수장'이라 하였다.

또 옛날 하남에 임주자사를 두었는데 그때의 책에 여주란 두 글자가 있었으니, 임주는 지금의 가림군이며, 여주는 부여군이다.

《백제지리지》에는, "《후한서》에 이르기를 삼한은 무릇 78개국인데, 백제가 그 가운데 하나이다."하였고, 《북사(北史)》에는, "백제는 동쪽으로 신라에 닿고 서남쪽은 큰 바다가 가로막고, 북으로 한강과 맞붙었다. 서울은 거발성이라 하고, 또는 고마성이라고도 하며, 그밖에 오방성이 있다."하였다.

《통전(通典)》에는, "백제는 남으로 신라에 접하고, 북으로는 고구려에 이르고 서쪽은 큰 바다에 막혔다."라고 하였다. 또한 《구당서

(舊唐書)》에는, "백제는 부여의 별종으로 동북쪽에는 신라가 있으며, 서쪽으로 바다를 건너면 월주에 이르고 남으로 바다를 건너면 왜국에 이르며, 북쪽은 고구려이다. 그 나라 임금이 있는 곳은 동과 서 두 성이 있다."라고 하였으며, 《신당서(新唐書)》에는, "백제는 서쪽으로 월주를 경계로 하고 남쪽은 왜국이나 모두 바라를 건너야 하며, 북은 고구려이다."라고 기록되어 있다.

《삼국사》본기에는 다음과 같이 전한다.

백제의 시조는 온조이니 그의 아버지는 추모왕이요, 혹은 주몽이라고도 한다. 주몽은 북부여로부터 피난하여 졸본 부여에 이르렀다.

이 지방의 왕은 아들이 없고 딸만 셋이 있었는데, 주몽을 보고 그가 보통 사람이 아님을 알아보고는 그의 둘째 딸을 보내어 사위로 삼았다. 그 뒤 오래지 않아 왕이 죽자, 주몽이 왕위를 계승하여 아들 둘을 낳으니, 맏이가 비류이며, 둘째가 온조였다.

그들은 뒷날 태자에게 해침을 당할 것을 우려하여 오간과 마려 등 열 명의 부하들과 함께 남쪽으로 내려왔는데 그들을 따르는 백성들이 많았다. 드디어 그들은 한산에 이르렀다. 부아악에 올라가 살만한 곳을 살펴보았다. 비류는 바닷가에 가서 살려고 하니 열 명의 신하가 비류를 말렸다.

"이 곳 강 남쪽은 북으로 한강을 끼고 동쪽으로 높은 산을 기대고 남으로는 기름진 땅이 펼쳐져 있으며, 서로는 바다로 막혀 있어 천연의 요새로 얻기 어려운 곳이니 이곳에서 도읍을 일으키는 것이 마땅하지 않겠습니까?"

비류는 이 말을 듣지 않고 백성들을 갈라 가지고 미추홀로 가서 살았다.

온조는 강 남쪽 위례성에 도읍을 정하고 열 명의 신하가 보좌해 나라를 세우니 나라 이름을 십제라고 하였다. 이는 한나라 성제 15년 즉 기원전 18년의 일이다.

비류는 미추홀의 땅이 습하고 물이 짜기 때문에 편히 살 수 없었다. 온조가 위례성에 도읍을 정하고 백성들이 편히 사는 것을 보고는 마침내 부끄럽기도 하고 후회가 되어 죽으니, 그의 신하와 백성들은 모두 위례성으로 귀속하였다. 백성들이 돌아올 때 모두 기뻐하였다 하여 나라 이름을 백제로 고쳤다.

온조는 본래 고구려와 함께 부여로부터 나왔으므로 '해(解)'로써 성씨를 삼았고 뒷날 성왕 때에 도읍을 사비로 옮겼으니 지금의 부여군이다.

《고전기(古典記)》에는 다음과 같이 전한다.

동명왕의 셋째 아들 온조는 전한 성제 3년에 졸본 부여에서 위례성으로 가서 도읍을 정하고 왕이라 일컫다가 성제 14년 즉 기원전 6년에 도읍을 한산으로 옮겨 389년 동안 지냈다. 13대 근초고왕 때 이르러 371년에 고구려의 남평양을 빼앗아 북한성으로 수도를 옮겨 105년 동안 지냈다. 22대 문주왕이 즉위하여 475년에 웅천으로 수도를 옮겨 63년 동안 지냈으며, 26대 성왕 때에 다시 수도를 소부리로 옮기고 나라 이름을 남부여라 하여 31대 의자왕까지 120년 동안 지냈다.

의자왕이 왕위에 오른 지 20년이 되는 해 660년에 신라의 김유신이 소정방과 함께 이를 쳐서 평정하였다.

백제는 원래 5부가 있고 37군과 200여 개의 성으로 나누어 다스렸으며, 도합 76만 호였다. 당나라는 그 땅을 웅진·마한·동명·금련·덕안 등 5도독부로 나누고 그 지방에 도독부 자사를 두어 다스렸는데, 얼마 후 신라가 그 땅 전부를 병합하고서 웅주·전주·무주 세 주와 여러 군현을 설치하여 다스렸다.

또 호암사 절에는 정사암이란 바위가 있는데, 나라에서 재상을 뽑을 때 후보자 3~4인의 이름을 써서 봉한 후 바위 위에 두었다가 얼마 뒤에 다시 열어서 이름 위에 도장 자국이 있는 자를 재상으로 삼았다고 하여 바위 이름을 정사암이라 한 것이다.

또 사비와 강둑에 바위가 하나 있어 일찍이 소정방이 그 위에 앉아서 고기와 용을 낚았으므로 바위 위에는 용이 꿇어앉은 흔적이 남아있어 용암이라 불렀다.

또 고을 안에는 세 개의 산이 있는 일산·오산·부산이라고 불리며, 백제의 전성시대에는 그 산 위에 각각 신령이 살면서 아침저녁으로 서로 날라 다니면서 왕래를 하였다고 한다. 또 사비하 언덕에는 열명 정도 앉을 만한 바위 하나가 있었다.

백제왕이 왕흥사로 불공하러 갈 때는 먼저 이 바위 위에서 부처를 바라보고 절을 하였는데, 절을 하면 그 바위가 저절로 따뜻해져서 온돌석이라고 하였다. 또 사비하 양쪽 절벽이 마치 병풍처럼 되어 있어 백제의 왕들은 그곳에서 연회를 열고서 노래를 부르고 춤을 추며 놀았다. 그래서 지금도 그곳을 대왕포라 부른다.

또 시조 온조는 바로 동명왕의 셋째 아들로 몸집이 크고 효성스럽고 우애가 있었으며, 말타기와 활쏘기에 뛰어났다. 또 다루왕은 관대하면서도 위엄이 있었다.

사비왕은 구수왕이 붕어하자 왕위를 계승했는데 아직 어려서 정사를 처리할 수 없었다. 이에 곧 사비왕을 폐하고 고이왕을 세웠다. 혹은 239년에 사비왕이 죽자, 고이왕이 즉위했다고도 한다.


## 무왕

제30대 무왕의 이름은 장이었다. 그의 어머니가 서울의 남지란 연못가에 집을 짓고 살다가 연못 속의 용과 관계를 맺고 장을 낳았다. 무왕의 어릴 때 이름은 서동 또는 맛동 이라 하였으며 재주가 뛰어나고 도량이 커서 헤아릴 수 없었다. 그는 평소에 마를 팔아서 살았기에 사람들이 그렇게 불렀다.

　신라 진평왕의 셋째 공주인 선화는 아름답기 그지없다는 소문을 듣고는 머리를 깎고 신라의 서울로 가서 마을 아이들에게 마를 나눠주며 친하게 지냈다.

　그는 한편의 노래를 지어 여러 아이들에게 부르게 하였다.

　　선화공주님은
　　남 몰래 시집가서
　　서동이를
　　밤이면 안고 간다.

　이 동요가 신라의 서울 안에 퍼지자 대궐에서도 알게 되었다. 모든 관리들이 동요의 내용을 믿고 선화 공주의 부정한 행실을 책망하였고, 마침내 공주를 먼 지방으로 귀양보내도록 하였다.

　누명을 쓰고 공주가 유배의 길을 떠나자 왕후는 순금 한 말을 노자로 주었다. 선화 공주가 유배지로 가는 도중에 서동이 공주를 맞이하며 공주를 호위해가겠다고 하였다. 공주는 그가 어디서 온 누구인지 알 지 못하면서도 어쩐지 그가 마음에 들어 그의 호위를 허락하였다. 그리고 둘은 몰래 정을 통한 후 그가 서동이란 사실을 알게되자, 그 동요가 사실로 실현되었음을 알게 되었다.

　그들은 함께 백제로 왔다. 선화 공주는 왕비가 준 금을 꺼내어 놓고 앞으로의 생활을 계획하려 하자 서동은 큰 소리로 웃으며 말했다.

　"이게 무엇이오?"

　"이건 황금입니다. 이것으로 평생 동안 편안히 살아 갈 수 있습니다."

　"내가 어려서부터 마를 캐던 곳에 이런 것들이 흙더미처럼 쌓여 있소."

선화 공주는 이 말을 듣고 깜짝 놀랐다.

"이것은 세상에서 가장 귀한 보물입니다. 그대가 지금 금의 소재를 아신다면 그 보물을 저희 부모님 계신 궁궐로 보내면 어떻겠습니까?"

서동이 그렇게 하자고 하였고 그 황금을 끌어 모았다. 산더미처럼 쌓인 황금을 모아두고 서동과 선화 공주는 용화산 사자사의 지명법사에게 가서 황금을 옮길 방책을 여쭈었다.

"내가 신통력으로 보낼 수 있으니, 가져오시오."

선화 공주는 편지를 써서 지명법사에게 갖다 주었다. 법사는 신통력으로 하룻밤 사이에 황금과 공주의 편지를 신라의 궁중으로 옮겨 두었다. 진평왕은 이 기이한 일을 경이롭게 여기고 매우 존경하게 되어 늘 편지를 보내 서동과 공주의 안부를 묻곤 했다. 이로 인하여 서동은 인심을 얻게 되어 왕위에 올랐다.

하루는 무왕이 왕비 선화와 사자사로 가는 도중에 용화산 아래 큰 연못가에 이르렀다. 그때 미륵세존이 연못 속에서 나타났다. 왕과 왕비는 수레를 멈추고 예를 올렸다.

그 일이 있은 후 왕비는 왕에게 간청했다.

"이 곳에 꼭 큰절을 세워주십시오."

왕은 왕비의 간청을 들어주기로 하고, 지명법사에게 가서 그 연못을 메울 일을 여쭈었다. 지명법사는 하룻밤 사이에 신통력을 써서 그 연못을 평지로 만들었다.

그곳에다 미륵불상 셋을 모실 전각과 탑, 행랑채를 각각 세 곳에 나누어 짓고 절 이름을 미륵사라 하였다.

신라의 진평왕도 여러 장인들을 보내어 절을 짓는데 도움을 주었다. 지금도 이 절은 남아 있다.

# 후백제 견훤

《삼국사》 본전(本傳)에는 다음과 같이 전한다.

견훤은 상주 가은현 사람으로 867년에 태어났다. 본래 성은 이씨인데, 뒤에 견으로 성을 삼았다. 그의 아버지 아자개는 농사로 생활을 하다가 885~887년 사이에 사불성을 차지하고 스스로 장군이라 칭하였다. 아들 넷이 있었는데 모두 세상에 이름이 알려졌다. 그 중 견훤이 보다 유명하고 지혜와 책략이 많았다.

《이제가기》에는 다음과 같이 전한다.

진흥대왕의 비 사도의 시호는 백융 부인인데 그의 셋째 아들이 구륜공이요, 그의 아들이 파진간 선품이요, 또 그의 아들이 각간 작진이다. 작진이 왕교파리를 아내로 맞아 각간 원선을 낳았고, 이 원선이 바로 아자개이다.

아자의 첫 번째 부인은 상원부인 두 번째 부인은 남원부인이며, 다섯 아들과 한 딸을 낳았다. 그의 맏아들은 상보 훤이요, 둘째 아들이 장군 능애요 셋째 아들이 장군 용개, 넷째 아들이 보개, 다섯 째 아들이 장군 소개이며, 딸은 대주도금이라 했다.

《고기(古記)》에는 다음과 같이 전한다.

옛날 한 부자가 광주 북촌에 살고 있었다. 그에게는 딸이 하나 있었는데, 외모가 단아했다. 어느 날 딸은 아버지에게 말했다.

"밤마다 자줏빛 옷을 입은 사내가 침실로 와서 자고 가곤 합니다."

"네가 긴 실을 꿰어 그 사내의 옷에 꽂아 보아라."

그 날 밤 자줏빛 옷을 입은 사내가 나타나자 딸은 아버지가 시키는 대로 사내의 옷에 실을 꿰었다. 날이 밝자 풀려나간 실을 따라 찾아가 보았다.

실은 그 집 북쪽 담 밑으로 이어졌고, 거기에 큰 지렁이 한 마리가 있었는데, 지렁이의 허리에 바늘이 꽂혀 있었다.

뒤에 그 부호의 딸은 사내아이를 낳았다. 그 사내아이는 열 다섯 살이 되자 스스로 견훤이라 하였다. 견훤은 892년에 이르러 왕이라 칭하고 도읍을 완산군으로 정하여 43년 동안 다스렸다. 934년에 그의 세 아들이 결탁하여 그 아비 견훤을 몰아내자 견훤은 고려 태조에게 귀순하였다. 견훤의 맏아들 신검이 왕위에 올랐으나, 936년에 고려군사와 일선군에서 서로 접전하다가 패하여 나라가 망했다.

견훤이 어려 아직 강보에 싸여 있을 때, 어머니가 들에 나간 아버지에게 밥을 나르면서 견훤을 수풀 밑에 두고 갔다. 그때 호랑이가 나타나서 견훤에게 젖을 먹이고 간 일이 있었다. 사람들은 신기한 일이라 했다.

견훤은 장성하자 몸집이 크고 용모가 특이했으며 기품이 비범하였다. 그는 군인이 되어 서울로 들어 왔다가, 서남해로 가서 해안 수비의 임무를 맡게 되었다. 창을 베고 적을 기다릴 만큼 그의 기개는 언제나 군졸들을 앞섰으며, 그 공로로 인하여 비장이 되었다.

892년은 신라 진성여왕이 왕위에 있은 지 6년이 되는 해였다. 왕의 총애를 받는 몇몇 측근들이 국권을 농락하여 기강이 문란해지고 기근까지 덮쳐 백성들은 이리저리 떠돌고 도적 떼들이 봉기하였다. 이에 견훤은 반역할 뜻을 품고 무리들을 끌어보아 서울 서남쪽의 고을들을 공략하기 시작했다. 그가 고을들을 공격하자 가는 곳마다 백성들이 호응하여 한 달만에 그 무리가 5천이나 되었다.

마침내 그는 무진주를 습격하여 스스로 왕이라 자처하였다. 그러나 감히 드러내놓고 왕이라 칭하지 못하고 자칭 '신라 서남도통행 전주자사 겸 어사 중승상주국 한남국 개국공'이라는 칭호를 사용하였다. 이때가 889년인데, 혹은 892년이라고도 한다.

북원의 도적 양길이 매우 강성하였으므로, 궁예가 자진하여 그의 부하가 되었다. 견훤이 이 소식을 듣고 멀리서 양길에게 비장의 직책을 주었다. 견훤이 서쪽으로 순행하여 완산주에 이르자, 백성들이 환영하였고 그는 인심을 얻은 것이 기뻐서 부하들에게 말하였다.

"백제가 나라를 창건한 지 6백여 년에 당 고종이 신라의 요청에 따라 소정방으로 하여금 수군 13만 명으로 바다를 건너게 하고, 신라의 김유신이 또한 군사를 몰아 황산을 거쳐 당 나라 군사와 연합하여 백제를 멸망시켰다. 내가 이제 도읍을 세우고 이 오랜 원한을 갚아 보리라."

드디어 스스로 후백제왕이라 칭하고 관제를 마련하였는데, 이것이 신라 효공왕 4년인 900년의 일이다. 918년에 철원의 인심이 돌변하여 우리 태조를 추대하여 즉위케 하였다. 견훤은 이 소식을 듣고는 사신을 보내어 축하하고 공작 부채와 지리산 대화살 등을 보냈다. 견훤과 우리 태조는 겉으로는 친한 체하고 속으로는 서로 경계하였다. 그러면서도 견훤은 태조에게 총마를 보냈다.

태조 6년 928년 10월에 견훤이 군사 3천을 거느리고 조물성을 공격하였다. 이에 태조 역시 정병을 거느리고 와서 겨루었는데, 견훤의 군사가 용맹하여 미처 승부를 가리지 못하였다.

태조는 견훤의 군사들 기세를 둔화시키기 위하여 임시로 화친을 청하는 글을 보냈으며, 사촌 아우인 왕신을 볼모로 보내고 견훤도 역시 진호를 볼모로 교환하였다.

12월에 견훤은 신라의 거서 등 20여 성을 공략하였다. 그리고 후당에 사신을 보내어 스스로 속국로 자처하자, 당나라는 그에게 '검교태위 겸 시중판 백제군사' 란 작위를 주고 종전대로 '도독 행 전주자사 해동사면도통 지휘병마판치 등사 백제왕' 임을 인정하고 식읍을 2,500호로 하였다.

태조 9년 926년에 볼모로 와 있던 진호가 갑자기 죽었다. 견훤은 고의로 죽였다고 생각하고 곧바로 왕신을 가두었다. 그리고 사신을 보내어 전년에 보냈던 총마를 돌려달라고 하였다. 태조는 웃으면서 그 말을 돌려보냈다.

태조 10년 927년에 견훤이 근품성을 공략하여 이를 불지르자, 신라 왕은 태조에게 구원을 요청하였다. 태조가 군사를 동원하고자 하는데 견훤이 고울부를 습격하여 빼앗고 군대를 몰아 시림을 공략하고 신라 왕도로 돌입하였다.

이때 신라왕은 왕비 등과 더불어 포석정에서 연회를 하고 있었기 때문에 패망을 자초하였다. 견훤은 왕비를 잡아다 강간하고, 왕의 족제인 김부를 왕으로 삼은 후 왕의 아우 효렴과, 재상 영경을 사로잡았다. 창고에 들어있는 진귀한 보물과, 병기를 빼앗고 자녀들과, 각 방면의 우수한 장인들을 빼앗아 데리고 돌아갔다.

태조가 정병 5천명을 거느리고 공산 아래에서 견훤과 한바탕 대접전을 벌였으나, 태조 휘하의 장군 김낙과 신숭겸 등이 전사하고 모든 병사들이 패배하여 태조는 몸만 간신히 빠져 나올 수 있었다.

그리하여 견훤이 못된 짓을 제 맘대로 하는 것을 막지 못하였다. 견훤은 승리의 여세를 몰아 대목성·경산부·강주 등을 공략하여 약탈하고 부곡성을 쳤다. 또 의성부의 태수 홍술이 항전하다 죽자, 태조는, "나의 오른 팔을 잃었다."며 비통하게 탄식하였다.

930년에 견훤이 고창군을 공격하려고 군사를 대규모로 동원하여 석산에 진지를 구축하였다. 이에 태조는 견훤의 진지와 1백 보 떨어진 북쪽의 병산에다 진지를 구축하였다. 여러 차례의 교전 끝에 견훤은 패하였고, 시랑 김악이 붙잡혔다.

이튿날 견훤은 군사를 수습하여 순주성을 습격하자 순주성의 성주 원봉은 이를 막지 못하고 밤사이에 성을 버리고 도주하였다. 이 소식을 들은 태조는 크게 노하여 순주성을 하지현으로 격하시켜버렸다.

신라의 임금과 신하들은 나라가 쇠약해져 다시 일어나기 어렸다고 판단하여 우리 태조를 끌어 우호를 맺어 후원을 입으려고 계획하였다. 견훤이 이 소문을 듣자 또 신라의 왕도로 쳐들어 갈려고 하였으나, 태조가 선수를 칠까 두려워 태조에게 편지를 보냈다.

전 번에 신라 재상 김웅렴 등이 귀하를 서울로 불러들이려 한 것은 마치 큰 자라의 소리에 작은 자라가 호응하고 메추라기가 매의 날개를 찢는 것과 같으니, 반드시 백성들을 도탄에 빠뜨리고 종묘사직을 잿더미로 만들게 될 것이오. 그러므로 내가 먼저 조적의 채찍을 들고 혼자서 한금호의 도끼를 휘둘러 백관들에게 밝은 해처럼 맹세하고 6부를 올바른 풍도로 설득하였더니 뜻밖에 간신들은 도망가고, 임금이 죽는 변고가 생겼소. 이에 경명왕의 외종 아우 헌강왕의 외손자를 권하여 왕위에 오르게 하여 망해 가는 나라를 다시 붙들어 주었고 없어진 임금을 다시 세워 자리를 잡아 주었소. 그런데 그대는 내 충고를 자세히 듣지 않고 흘러 다니는 말만 믿고 갖은 꾀를 써서 나를 노리고 여러 방면으로 침략하여 소동을 일으켰으나, 아직도 내 말머리가 어디로 가는 지 보지 못하고 내 털 하나도 뽑지 못했소. 초겨울 성산진 아래에서는 그대의 도두 색상을 붙잡았고, 이 달에는 미리사 앞에서 좌장 김낙이 무참히 죽었으며, 그밖에도 죽은 자, 붙잡힌 자가 많았으며, 추격을 받아 사로잡힌 자도 적지 않았소. 강하고 약함이 이와 같으니 승패는 능히 짐작할 수 있을 것이오. 내가 바라는 것은 평양성 문루에 활을 걸고 패강의 물을 말에게 먹이는 것이오.

그러나 지난 달 7일에 오월국 사신 반상서가 와서 왕의 조서를 전하였는데, 조서에는 '그대는 오랫동안 고려와 화목하는 사이로 동맹을 맺어오다 얼마 전 양쪽에서 볼모를 서로 죽인 일로 인하여 서로 동맹관계를 버리고 서로 국경을 침범하며 싸움을 그치지 않는다 하므로 이제 사신을 그대와 고려에 각각 보내니 서로 평화롭게 지내기 바라노라'라고 적혀 있었소.

내가 의리로써 천자를 높이 받들고 정의로써 대국을 충실히 섬기는 터에 이 조서를 받아 곧 실천하고 싶으나 다만 그대가 우리를 파하려고 했으나 파하지를 못해 곤궁하면서도 오히려 싸우려고 하는 것이 우려될 뿐이오. 따라서 내가 그 조서를 그대에게 전사하여 보내니 유

제2기이 123

의하여 잘 살펴주시오. 달아나는 토끼와 쫓는 개가 서로 지치면 마침내 조롱거리가 될 것이며, 조개와 황새가 맞겨룬다면 역시 웃음거리가 될 것이니, 거듭 행동을 경계하여 후회할 일을 하지 말아야 할 것이오.”

928년 정월에 태조가 회답하였다.

오월국 사신 반상서가 전한 조서 한 통을 받았고, 아울러 당신이 그 동안의 일들을 서술한 글월도 받았소. 사신을 통해 조서가 전해졌고 좋은 소식과 아울러 많은 가르침을 받았소. 조서를 받고 보니 더욱 감격하게 되었으나, 당신의 편지를 보니 수상한 생각을 놓을 수 없었소. 금번 돌아가는 사신에 부쳐 나의 생각을 피력하겠소.

내가 위로는 하늘과 명을 받들고, 아래로는 백성들의 추천으로 말미암아 분에 넘치게도 장수의 직권을 맡아서 나라를 경륜하는 기회를 얻게 되었소. 근자에 삼한 땅에 운수가 삐뚤어져서 전국에 흉년이 들고 백성들 대부분이 도적으로 전락하고 농토는 모조리 황폐화되었소. 전쟁의 위험을 종식시키고 나라의 재난을 구원하고자 하여 이웃과 화친하여 우호를 맺었더니 과연 수 천리 지방에서는 백성들이 다시 농사를 즐기며 7~8년 간 군사들이 한가롭게 쉬는 것을 보게 되었소. 그러나 지난 계유년 10월에 갑자기 사건이 생겨 그만 교전을 하기까지에 이르렀소. 당신은 처음 상대방을 업신여기고 마치 사마귀가 수레바퀴를 막는 것처럼 바로 돌진해 왔으나 결국은 어려운 줄 알고 과감히 물러가긴 했으나 이 또한 마치 모기새끼가 산을 짊어진 것과 다름없었소. 결국 당신은 공손히 사과를 한 후 하늘을 가리키면서 맹세하였소. ‘오늘 이후로는 영원토록 화친하며 만약에 이 맹세를 저 버린다면 신의 형벌을 받을 것이다’ 나 역시 창칼을 쓰지 않는 무(武)의 참 뜻을 숭상하고 사람을 죽이지 않는 인(仁)을 지양하여 드디어 여러 겹으로 에워쌌던 포위망을 풀고 피로한 군사들을 쉬게 하였으며 볼모도 마다하지 않았소. 다만 백성들을 안도시키고자 하는 마음뿐이었으니 이는 곧 내가 남방 사람들에게 큰 은덕을 끼친 것이오. 어찌 알았겠소! 맹세할 때 입에 바른 피가 마르기도 전에 흉포한 힘이 다시 일어날 줄이야. 벌과 사갈의 독처럼 백성들에게 해를 끼치고 이리와 범 같이 광포한 행동은 서울 땅을 가로막아 금성을 곤궁으로 몰아넣고 왕궁을 놀라게 할 줄 어찌 알았겠소! 제나라의 환공과 진나라의 문공처럼 의리로써 주나라를 떠받드는 자라 할 수 있겠소? 단지 틈을 타서 한나라를 차지하고자 했던 왕망과 동탁 따위의 역적질 밖에 볼 수 없었소. 그리하여 지극히 존귀한 왕으로 하여금 억지로 당신 앞에서 스스로를 낮게 하여 높고 낮은 질서가 없어지고 상하가 함께 걱정에 싸여 말하곤 했소. '만약 이 때에 원보의 충성이 없었다면 어찌 다시 사직의 안정시킬 수 있었겠는가?' 나는 마음 속에 악심을 품지 않았고 왕실을 받드는 뜻만이 간절하였으므로 조정을 지켜 나라를 위태로움으로부터 보호하려 했을 뿐이오. 그런데 당신은 하찮은 이익에 눈이 어두워 천지의 두터운 은혜를 잊어버리고 임금을 무참히 죽이고 궁궐을 불태웠소. 뿐만 아니라 재상과 대신들을 몰살하고 백성들을 상하 없이 죽였으며 궁녀와 보물들을 빼앗아 실어갔소. 흉악함으로 친다면, 하나라의 폭군 걸과 상나라의 폭군 주보다도 지나치고 잔인한 것으로 친다면 제 어미를 잡아먹는다는 올빼미와 경(아비를 잡아먹는다는 짐승)보다 더 심할 것이다. 나의 원통함은 극에 이르렀고 해를 돌린(노나라 양공이 창을 휘둘러 해로 뒤로 돌렸다는 고사) 정성으로 매가 참새를 쫓듯이 국가에 대해 개와 말처럼 충성을 다하기로 하였소. 다시 군사를 동원한 후로 해가 두 차례 바뀌면서 육상에서의 전투에서는 번개가 번뜩이고 벼락이 치는 듯 하였으며 수상에서의 전투 또한 는 범과 용처럼 용맹하여 움직이면 반드시 성공하였고 일어서면 또한 헛되이 되는 일이 없었소. 윤경을 해안까지 쫓을 때엔 버려진 갑옷과 무기가 산처럼 쌓이게 되었고 추조를 사로잡을 때에는 시체가 들을 덮을 지경이었소. 연산 고을 변두리에서 길환을 진지 앞에서 목을 베고 마리성에서는 수오를 깃발 아래서 죽였으며 임존을 함락시키던 날 형적 등 수백 명이 목숨을 잃었고 청천현을 쳐부술 때에는 직심 등 4~5명이 머리를 바쳤소. 동수에서는 깃발만 바라보아도 허물어져 흩어졌으며 경산지방은 구슬을 물고 항복해 왔소. 강주는 남으로부터 와서 투항하였고 나부는 서쪽으로부터 귀속해 왔소.

공략이 이처럼 바르니 어찌 수습할 날이 멀다 하리오! 기필코 저수의 군영에서 장이의 쌓인 한을 설욕하고, 오강 언덕에서 한나라 임금이 한 차례 승리로 천하를 평정한 것을 이어 받아 마침내 풍파가 그치고 천하가 안정되게 할 것이오. 이는 하늘의 뜻이니 천명이 어디로 가겠소? 더구나 오월왕 전하의 덕은 머나먼 변방까지도 포용하고 어진 인정은 약한 나라들까지도 감싸주었으며, 특히 조서를 내려 우리 강토에서 병란을 정지할 것을 타일렀으니 어찌 받들지 않겠소. 당신이 오월왕의 뜻을 삼가 받들어 군사행동을 일체 정지한다면 오월국의 어진 은혜에 부합될 뿐 아니라 나아가서는 우리 강토의 끊어진 도리를 잇게 될 것이오. 그러나 만약 그대가 허물을 고치지 않는다면 후회를 하더라도 결코 되돌리지 못 할 것이오.

931년에 용기와 지략을 겸비한 견훤의 신하 공직이 태조에게 와서 항복하자 견훤이 공직의 두 아들과 딸을 잡아다 다리의 힘줄을 불로 지져 끊었다.

가을 9월에 견훤이 일길에게 명하여 수군으로 고려의 예성강을 침입하였고 사흘 동안 머물면서 염주·백주·진주 세 주의 배 1백 척을 불태우고 갔다.

934년에 견훤은 태조가 운주에 주둔하고 있다는 말을 듣고 마침내 군사를 선발하여 신속히 공격해 들어갔으나, 진영에 닿기도 전에 유금필이 강한 기병으로 이를 쳐서 적병 3천여 명의 목을 베었다. 그러자 웅진 이북의 30여 개의 성이 이 소문을 듣고 자진해서 항복해 왔다. 견훤의 부하인 술객 종훈과 의사 지겸과 용장 상봉 . 최필 등도 태조에게 항복하였다.

936년 정월에 견훤은 그의 아들에게 말하였다.

"내가 신라 말년에 후백제를 세워 여러 해가 되었고 군사는 북쪽(고려)군사의 갑절이나 되지만 오히려 불리한 형편이다. 아마도 하늘이 고려를 돕는 것 같다. 그러니 북쪽 왕에게 귀순하여 목숨을 부지하지 않겠느냐?"

그러나 그의 아들인 신검 . 용검 . 양검 등 세 사람은 모두 응하지 않았다.

《이제가기》에는 이렇게 전한다.

"견훤은 자식 아홉을 두었다. 맏이를 신검이라 부르고, 둘째는 태사 겸뇌요, 셋째는 좌승 용술이요, 넷째는 태사 총지요, 다섯째가 대아간 종우요, 여섯째는 알려지지 않았고, 일곱째는 좌승 위흥이요, 여덟째는 태사 청구이며, 딸이 국대부인 이니 모두 상원부인의 소생이다."

견훤은 첩들이 많아서 그들로부터도 자식 10여 명을 두었는데 넷째 아들 금강은 키가 크고 지혜가 많아서 견훤이 특별히 그를 사랑하였고 자기의 자리를 전할 생각이었다. 금강의 형 신검 . 양검 . 용검은 이것을 알고 몹시 속을 태웠다.

이 당시 양검은 강주 도독이었고 용검은 무주 도독이었는데 홀로 신검이 그 아버지의 측근에 있었다. 이찬 능환이 사람을 시켜 강주 . 무주 두 주에 가서 양검 등과 함께 반란을 모의하였다.

935년 3월에 신검에게 권하여 견훤을 금산 절간에 가두고 사람을 보내어 금강을 죽였다. 그리고 신검이 자신을 대왕이라 칭하고 경내에 사면령을 내렸다. 처음에 견훤이 잠자리에 누워 아직 일어나지도 않았는데 먼 곳으로부터 떠들썩한 고함소리가 들렸다.

"이것이 무슨 소리냐?"

신검이 그 아버지에게 대답하였다.

"왕께서 연로하여 군무와 국정에 어두우시므로 맏아들 신검이 아버지를 대신해 정사를 돌보게 되었습니다. 이에 여러 장수들이 축하하는 환성입니다."

얼마 후 그 아버지를 금산사 절로 옮기고 파달 등 장사 30명을 시켜 지키게 하였다. 당시 동요가 전해진다.

가엾구나, 완산 아이,
애비 잃고 눈물 짓네.


견훤은 그의 후궁과 나이 어린 남녀 두 사람 그리고 시비로 있던 고비녀와 나인 능예남 등과 함께 갇혀 지냈다. 4월이 되자, 견훤은 술을 빚어 파수보는 군사 30인을 취하도록 먹이고, 고려로 망명하였다. 태조는 소원보·향예·오담·충질 등을 보내 견훤을 맞이하였다.

견훤은 태조보다 나이가 10년이 위이므로 상보라 칭하고 남쪽 대궐에 있게 하였다. 그리고 양주를 식읍으로 주고 전답과 노비 40명, 말 아홉 필을 주었다. 또한 후백제로부터 먼저 항복해 온 신강을 견훤의 아전으로 삼았다.

견훤의 사위인 장군 영규가 그의 처에게 몰래 말하였다.

"대왕은 40여 년 동안 애를 써서 성과를 이루었는데 하루아침에 집안 사람들 간의 불화로 국토를 잃고 고려에 귀순하게 되었소. 무릇 정조 있는 여자는 두 남편을 섬기지 않으며 충신은 두 임금을 섬기지 않는다고 했소. 만약 자기의 임금을 버리고 역적 아들을 섬긴다면 무슨 면목으로 세상의 의로운 사람들을 보겠소? 더구나 들자하니 고려의 왕씨는 사람이 인후하고 근검하여 인심을 얻었다 하오. 아마도 이는 하늘이 우리에게 길을 보여주는 것이 아니겠소. 반드시 삼한의 임금이 될 것이니 어찌 글을 우리 임금께 드려 위로하고 겸하여 왕씨에게도 공손하게 처신하여 뒷날 돌아올 복을 도모하는 것이 어떻겠소?"

그의 처 또한 찬성하였다.

"당신의 말이 곧 저의 뜻입니다."

태조 19년 936년 2월에 영규는 사람을 보내어 태조에게 투항할 의사를 뜻을 전하였다.

"당신이 정의를 위하여 들고 일어선다면 나는 호응하여 당신의 군대를 맞이하겠습니다."

태조는 기뻐서 그의 사자에게 후하게 선물을 주어 보내면서 영규에게 답례의 글을 보냈다.

"만약 당신의 은혜를 입게 되어 하나로 합쳐지고 막혔던 길이 통한다면 바로 장군을 찾아 뵈옵고 그런 후에 대청에 올라가 부인께 인사를 올려 한 분을 형으로 섬기고 한 분을 맏누이로 모실 것이며 반드시 후한 보답을 하겠습니다. 천지 신명이 지금 이 말을 듣고 있습니다."

그 해 6월에 견훤은 태조를 찾아왔다.

"늙은 이 몸이 전하께 몸을 의탁해 온 까닭은 전하의 위엄에 의지하여 역적 자식을 처단하기 위해서였습니다. 삼가 바라옵건대 대왕께서는 날랜 군사를 부려 반란을 일으킨 역도들을 섬멸해 주신다면 비록 지금 죽더라도 여한이 없겠습니다."

태조는 대답하였다.

"토벌하지 않으려는 것이 아니라 그 시기를 기다리는 것입니다."

태조는 먼저 태자 무와 장군 박술희에게 명하여 보병, 기병 10만을 거느리고 천안부로 가게 하였다. 가을 9월에 태조가 3군을 거느리고 천안에 이르러 군사를 연합하여 일선 땅으로 진군하여 머물렀다.

신검이 군사로써 대항하였고 갑오일에 일리천을 사이에 두고 마주 대진하니 태조의 군대는 동북방을 등지고 서남방을 향하여 진을 쳤다.

태조가 견훤과 함께 병사들을 둘러보는데 갑자기 검과 창처럼 생긴 흰 구름이 우리 군대 쪽에서 일어나 적진으로 향하여 갔다. 이에 곧 북을 치면서 진군하자 백제의 장군 효봉, 덕술, 애술, 명길 등이 군대의 기세가 크고 질서정연한 것을 보고는 갑옷을 버리고 진지 앞에 와서 항복하였다.

태조는 그들을 위로하면서 신검장군이 있는 곳을 물으니 효봉 등이 말하였다.

"원수 신검은 중앙부대 속에 있습니다."

태조가 장군 공훤 등에게 명하여 3군이 서로 협력하면서 진격하니 백제 군사는 허물어져서 달아났다. 황산 탄현에 이르렀을 때 신검은 두 아우와 장군 부달 . 능환 등 40여명과 함께 와서 항복하였다. 태조가 항복을 받고 나머지도 다 위로하여 처자들과 함께 상경할 것을 허락하였다.

그러나 태조는 능환을 문책하였다.

"처음에 양검 등과 함께 대왕(견훤)을 가두고 그 아들을 왕위에 올린 것은 너의 계획이 분명하겠지. 신하로써 어찌 그럴 수 있단 말인가?"

능환이 고개를 숙이고 아무 말도 못하자 마침내 명령하여 그를 처단하였다. 신검이 그 아비의 왕위를 탈환한 것은 다른 사람의 위협 때문이지 그의 본심이 아니며, 또한 목숨을 내바치고 벌을 청한 이유로 그의 죄를 용서하였다.

이에 견훤은 화가 나서 고민하다가 등창이 터졌고 며칠만에 황산 절간에서 죽었다. 이 날이 태조 19년 9월 8일이요, 견훤의 나이 70이었다. 태조의 군령이 엄격하여 군사들이 추호의 불법도 없었다. 따라서 고을들은 안심하고 노소를 막론하고 모두 다 만세를 불렀다.

태조는 견훤의 사위 영규에게 말하였다.

"전 왕이 나라를 잃은 후 신하들 가운데 어느 누구도 위로하는 자가 없는데, 오직 그대의 부부만이 서신을 그치지 않고 성의를 다하였으며 나에게도 덕을 베풀었으니 그 의리는 잊을 수 없소."

그리고는 영규에게 좌승의 관직을 내리고 농토 1천 경을 상으로 주었다. 또한 역마 35필을 빌려주어 그의 식솔들을 데려오게 했으며, 그의 두 아들에게도 벼슬을 주었다.

　　견훤은 신라 진덕여왕 892년에 일어나서 태조 19년 936년까지 이르니 45년 만에 멸망하였다.

　　그 시대의 역사가들은 다음과 같이 말한다.

　　신라가 천운이 다 하고 왕도가 쇠약하여 하늘이 돕지 않고 백성들은 의탁할 데가 없게 되자, 뭇 도적들이 이 틈을 타고 고슴도치의 털과 같이 일어났다. 그 가운데 두드러진 자가 있었으니 궁예와 견훤 두 사람이다. 궁예는 원래 신라의 왕자로서 도리어 자기의 나라를 원수로 여겨 선조의 화상에 칼질하기까지에 이르렀으니 그의 잔인한 행동은 극심하였다. 견훤은 신라의 백성으로 들고 일어나 신라의 녹을 먹으면서도 나쁜 마음을 품고 나라의 위기를 틈타 도성을 침공하여 임금과 신하 죽이기를 짐승 죽이 듯 하였으니 실로 천하의 원흉이다. 그러므로 궁예는 그의 부하로부터 버림을 받았고 견훤은 그의 아들에게 화를 당하게 되었다. 이는 모두 제 손으로 자초한 일이니 누구를 탓할 것인가? 비록 항우와 이밀의 재질로도 한나라와 당나라가 일어남을 막아내지 못하였는데 더군다나 궁예와 견훤 같은 악인 따위가 어떻게 우리 태조에게 대항할 수 있었겠는가?

## 가라국기

　　천지가 개벽한 이래로 이 땅에는 아직 나라의 이름도 없었고 또한 임금이나 신하같은 칭호도 없었다. 오직 아도간·여도간·피도간·오도간·유수간·유천간·신천간·오천간·신귀간 등 9간이 있었을 뿐이었다. 이들은 곧 추장으로 백성들을 통솔하였으며, 백성들은 모두 1백 호에 7만5천명이었다. 그들은 산과 들에서 제각기 집단을 이루어 우물을 파서 물을 마시고 밭을 갈아 살아가고 있었다.

후한 광무제 18년 즉 유리왕이 즉위한 지 19년이 되던 42년 3월 계욕일(액땜을 하는 날로 주로 목욕하고 술을 마시는 풍습이 있다)에 그들이 사는 북쪽 구지봉에서 사람들을 부르는 이상한 소리가 들렸다. 그리하여 무리 2, 3백 명이 그 곳 구지봉으로 모여들었다. 사람의 소리 같았지만 그 형체는 보이지 않고 소리만 들렸다.

"여기에 사람이 있는가?"

9간 등이 대답하였다.

"우리들이 있소."

또 소리가 들려왔다.

"여기가 어디인가?"

"구지봉입니다."

"하늘이 나에게 명하기를 이곳에 내려와 나라를 새롭게 열고 임금이 되라 하셨다. 그래서 이곳에 내려왔다. 너희들은 봉우리 위의 흙을 파면서 이렇게 노래하라.

　거북아 거북아
　머리를 내밀어라
　내밀지 않으면
　구워 먹을테다


이 노래를 부르며 춤을 추어라. 그러면 너희들은 곧 대왕을 맞이하여 기뻐 날뛰게 될 것이다."

9간들은 그 말대로 모두 노래를 부르고 춤을 추었다. 노래하고 춤을 춘 지 얼마 지나지 않아 그들은 머리 위를 바라보았다. 자색 줄이 하늘로부터 드리워져 땅에 닿고 있었다. 줄 끝을 찾아보았더니 붉은 보에 싸여진 금으로 된 상자가 매달려 있었다.

그 상자를 열자, 해같이 둥근 황금 알이 여섯 개가 들어 있었다. 사람들은 놀라고 기뻐했다. 그리고 그 알들을 향해 수없이 절을 하였다.

얼마 후 그 알들을 다시 보에 쌓아서 아도간의 집으로 가져갔다. 평상 위에다 놓아두고 무리들은 흩어졌다.

이튿날 아침에 무리들은 다시 모였다. 그리고 상자를 열어보자, 여섯 개의 황금알은 남자아이들로 변해 있었다. 용모들이 매우 준수했다. 평상에 앉히고는 무리들은 모두 절을 올리고 치하하였다. 그리고 공경을 다해 모셨다.

남자아이들은 날마다 자랐고 10여 일이 지나갔다. 키는 9척으로 은 나라의 성탕과 같았고, 얼굴이 용 같아서 한나라의 고조와 같았다. 또한 눈썹의 여덟 가지 색채가 요 임금과 같았고, 눈동자가 겹으로 된 것은 순임금과 같았다.

그 달 보름에 왕위에 올랐다. 처음으로 나타났다고 하여 이름을 수로(首露)라 했다. 혹은 수릉이라고 한다. 나라를 대가야 또는 가야국이라고 불렀다. 나머지 다섯 사람도 각각 다섯 가야의 왕이 되었다.

동쪽은 황산강, 서남쪽은 창해, 서북쪽은 지리산, 동북쪽은 가야산을 경계 삼아 위치하여 남쪽은 우리나라의 끝이 되었다. 왕은 임시로 왕궁을 짓게 하여 들어가 거처하였다. 수수하고 검소하여 풀로 이은 지붕에 처마는 자르지 않았고, 흙으로 만든 계단은 석자를 넘지 않았다.

즉위한 지 2년째인 43년 봄 정월에 수로왕은 서울을 정하기 위하여 궁의 남쪽 신답평으로 갔다. 사방으로 산세를 살펴보고 나서 왕은 신하들을 돌아보며 말했다.

"이곳은 여뀌 잎처럼 좁지만 그 지세가 아름다워 가히 16 나한이 머물 만 하구나. 더구나 하나에서 셋을 이루고 셋에서 일곱을 이루니 칠성이 살기에 알맞은 곳이다. 그러니 이곳에 터를 잡아 강토를 개척하면 참으로 훌륭하리라."

그리고는 둘레 1천 5백 보의 성과 궁궐 및 여러 관서의 청사와 무기고 및 곡식 창고를 지을 장소를 정한 후에 궁궐로 돌아왔다. 널리 국내의 장정과 장인들을 모와 그 달 20일에 성을 쌓기 시작하여 3월 10일에 이르러 공사를 완료하였다.

궁궐과 관서의 청사는 농한기를 이용하여 공사를 진행하였는데, 그해 10월 시작하여 이듬해 44년 2월에 완성하였다.

길일을 택하여 새 궁궐로 옮기고 모든 정치의 기틀을 잡고 여러 가지 일을 신속히 처리하였다. 이때 완하국이란 나라의 함달왕의 왕비가 임신하여 낳은 알을 깨고 나온 탈해라는 자가 바다를 따라 가락국으로 왔다. 그의 신장은 3척이었고 머리 둘레가 1척이나 되었다.

탈해는 궁궐로 들어와 수로왕에게 말하였다.

"나는 왕위를 빼앗으려 왔소이다."

수로왕은 대답하였다.

"하늘이 나를 명하여 왕위에 오르게 하여 나라를 태평하게 하고 백성들을 안락하게 하였다. 감히 하늘의 명을 어기고 왕위를 함부로 너에게 맡길 수 없다."

탈해가 제안하였다.

"그렇다면 서로의 재간으로 승부를 냅시다."

수로왕은 응낙하였다.

그리하여 삽시간에 탈해가 한 마리의 매로 변하자 왕은 독수리로 변했고, 또 탈해가 참새로 변하자, 왕은 새매로 변했다. 탈해가 본래의 모습으로 돌아오니, 왕도 본래의 모습으로 돌아왔다. 이에 탈해가 항복하였다.

"제가 술법을 겨룰 때 매가 되자 독수리가 되었고, 참새가 되자 새매가 되었는데도 제가 죽음을 면할 수 있었던 것은 성인의 인자함 때문이 아니겠습니까? 제가 왕과 왕위를 다투는 것은 참으로 어려운 일입니다."

탈해는 곧 절을 하고 나갔다. 탈해는 그 부근의 나루로 나가 중국의
선박들이 오가는 해로를 따라 떠났다. 왕은 탈해가 모반을 일으킬까
우려하여 급히 수군 500 척으로 추격하도록 하였으나, 탈해가 신라의
땅 안으로 들어가자 수군은 모두 되돌아왔다.

지금 이 일에 대한 기록은 신라의 기록과 많이 다르다.

수로왕이 즉위한 지 7년 48년 7월 27일 구간들이 문안 인사차 왕에
게 왔다가 진언하였다.

"대왕께서 오신 이래로 아직 좋은 배필을 만나지 못하고 있습니다.
신하들의 딸 가운데 가장 훌륭한 처자를 뽑아 배필로 삼으십시오."

"내가 이 곳에 내려온 것은 하늘의 명 때문이었다. 왕후를 맞는 것
또한 하늘의 명이 있을 것이니 그대들은 염려하지 말라."

그리고 유천간에게는 가벼운 배와 날랜 말을 주어 망산도로 가서
왕후를 기다리게 하고 다시 신귀간에게 명하여 승점에 나아가 있게
하였다.

그때 갑자기 가락국 서남쪽 해상에서 붉은 빛깔의 돛을 걸고 붉은
빛깔의 깃발을 휘날리며 북쪽으로 다가오는 배가 있었다. 망산도에서
기다리고 있던 유천간은 등은 먼저 횃불을 올렸다. 배는 마구 달려와
앞을 다투어 상륙하려 했다.

승점에 있던 신귀간은 이 광경을 보고 대궐로 달려가 왕에게 보고
하였다. 왕은 듣고서 기뻐했다. 그리고 구간들을 보내어 좋은 배를 내
어 맞이하도록 하였다.

구간들이 즉시 대궐로 모셔들이려 하자 왕후는 입을 열었다.

"나는 그대들과 평소 알고 지내온 처지도 아닌데 어찌 경솔히 따라
가겠소."

유천간 등은 왕후의 말을 왕에게 전달하였다. 왕은 왕후의 말이 옳
다고 생각하여, 관원들을 데리고 대궐에서 서남쪽으로 60보쯤 되는

산기슭으로 가서 장막을 치고 기다렸다.

이때 산 바깥쪽 별포 나루에서 왕후는 배를 정박시키고 육지에 올라 우뚝이 솟은 산언덕에서 쉬고 있었다. 그곳에서 왕후는 입고 있던 바지를 벗어 산신령에게 예물로 바쳤다.

왕후를 모시고 온 신하 두 사람이 있었다. 그들은 신보와 조광이고, 그들의 아내 두 사람은 모정과 모량이었으며 노비까지 합하면 20여 명이었다. 왕후가 가지고 온 화려한 비단, 의상, 금은주옥, 패물, 노리개들은 이루 셀 수 없이 많았다.

왕후가 수로왕이 있는 곳으로 가까이 오자, 수로왕은 맞이하여 장막으로 함께 들어갔다. 왕후를 모시고 온 신하들은 계단 아래에서 왕에게 인사하고 물러갔다.

왕은 신하에게 명을 내려 왕후를 모시고 온 두 신하 부부를 각각 다른 방으로 들게 하고 노예들은 한 방에 5, 6명 씩 들게 하고는 좋은 음료와 술을 주고 좋은 침구를 제공하게 하였다. 그리고 가져온 의복과 천, 보화들은 많은 군졸들로 하여금 지키게 하였다.

비로소 왕과 왕후는 함께 침소에 들었다. 왕후는 조용히 왕에게 말했다.

"저는 아유타나라의 공주입니다. 성은 허(許), 이름은 황옥이라 합니다. 나이는 열 여섯 살입니다. 제가 본국에 있을 때의 일입니다. 올해 5월 어느 날 저의 부왕과 왕후는 저를 보고 이렇게 말씀하셨습니다. '아비와 어미가 어젯밤 꿈에 함께 옥황상제를 뵈었다. 상제의 말씀이 가락국의 임금 수로는 하늘이 내려 왕으로 삼은 자이니 신령스러운 자이다. 이제 새로 나라를 세워 지내며 아직 배필을 정하지 못하였으니, 그대들은 그대의 공주를 보내어 짝을 짓도록 하라 말씀하시고는 하늘로 올라가셨다. 꿈에서 깨어난 후에도 옥황상제님의 말씀이 귀에 쟁쟁하니 지금 바로 이곳을 떠나 그곳으로 가거라' 하셨습니다. 그리하여 저는 배를 타고 여기저기 찾아다니다가 이제야 당신의 얼굴을 보게 되었습니다."

"나는 나면서부터 자못 신성하여 공주가 올 것을 미리 알고 있었소. 그래서 신하들이 왕비를 맞이하라는 청을 따르지 않았소. 이제 현숙한 그대가 왔으니 이 몸은 다행이오."

이틀 밤 하루 낮이 지났다. 마침내 왕후가 타고 온 배를 돌려보냈는데 뱃사공이 모두 15명이었다. 이들에게 각기 양식으로 쌀 10석, 베 30필을 주어 본국으로 돌려보냈다.

8월 1일 왕은 궁궐로 돌아오면서 왕후와 함께 수레를 타고 왕후를 따라온 신하 부부도 수레와 나란히 하여 왕후가 가져온 보물들을 가지고 대궐로 돌아왔다. 그때 시간은 막 정오가 되려 했다.

왕후는 중궁을 거처로 정했다. 왕후를 모시고 온 신하 부부와 남녀 시종들은 널찍한 두 집을 주어 기거하도록 하였고, 나머지 따라온 자들은 손님이 머무는 20여 칸 짜리 집을 내어 거처를 배정하고 날마다 풍부한 음식을 제공하였다. 왕후가 가져온 물건들은 대궐 안 창고에 보관해두고 왕후가 계절에 따라 필요한 양을 쓰도록 하였다.

어느 날 왕은 신하들에게 말했다.

"구간들은 모두 여러 관리들의 우두머리인데 그 지위와 이름이 모두 소인이나 농부의 호칭이지, 결코 귀인의 호칭이라 할 수 없소. 혹 어쩌다 나라 밖 사람이 듣게 된다면 필히 웃음거리가 될 것이오."

마침내 아도를 아궁으로, 여도는 여해로, 피도는 피장으로, 오도는 오상으로 고치고, 유수와 유천의 이름은 윗글자는 그냥두고 아랫자만 고쳐 유공과 유덕으로 하였다. 신천은 신도로 고치고 오천은 오능으로 고치고, 신귀(神鬼)는 음은 본래대로 두고 그 훈만 고쳐서 신귀(臣貴)라고 했다.

그리고 신라의 직제를 가져다 각간, 앗간, 급간의 품계를 두고 그 아래에는 주나라와 한나라의 제도에 의거하여 배정하였다. 이것이 곧 낡은 것을 버리고 새 것을 취하며 관서를 설치하고 직책을 나누는 방도일 것이다.

이리하여 나라의 질서가 갖춰지게 되었으며, 백성들을 자식과 같이 사랑하므로 왕의 말은 작위를 내세우지 않아도 위엄이 있었고, 정사는 엄하지 않아도 잘 다스려졌다.

더욱이 왕이 왕후와 함께 사는 것이 마치 하늘에 땅이, 해에게 달이, 양에 음이 있는 것과 같아, 도산씨가 하나라의 우왕을 보필하고, 당요의 딸들이 우순을 일으킨 것과 같았다. 몇 년을 잇따라 곰을 얻는 길몽을 꾸더니, 왕후는 태자 거등공을 낳았다.

189년 1백 57세의 나이로 왕후는 죽었다. 백성들의 슬픔은 대단하였다. 구지봉 동북쪽에 있는 언덕에 장사지내고, 생전에 왕후가 백성들을 자식처럼 사랑하던 은혜를 잊지 않고자 하여 왕후가 처음 가락국에 와서 닿은 도두촌을 주포촌(主浦村)이라 부르고 비단 바지를 벗은 높은 언덕을 능현(綾峴, 비단 현, 고개 현)이라 했으며, 붉은 깃발이 들어온 바닷가를 기출변(旗出邊, 기가 출현한 부근)이라 하였다.

왕후를 모시고 온 신하였던 천부경 신보와 종정감 조광 등은 가락국에 도착한 지 30년 만에 각자 딸 둘을 낳았는데, 그들 부부는 그 후 12년 뒤에 모두 세상을 떠났다. 그 밖의 하인들은 7, 8년 사이에 자식을 두지 못하고 오직 고국만을 그리워하다 슬픔을 지닌 채 고향을 향하고 죽으니 그들이 살던 곳은 빈집이 되었다.

왕은 매일 외로운 베개에 의지하여 슬픔에 잠기곤 하다가 25년이 지난 199년 3월 23일 158세의 나이로 죽었다. 백성들은 마치 부모가 죽은 것처럼 비통해 했는데, 왕후가 죽었을 때 보다 더욱 슬퍼하였다. 마침내 대궐 동북쪽 평지에 빈궁을 세워 장사를 지내고 수릉왕묘라 하였는데, 그 높이는 한 발이요 둘레는 300보였다.

대를 이어 아들 거등왕으로부터 9대 구형까지 이 묘에 향을 올렸으며 반드시 정월 3일과 7일, 5월 5일, 8월 5일과 15일을 기해 풍성하고 청결한 제사를 지냈다.

신라 30대 문무왕 때인 661년 3월에 다음과 같은 조서를 내렸다.

가야국 시조왕의 9대손 구형왕이 이 나라에 항복해올 때 데리고 온 아들 세종의 아들인 솔우공의 아들 서운 잡간의 딸 문명왕후가 곧 나를 낳았다. 그러므로 가야국의 시조는 나에게 15대 되는 조상이다. 그가 다스리던 나라는 벌써 옛날에 없어졌으나, 장사를 지낸 능묘는 아직 그대로 남아 있으니, 이를 종묘에 합하여 계속하여 제사를 지내도록 하라.

이에 사자를 옛 터로 보내 묘 가까이에 있는 상전(上田, 수확이 좋은 밭) 30경을 제사 밑천으로 삼아 왕위전(王位田)이라 불렀으며 본토에 귀속시켰다. 수로왕의 17대 손인 급간 갱세는 조정의 뜻을 받들어 그 제전을 관리하며 해마다 술과 단술을 빚고 떡과 밥 등 여러 음식으로 제사를 지냈다. 제삿날도 거등왕이 정한 연중 5일을 그대로 지켜 이제 그 정성어린 제사는 우리의 책임이 되었다.

거등왕이 즉위한 199년에 편방(便房, 임시로 제사를 지내는 방)을 설치한 이후부터 구형왕 말까지 330년 동안에 종묘의 제사는 항상 변함이 없었다. 그런데 구형왕이 왕위를 잃고 나라를 떠난 뒤부터 661년 사이에는 더러 사당에 제사 지내는 것이 거르기도 하였다.

아! 아름답구나, 문무왕이여! 선조를 받들어 끊어졌던 제사를 효로써 이어 다시 지내게 되다니.

신라 말기에 잡간 충지라는 자가 금관고성을 공략하여 성주장군이 되었다. 그때 아간 영규라는 자가 성주장군의 위세를 빌려 종묘의 제사를 빼앗아 함부로 제사를 지내더니 단오 날을 맞아 제사를 지내는 도중 까닭 없이 대들보가 무너져 깔려죽고 말았다.

이에 성주장군은 생각하였다.

"전세의 인연으로 분에 넘치게도 성왕이 계시던 이 도성의 제전을 맡게 되었으니, 마땅히 그 영정을 만들어 모시고 향과 등을 바쳐 은혜에 보답해야겠다."

성주장군은 곧 진귀한 비단 석자에 수로왕의 모습을 그려 그 영정을 벽 위에 모셔 두고 아침저녁으로 기름불을 켜두어 아주 경건하게 우러러 보곤 하였다.

겨우 3일만에 그림 속 수로왕의 눈에서 피눈물이 흘러내려 땅바닥이 거의 한 말 가량이나 괴었다. 장군은 더럭 겁이 나서 그 영정을 받들고 묘에 나가 불태워버렸다.

그리고는 즉시 수로왕의 친 자손인 규림을 불러 말했다.

"어제 불상사가 일어났는데, 어찌하여 이런 불상사가 자꾸 일어나는가? 이것은 반드시 내가 영정을 그려 공양하는 것이 불손하여 노하신 것일 거다. 영규가 죽기에 내가 무척 두려워했지만, 영정을 불태웠으니 반드시 신령의 노여움을 살 것이다. 그대는 왕의 직계 자손이니 옛날대로 제사를 지내도록 해라."

그리하여 규림이 제사를 받들게 되었다. 규림이 88세에 죽고 그의 아들 간원경이 제사를 이어 받들게 되었다.

단오의 알묘제에 영규의 아들 준필이 또 발작을 하여 묘에 와서 간원이 차린 제물을 걷어치우게 하고 자기가 가져온 제물을 차려 놓고 제사를 지내기 시작하였다.

그런데 술잔을 세 번 올리는 절차를 마치기도 전에 갑자기 병을 얻더니 집으로 돌아가 죽고 말았다.

옛 사람의 말에 '자신이 지내서는 안될 제사를 지내면 복이 없고 도리어 화를 받는다' 고 했는데 앞서의 영규와 뒤의 준필, 이 두 부자를 두고 한 말인 것 같다.

또한 묘에 보물이 많다는 소문을 듣고 이를 훔치러 온 도적들이 있었다. 도적들은 묘에 첫 번째 왔을 때 갑주를 입고 활시위에 살을 얹어 둔 용사가 묘에서 나타나 화살을 비 오듯 쏘아댔다.

용사는 7, 8명의 도적들을 맞혀 죽였다. 도적들은 달아났고, 수일만에 다시 찾아왔다. 이번에는 길이가 30여 자나 되는 큰 구렁이가 안광을 번뜩이며 묘 옆에서 나타나 도적 8, 9 명을 물어 죽였다. 간신히 죽음을 면한 자들은 모두 엎어지고 자빠지며 도망을 쳤다. 이런 일들로 보아 수로왕의 묘 안팎에는 신물이 있어 묘를 보호하고 있음을 알 수 있다.

수로왕이 죽은 199년에 처음 축조된 때로부터 금상께서 통치하신 지 31년째인 1078년에 이르도록 878년 동안 수로왕의 묘는 그 봉토가 무너지지 않고 그대로 있으며, 그 심어진 나무들도 말라죽지도 썩지도 않고 있다. 더욱이 진열된 갖가지 보물 또한 흠진 것이 하나도 없다.

이는 신체부가 말한 '예로부터 지금에 이르기까지 어찌 망하지 않는 나라 허물어지지 않은 무덤이 있었겠는가?' 이 말은 다만 가락국이 망했다는 사실에선 그 말이 맞지만 수로왕의 묘가 허물어지지 않고 있는 사실에서 보면 신체부의 말은 전적으로 믿기 어렵다.

게다가 수로왕을 사모해서 하는 놀이가 있다. 매년 7월 29일이면 이곳 지방 백성들과 이속들은 승점에 올라가 장막을 쳐놓고, 먹고 마시고, 환호하면서 이쪽저쪽으로 눈길을 던져 바라보다가 건장한 청년들이 두 편으로 갈라서 명산도에서부터 북쪽으로 말을 몰아 뭍으로 달리고 물에선 미끄러지듯 배를 밀어 올려 북쪽으로 고포를 목표로 하여 다투어 내닫는다. 이는 옛적에 유천간, 신귀간들이 왕후의 도착을 기다리고 급히 임금에게 알리던 그 일을 재현하는 하나의 자취이다.

나라가 망한 후 대대로 이곳에 대한 칭호가 한결같지 않았다. 신라 제31대 신문왕이 즉위한 681년에는 이름을 금관경이라 하고 태수를 두었다. 259년이 지나 우리 태조께서 나라를 통합한 후로는 대대로 임해현이라 하고 배안사를 두어 48년 간을 보내왔다. 다음은 임해군이라고, 또는 김해부라고도 했는데 도호부를 두어온 것이 27년 간 또 방어사를 두어 온 것이 64년 간이었다.

송나라 태종 16년 즉 991년 김해부의 양전사였던 중대부 조문선의 보고에 따르면 수로왕 묘에 속한 전답의 결수가 너무 많으니 15결로 하여 옛 관례에 따르도록 하고 그 나머지는 김해부의 역정들에게 나누어주는 것이 좋겠다고 하였다.

그 일을 관할하고 있는 관서가 이를 위에 보고하였다니 당시 조정에서는 다음과 같이 왕의 뜻을 밝혔다.

"하늘이 내린 알이 화하여 되신 성군, 재위 및 향수가 158년이었다. 저 3황 이래로 능히 이에 견주어질 자 드물 것이다. 붕어 한 후 선대로부터 묘에 귀속시킨 전답을 이제 와서 삭감한다는 것은 실로 두려운 일이다."

이런 글로 허락하지 않았다.

그 양전사가 앞서의 건의를 거듭해왔다. 그러자 조정에서도 결국 받아들이고서 전답의 반은 수로왕의 묘에 종전대로 소속하게 하고 그 나머지 반은 그 지방 역정들에게 나누어주라고 지시하였다. 그 양전사는 조정의 지시를 받아 전답의 반을 수로왕의 묘에 그대로 소속시켜두고 절반은 떼어서 그 김해부의 역정들에게 지급하였다.

일이 거의 끝날 무렵에 그 양전사는 몹시 피곤하였다. 문득 어느 밤 꿈에 7, 8명의 귀신이 밧줄과 칼을 들고 나타나 이렇게 말하였다.

"너는 큰 원한을 샀다. 그래서 널 죽이러 온 것이다."

양전사는 귀신들에게 형벌을 받고 아프다고 비명을 지르다 놀라 꿈을 깨자, 그 날 밤으로 도망쳐버렸다. 병은 그대로 계속되어 관문을 지나다가 양전사는 죽고 말았다.

이 때문에 양전사가 처리한 양전도장에는 그의 도장이 찍혀지지 않았다. 그 뒤에 양전의 사명을 받들고 온 사람이 그 전답을 조사해보았더니 겨우 11결 12부 9속뿐이었다. 3결 87부 1속이 부족하였다. 이에 그 전토가 횡령된 곳을 캐내어 중앙 관서 및 지방 관서에 보고하고 칙명에 의해 다시 넉넉히 지급했다.

또 고금을 두고 탄식할 일이 있었다.

수로왕의 8대손 김질왕은 정사에 근면하는 한편 불도를 받들기에
도 정성를 다했다. 시조모인 허황후의 명복을 빌기 위해, 왕 즉위 2년
452년에 수로왕과 황후가 혼인했던 곳에다 절을 세우고 이름을 왕후
사라 하였다. 그리고 사자를 보내 그 근처의 평전 10결을 측량하여
삼보를 위한 공양의 경비에 보태도록 한 적이 있었다. 이 절이 세워진
지 500년 뒤에 장유사를 세웠는데 그 절에 귀속된 전답과 임야가 모
두 합해서 300결이나 되었다. 그러자 이 장유사의 삼강이 왕후사가
자기네 절 임야의 동남쪽 푯말 안에 위치하였다고 그 절을 철폐시켜
농장으로 만들고는 추수와 저장의 장소로, 마소를 기르는 외양간으로
사용하였다. 실로 한탄할 일이다. 사적을 새긴 문구는 다음과 같다.

혼돈이 처음 열리고 해와 달이 밝게 빛나고
인류가 비로소 생겼으나 임금의 지위는 이루어지지 않았다.
중국에서는 왕조가 벌써 여러 대를 지냈는데도
동국에서는 아직 서울이 갈려 있었다.
신라는 먼저 정해지고 가락은 후에 경영되었다.
세상을 다스릴 사람이 없으면 누가 인민을 보살피랴,
드디어 상제께서 저 창생들을 돌보셨다.
부명을 주어 정령을 아래로 내려보내셨다.
알은 산으로 내려와 안개 속에 그 형체를 감추었다.
안도 오히려 아득하고 밖도 또한 캄캄했다.
바라보면 형상은 없는 듯 했으나 들으면 곧 소리가 있었다.
군중들은 노래로써 아뢰고 무리들은 춤을 추기를
7일간이나 한 후 비로소 안정이 찾아오는 것이다.
바람이 불어 구름이 걷히고 푸른 하늘이 터져 나오고
여섯 개의 둥근 알이 한 가닥 자줏빛 끈에 매어 내려왔다.

구경꾼이 모이고 쳐다보는 이는 우글거리고
그 낯선 지방에 가옥이 연달아 지어졌다.
그리하여 다섯 분은 각 읍으로 나누어 돌아가고
한 분만 이 성에 남아 있었다.
같은 때 같이 한 자취는 아우와 형과 같았다.
실로 하늘이 덕 있는 이를 낳아서 세상을 위해 규정을 지으셨다.
왕위에 처음 오르자 세상은 곧 맑고 밝아지려 하였다.
궁전은 옛 지도를 따랐고 흙 계단은 오히려 평평했다.
큰 정사에 힘쓰고 백성의 살림을 보살피고 기울거나
치우침이 없으니 순수할 뿐이었다.
길손은 길을 서로 양보하고 농부는 농토를 서로 사양하였다.
사방은 모두 안정해지고 만민이 태평했다.
갑자기 풀잎의 이슬처럼 대춘 같은 수명을 보전하지 못하였다.
천지가 기운이 변해지고 신하와 백성 모두 슬퍼하였다.
금빛 같은 그 발자취요, 옥소리 같은 그 명성이었다.
후손이 끊어지지 않으니 영묘의 제전이 깨끗했다.
세월은 비록 흘렀으나 그 규범만은 허물어지지 않았다.


거동왕의 아버지는 수로왕이고 어머니는 허황후이다. 199년 3월 13일에 왕위에 올라 나라를 다스리기 39년 253년 9월 17일에 세상을 떠났다. 왕비는 천부경 신보의 딸 모정이며 태자 마품을 낳았다. 《개황력》에서는 '성은 김씨니 대개 시조가 금알에서 난 까닭에 금을 성을 삼았다' 라고 하였다.

마품왕 혹은 마품이라고도 한다. 성은 김씨 253년에 왕위에 올라 나라를 다스리기 39년 291년 1월 29일 세상을 떠났다. 왕비는 종정감 조광의 손녀 호구이며 태자 거질미를 낳았다.

거질미왕 혹은 금물이라고도 한다. 성은 김씨, 291년에 왕위에 올라 56년 간 나라를 다스리다 346년 7월 8일 세상을 떠났다. 왕비는 아궁아간의 손녀 아지이며 왕자 이품을 낳았다.

이품왕 성은 김씨이다. 346년에 왕위에 올라 62년 간 나라를 다스리다 407년에 세상을 떠났다. 왕비는 사농경 극충의 딸 정신이며, 왕자 좌지를 낳았다.

좌지왕 혹은 김질이라고도 한다. 407년에 왕위에 올랐다. 용녀에게 장가들어 그 여자의 무리들을 벼슬아치로 삼았는데 국내가 요란해졌다.

이때 신라는 꾀로써 가락국을 치려고 하였다. 마침 가락국에 박원도라는 신하가 좌지왕에게 진언하였다.

"변변하지 못한 풀이라도 우충을 감싸거늘 하물며 사람에 있어서야 어떻겠습니까? 질서가 문란해지면 그 어느 곳에서 보전되겠습니까? 또 술사가 점을 쳐서 해괘를 얻었는데 그 괘는 '소인을 제거하면 군자인 벗이 와서 합심할 것이다'고 하였으니 임금께서는 주역의 괘를 살피시기 바랍니다."

왕은 사과하였다.

"그 말이 옳소."

용녀를 물리쳐 하산도로 귀양보내고 그 정치를 바로잡아 백성들을 편안하게 하였다.

왕은 나라를 다스리기 15년 421년 5월 12일에 세상을 떠났다. 왕비는 도녕대아간의 딸 복수이며, 아들 취희를 낳았다.

취희왕 혹은 질가, 421년에 왕위 올라 31년 간 나라를 다스리다 451년 2월 3일에 세상을 떠났다. 왕비는 각간의 딸 인덕이며, 왕자 질지를 낳았다.

질지왕 혹은 김질왕, 451년에 왕위에 올랐다. 이듬해 시조의 비 허황옥 왕후의 명복을 빌기 위해 허왕후가 처음 시조와 혼인했던 곳에 절을 지어 왕후사라 하고 밭 10결을 바쳐 비용에 충당하도록 하였다.

나라를 42년 간 다스리다 492년 10월 4일 세상을 떠났다. 왕비는 사간 김상의 딸 방원이며 왕자 겸지를 낳았다.

겸지왕 혹은 김겸왕, 영명 10년 493년에 왕위에 올라 30년 간 나라를 다스리다 521년 4월 7일에 세상을 떠났다. 왕비는 각간 출충의 딸 숙이며 왕자 구형을 낳았다.

구형왕 성은 김씨, 521년에 왕위에 올라 나라를 다스리기 42년째인 562년 9월에 신라 진흥왕이 군사를 일으켜 가락국을 쳐오니 왕은 친히 군졸을 지휘했으나 저편은 군사가 많고 이편은 적어서 대전할 수 없었다. 이내 왕은 탈지 이질금을 보내어 본국에 머물러 있게 하고, 왕자와 장손 졸지공 등과 항복해서 신라로 들어갔다.

왕비는 분질수이질의 딸 계화이며 세 아들을 낳았는데, 첫째는 각간 세종, 둘째는 각간 무도, 셋째는 각간 무득이었다. 개황록에서는 '532년에 구형왕이 신라에 항복했다."고 하였다.

논평에서 말한다.

《삼국사》를 상고하여 보면, 구형왕은 양의 무제 신라 법흥왕 39년에 나라를 바치며 신라에 항복했다고 하였다. 따라서 수로왕이 처음 왕위에 오른 동한 건무 18년 42년부터 구형왕의 말년인 532년까지이다. 그간의 시일을 따져보면 490년이 된다. 그러나 이 기록으로 살펴본다면 국토를 바친 것이 562이므로 30년이 더하게 되면 도합 5백 20년이다. 이 제 이 두 설을 다 적어둔다.

三國遺事
# 3권

# 제3 흥법(第三興法)

고구려에 불교를 전파한 순도 · 마라난타가 백제에 불교를 전하다 ·
아도가 신라 불교의 기초를 다지다 · 법흥왕은 불법을 일으키고 염촉은 순교하다 ·
법왕이 살생을 금하다 · 보장왕이 노자를 섬기고 보덕이 암자를 옮기다

# 제4 탑상(第四塔像)

동경 흥륜사의 금당 10성 · 가섭불의 연좌석 · 요동성의 육왕탑 ·
금관성의 파사석탑 · 고구려의 영탑사 · 황룡사의 장륙 · 황룡사의 9층탑 ·
황룡사 종, 분황사 약사, 봉덕사 종 · 영묘사의 장륙 · 사불산, 굴불산, 만불산 ·
생의사 돌미륵 · 흥륜사 보현보살 · 삼소관음과 중생사 · 백률사 · 민장사 ·
여러 차례 가져온 사리 · 화랑으로 현신한 미륵불 · 관세음보살이 노힐부득과
달달박박을시험하다 · 분황사의 천수대비, 눈 먼 어이 눈을 뜨게 하다 ·
낙산의 두 성인 관음과 정취 그리고 조신 · 만어산의 부처 그림자 ·
오대산의 오만 진신 · 명주 오대산 보천 태자 전기 · 오대산 월정사의 다섯 성중 ·
남월산 · 천룡사 · 무장사의 미타전 · 백엄사의 석탑사리 · 영취사 ·
유덕사 · 오대산 문수사의 석탑기

# 제3 흥법

## 고구려에 불교를 전파한 순도

《삼국사기》〈고구려본기〉에는 다음과 같이 전한다.

소수림왕 2년 즉 372년은 중국에서는 동진(東晉)의 효무제가 황제에 오른 해이다. 전진(前秦)의 왕 부견이 사신과 순도 스님을 고구려로 보내 불상과 경문을 전해왔다. 또 374년에 아도(阿道)가 진나라에서 왔다. 이듬해 375년 2월 초문사(肖門寺)를 세워 순도를 그곳에 머무르게 했다. 또 이불란사(伊弗蘭寺)를 세워 아도를 머물게 하였다. 이것이 고구려 불교의 시초이다.

《해동고승전》에서 '순도와 아도가 위(魏)나라에서 왔다'라고 한 것은 잘못된 것이다. 실제로 전진에서 왔다. 또 초문사는 지금의 흥국사이고, 이불란사는 지금의 흥복사라고 한 것 또한 잘못이다. 당시 고구려는 안시성, 혹은 안정홀이라 불리는 곳이 도읍이었는데, 요수 북쪽에 있었다. 요수는 일명 압록이라고도 하며 지금은 안민강이라 부른다. 어찌 개경 홍국사의 이름이 여기에 있을 수 있는가?

다음과 같이 기린다.

압록강에 봄이 깊어 풀빛이 선명하고,
백사장에 갈매기들 한가로이 조는구나.
문득 멀리 노 젓는 소리에 놀라니,
어느 곳 고깃배인지, 길손이 먼저 도착했구나.

## 마라난타가 백제에 불교를 전하다

〈백제본기〉에는 다음과 같이 전한다.

제 15대 침류왕이 즉위한 384년에 인도의 승려 마라난타가 진(晉) 나라에 왔다. 침류왕은 그를 맞이하여 궁중에 머물게 하고 예를 다하여 공경하였다. 이듬해인 385년에 새 도읍인 한산주에 사찰을 지었고, 도첩(度牒, 승려가 되는 것을 허가하는 증서)을 받은 승려 열 명을 두었다. 이것이 백제 불법의 시초이다. 또 아신왕이 즉위한 392년 2월에 불법을 숭상하고 믿어서 복을 구하라고 하였다. 마라난타를 번역하면 동학(童學)이다.

다음과 같이 기린다.

하늘의 조화는 본래 아득한 것이기에
대체로 잔재주 부리기 어려우리.
나이 먹은 사람들은 스스로 노래 부르고 춤추어
옆 사람들 이끌어 눈을 뜨게 했네.

## 아도가 신라 불교의 기초를 다지다

〈신라본기〉 제 4권에는 다음과 같이 전한다.

제 19대 눌지왕 때에 승려 묵호자가 고구려에서 일선군(一善郡)으로 왔다. 그곳 사람 모례(毛禮)가 집안에 굴을 파서 방을 만들어 잘 모셨다. 그때 양나라에서 사신을 보내 옷과 향기 나는 물건들을 내려 주었다. 왕과 신하들이 그 향의 이름과 쓰임새를 알지 못해 사람을 시켜 향을 가지고 온 나라를 돌며 물어보라고 했다. 묵호자가 그것을 보고 말하였다.

"이는 향이라고 부르는 것입니다. 태우면 향기가 나고 자욱해져서 신성한 곳에까지 미치게 됩니다. 신성한 것 가운데 삼보(三寶, 부처, 불교 이치, 승려)보다 나은 것이 없습니다. 만약 이것을 태워 소원을 빌면 신령스런 감응이 나타날 것입니다."

때마침 왕의 딸이 병석에 눕자 사람을 시켜 묵호자를 불러왔다. 묵호자가 향을 태우며 빌자 딸의 병이 나았다. 왕은 기뻐하며 많은 상을 내리려고 하는데 잠깐 사이에 묵호자의 모습이 사라져 어디로 갔는지 알 수 없었다.

또 21대 비처왕 때에 아도라는 승려가 세 사람을 데리고 모례의 집에 왔다. 겉모습이 묵호자와 비슷한데, 여러 해를 머물며 아프지도 않다가 죽었다. 모시던 세 사람은 머물며 불경을 강독하였는데 더러 믿는 사람이 생겼다.

〈아도본비〉에는 다음과 같이 전한다.

아도는 고구려 사람이다. 어머니는 고도녕(高道寧)인데, 240~248 연간에 조조의 위나라 사람 아굴마가 고구려에 사신으로 왔다가 그녀를 가까이 한 다음 돌아갔다. 이 때문에 임신하여 아도 스님을 낳았다.

아도가 다섯 살이 되었을 때에 어머니가 출가시켰고, 열 여섯 살이 되었을 때에 위나라로 가서 아버지 굴마를 만난 다음, 현창화상의 문하에서 공부하였다.

열 아홉 살에 어머니에게로 돌아오자 어머니가 말하였다.

"이 나라는 이제까지 불교를 모르고 있었다. 지금부터 3,000여 달이 지난 다음, 계림국에 성왕이 나타나 불교를 크게 일으킬 것이다. 서울 안에 일곱 군데의 가람터가 있으니, 첫째는 금교 동쪽의 천경림, 둘째는 삼천기, 셋째는 용궁의 남쪽 넷째는 용궁의 북쪽, 다섯째는 사천의 끝 여섯째는 신유림, 일곱째는 서청전이다. 모두 전생의 부처님 때 가람터이며, 불법의 물이 길이 흐를 땅이다. 너는 거기에 가서 큰 가르침을 퍼뜨려 마땅히 동쪽에서 부처님 앞에 목탁 두드리는 소리가 퍼지게 해야 할 것이다."

아도는 불교를 전파하러 신라에 이르러 왕성의 서쪽 마을 지금의 엄장사에 머물렀다. 그때는 미추왕이 즉위한 지 2년인 263년이었다. 궁궐로 들어가 불법을 가르치겠다고 청했으나, 이전에 보지 못한 바라 꺼려하며 죽이려고까지 하였다. 이에 피신하여 속림에 있는 모례의 집에 숨었다.

3년이 지났다. 때마침 성국공주가 병에 걸렸으나, 무의(巫醫)가 고치지 못하자 사방으로 사람을 보내 의원을 찾았다. 아도 스님은 스스럼없이 대궐로 나아가 그 병을 깨끗이 고쳐냈다. 왕은 매우 기뻐하며 바라는 바가 무엇인지 물었다.

"하찮은 중은 아무것도 얻고자 하는 것이 없습니다. 다만 천경림에 절을 지어 불교를 크게 일으키고 나라를 위해 복을 빌고자 할 따름입니다."

왕은 허락하였다. 명령을 내려 공사를 시작하였다. 당시 풍속이 질박하고 검소하여 띠를 엮어 집을 세우고 살면서 가르쳤다. 때때로 하늘에서 꽃이 내리기도 하였다. 이 절의 이름이 흥륜사이다.

모례의 누이 이름은 사씨인데, 스님에게 와서 비구니가 되었다. 삼천지에 절을 짓고 살았다. 절의 이름은 영흥사이다.

미추왕이 세상을 뜨자 나라안의 사람들이 아도를 헤치려고 하였다. 스님은 모례의 집으로 돌아와 손수 무덤을 만들고 문을 닫고 자결했다. 다시 나타나지 않게 되자, 이 때문에 불교도 없어져 버렸다.

23대 법흥왕에 이르렀다. 514년인데, 왕위에 올라 불교를 일으켰다. 미추왕의 시대인 263년과는 252년의 거리가 있으니, 고도녕이 말한 3,000여 달이 증명된 것이다.

〈신라본기〉와 〈아도본비〉의 두 이야기는 서로 어긋나 잘 맞지 않는다. 그래서 일찍이 시험삼아 논하여 보았다.

양나라와 당나라의 두 승전과 삼국의 역사서는 고구려와 백제의 불교가 비롯된 시점을 진(晉)나라 말기 376~396연간이라고 기록하고 있다. 곧 순도와 아도법사가 고구려 소수림왕 때인 374년에 고구려에 왔음은 분명하다. 이 기록은 틀리지 않다. 그런데 만약 아도가 비처왕 때에 신라에 처음 왔다면, 이는 아도가 고구려에 1백여 년이나 머물다가 온 것이다. 아무리 큰 성인이라 오가고 들고남이 비상하다고 한들 반드시 모두 그런 것은 아니다. 그렇지 않다면 신라가 불교를 받아들임이 이처럼 매우 늦지는 않았으리라.

만약 미추왕 때라면 고구려의 갑술년보다 무려 1백여년이나 앞선다. 그때 신라는 문화와 의례를 갖추지 못했고 나라 이름마저 정해지지 않았었는데, 무슨 겨를에 아도가 와서 불교 섬기는 일을 청했겠는가?

또 고구려에 오지 않고 건너 뛰어 신라에 갔다는 것도 맞지 않다. 설사 불교가 잠시 일어났다가 다시 없어졌다한들, 어찌 그 사이가 소문도 없이 고요해져서 아무것도 듣지 못해 향의 이름조차 알지 못했단 말인가? 하나는 너무나 뒤이고 하나는 너무나 앞섰다.

불교가 동쪽으로 퍼져온 형세를 따져보면, 반드시 고구려와 백제에서 비롯되어 신라에서 마무리되었을 것이다. 그렇다면 눌지왕과 소수림왕 시대가 서로 맞닿아 있으니, 아도가 고구려를 떠나 신라에 자리 잡은 것이 마땅히 눌지왕 때일 것이다.

왕의 딸을 치료한 것이 모두 아도의 일로 전해지는데, 이른바 묵호 자라고 불린 것은 진짜 이름이 아니라 특징을 집어내 부른 것이다. 마치 양나라 사람들이 달마를 벽안호(碧眼胡)라 부르고, 진나라 사람들이 도안 스님을 칠도인(柒道人)이라 부른 것과 같은 이치이다. 이는 아도가 신변에 다가오는 위험을 피하고자 본 이름을 말하지 않은 까닭이다. 대개 나라 사람들이 그 들리는 바에 따라 묵호자와 아도 두 이름으로 나누어 두 사람을 전했을 것이다. 하물며 아도의 겉모습이 묵호자와 비슷했다고 한다면, 이것으로 한 사람임을 증명할 수 있다.

고도녕이 일곱 군데의 차례를 매긴 것은 바로 절을 짓는 선후를 미리 말한 것이지만, 전승되지 않은 까닭에 '사천의 끝'은 다섯째가 되었다. 3,000여 달이라는 것은 꼭 믿을 만한 것이 못된다. 눌지왕 때부터 정미년 까지가 1백여년이니, 대충 1,000여달이라면 거의 가까울 것이다. 성이 아(我)이고 이름이 외자인 것도 의심스럽지만 자세히 알 수는 없다.

또 원위(元魏) 때 쓰여진 승려 담시의 전기를 살펴보면 다음과 같은 기록이 있다.

담시는 관중 사람이었는데, 출가한 다음 특이한 행적이 많았다. 진나라 효무제 9년 즉 384년 겨울에 불경과 율서 수십 부를 가지고 요동으로 가서 교화를 펼쳤는데, 삼승의 진리를 가르쳐서 곧 불교의 계에 귀의하게 하였으니, 고구려가 불교를 알게 된 시초이다.

405년에 다시 관중으로 돌아와 삼보(三輔, 한나라 때 장안 부근)에서 불교를 가르쳤다. 담시는 발이 얼굴보다 희어 비록 진흙탕 길을 걸어도 더럽게 젖는 일이 없었다. 그래서 세상사람들이 모두 백족화상(白足和尙)이라고도 불렀다.

진나라 말기, 변방 흉노족인 혁련발발(赫連勃勃)이 관중을 공격하고 들어와 수많은 사람들을 죽였다. 담시 또한 해를 입었는데, 칼로 내리쳐도 상처가 나지 않자, 혁련발발은 놀라면서 모든 승려들을 풀어주고 모두 다 죽이지 않았다. 이때에 담시는 깊은 산으로 숨어 두타행(頭陀行, 번뇌를 씻어내기 위해 가난한 생활을 하면서 하는 수행)을 닦았다.

북위의 3대 황제인 척발도(拓拔燾)가 다시 장안을 찾고 관중과 낙양까지 그 위세를 떨칠 때였다. 박릉 땅의 최호(崔皓)란 자가 도교를 조금 익혀 불교를 질투하고 미워하였다. 지위가 조정의 재상에 오르자 척발도를 설득해, 불교가 아무 보탬이 없으며 백성에게 해만 끼친다면서 없애버릴 것을 부추겼다.

430년 담시는 척발도가 죽을 날이 다가왔음을 알았다. 그래서 정월 초하룻날 지팡이를 짚고 궁궐문에 이르자, 척발도가 이를 듣고 담시의 목을 베라는 명령을 내렸다. 여러 차례 칼을 내리 쳤으나, 상처가 나지 않았고, 척발도가 손수 칼을 휘둘러도 상처가 나지 않았다. 사북원(飼北園)에서 기르는 호랑이도 감히 담시에게 다가가지 못했다. 척발도는 부끄러움과 두려움이 매우 커서 역질에 걸렸고, 최호와 구겸지도 잇달아 나쁜 병이 났다. 척발도가 이러한 잘못이 저들 때문이라고 생각하였다. 이에 두 집안 사람들을 모두 죽였다. 그리고 나라에서는 불교를 크게 떨치라고 명했다. 그 이후 담시의 행방은 알 수 없다.

다음과 같이 논평해 본다.

담시가 384년에 해동으로 와서 405년에 관중으로 돌아갔다면, 해동에 10여 년 이상을 머물렀는데, 어찌 우리 역사서에는 기록이 없을까? 담시는 신비하기 그지없는 인물이다. 아도, 묵호자, 마라난타와 연대나 사건이 서로 같으니, 세 사람 가운데 한 사람이 이름을 피하거나 바꾼 것이 분명하다.

다음과 기린다.

금교에 눈 덮혀 아니 녹으니
계림의 봄빛은 아직도 먼데
여리한 봄의 신 재주도 많아
모례네 집 매화꽃에 먼저 피었네.

## 법흥왕은 불법을 일으키고 염촉은 순교하다

〈신라본기〉에 따르면 법흥왕 즉위 14년 527년에 하급 신하인 이차
돈이 불법을 위해 제 몸을 바쳤다고 하였다. 그 해는 바로 양나라 무
제 26년으로 서축의 달마대사가 금릉으로 온 해이기도 하다.

또 그 해에 낭지법사 역시 영취산에서 처음으로 설법을 열었다. 이
러한 일련의 일들을 살펴볼 때, 불교의 흥망성쇠도 반드시 멀든 가깝
든 간에 같은 시기에 서로 감응하고 있음을 알 수 있다.

당나라 헌종 연간(806년~820년)에 남간사의 승려 일념(一念)이
'촉향불례불결사문'을 찬술했는데, 이차돈의 순교에 관한 일을 매우
자세히 기록하였다. 그 대략은 다음과 같다.

옛날 법흥왕이 자극전에서 등극하였을 때, 동쪽 지역을 살펴보고
이렇게 말씀하셨다.

"옛적 한나라 명제가 꿈에 감응을 받고 나서 불교가 동쪽으로 흘러
들었다. 나는 즉위하면서부터 백성을 위하여 복을 닦고 죄를 없게 할
처소를 만들려고 염원해왔다."

그러나 조정의 신하들은 왕의 깊은 뜻을 헤아리지 못하고서 단지
치국의 대의만을 세우고 사원 창건의 신성한 생각을 따르지 않았다.

법흥왕은 탄식하였다.

"아아, 내가 부덕한 몸으로 대업을 계승하였으나, 위로 음양의 조화
가 부족하고 아래로 백성들의 즐거움이 없구나! 정무를 보는 틈틈이

마음을 불도에 두고 있으나 누구와 더불어 이 일을 할까나?"

그때 안으로 수양에 힘쓰는 이가 있었는데, 성을 박, 이름을 염촉 즉 이차돈이다. 그 아버지는 누구인지 알 수 없고 할아버지는 아진 벼슬에 있던 종이란 자로 바로 습보 갈문왕의 아들이었다.

염촉은 대쪽같이 곧은 자질을 갖추고 거울같이 맑은 뜻을 품었으며 선행을 많이 한 가문의 증손이었다. 그는 조정의 중신으로 촉망되고 어진 임금의 충신으로 태평성대의 신하가 되길 바랐다. 그때 나이 22세 사인의 직책에 있으면서 용안을 우러러보고 왕의 뜻을 눈치채고 그는 아뢰었다.

"신이 들으니 옛 사람은 초부 목동 같은 미천한 자에게도 지혜를 물었다 하오니 중죄를 무릅쓰고라도 폐하께서는 마음에 뜻하시는 바를 여쭙고자 원하옵니다."

왕은 말했다.

"네가 알 일이 아니다."

사인 염촉은 다시 아뢰었다.

"나라를 위하여 몸을 없애는 것은 신하의 절개이고, 임금을 위하여 목숨을 바치는 것은 백성의 도리입니다. 폐하께서는 소신이 폐하의 뜻하는 바를 잘못 전파했다는 평계를 대시고 소신의 목을 베십시오. 그러면 만민이 두려워하여 감히 폐하의 하명을 어기지 못할 것입니다."

왕은 응대하였다.

"살을 저미고 몸을 덜어서라도 한 마리 새를 살리려 하였고, 피를 뿌리고 목숨을 끊을지언정 짐승까지도 불쌍히 여겨야 할 것이다. 나의 뜻은 사람을 이롭게 하려는 것인데 어찌 무고한 사람을 죽일 수 있겠는가? 네가 비록 공덕을 쌓고자 하나 죄를 피하는 것이 좋으리라."

사인은 또 말했다.

"가장 버리기 어려운 것이 그 생명임을 아나이다. 그러나 소신이 저녁에 죽음으로써 아침에 불교가 행해져 부처님의 해가 다시 중천에 떠오르고 성스런 임금께서 길이 편안하시게 된다면 그 이상 바랄 것이 없습니다.”

왕은 찬탄하였다.

“난새와 봉황의 새끼는 어려서도 하늘에 솟구칠 뜻을 지니고 기러기와 고니의 새끼는 나면서부터 파도를 헤쳐나갈 기세를 품는다더니 네가 이와 같구나. 가히 큰선비의 행실이라 할 만하다.”

이에 대왕은 짐짓 위풍을 차려 사방에 두루 형구를 벌여놓고 신하들을 불러들였다.

그러고는 문책하였다.

“그대들은 내가 절을 지으려 하는데 왜 늦추려고 하는가?”

그러고는 짐짓 못마땅한 태도를 지었다. 그러자 뭇 신하들은 전전긍긍, 황황히 그런 일이 없었다고 맹세를 하며 손으로 동서를 가리켰다. 왕은 사인 염촉을 불러 문책하였다. 염촉은 자못 얼굴빛이 변하며 아무 대꾸가 없었다.

대왕은 분노하였다. 그리고 염촉의 목을 베도록 명하였다. 일을 맡은 관원은 염촉을 관아로 묶어왔다. 염촉은 죽음에 임해 맹세를 하고, 형리는 그의 목을 베었다. 붉은 피가 아닌 흰 빛깔의 젖이 한 길이나 솟아올랐다. 하늘이 컴컴해지며 석양이 그 빛을 감추고 땅이 진동하며 빗방울이 뚝뚝 떨어져 내렸다. 왕은 슬퍼하여 용포 자락에 눈물을 적시고, 재상들 또한 걱정하여 머리에 쓴 사모에 땀이 베었다.

갑자기 샘물이 말라서 고기며 자라들은 다투어 뛰어오르고 나무는 부러져 원숭이가 몰려가며 울었다. 말고삐를 나란히 했던 친구들은 서로 마주보며 눈물을 흘렸다. 대궐 뜰에서 소매를 맞잡던 벗들은 애끓는 석별의 마음에 관을 바라보고는 부모를 잃은 듯 소리내어 울었다.

모두들 말하기를,

“개자추가 다리의 살을 베어내던 것도 염촉의 희생적 충절에 견줄 수 없고, 홍연이 배를 갈랐다고 하나 그 어찌 염촉의 장렬함에 견줄 수 있겠는가?"라고 하였다.

이것은 곧 임금님의 신앙심을 붙들어 세우고 아도의 본의를 이룬 것이니 참으로 성스로운 분이다. 드디어 북산의 서쪽 고개에 장사지냈다.

염촉의 아내가 그를 애도하여 좋은 터를 잡아 절을 지어 자추사(刺楸寺)라 이름하였다. 이로부터 집집마다 불공을 드려 대대로 평화를 얻고 사람마다 불도를 행하여 불교의 이익을 깨닫게 되었다.

진흥왕 즉위 5년 544년에 대흥륜사를 세웠다. 547년에는 양나라의 사신 심호가 사리를 가져왔으며 진나라 문제 6년 565년에는 사신 유사가 승려 명관과 함께 불경을 받들어 왔다.

이리하여 절들은 별처럼 벌려 있고 탑들은 기러기의 행렬처럼 늘어서게 되었다. 법당을 세우고 범종을 달자, 훌륭한 스님들은 세상의 복전(福田, 복을 낳는 밭)이 되고 대승과 소승의 교법은 자비로운 구름처럼 온 나라를 덮었다.

다른 지방의 보살이 세상에 출현하고 서역의 명승이 이 강토에 강림하였다. 이리하여 삼한을 아울러 한 나라로 삼았고 사해를 휩싸 한 집안을 삼았다. 그래서 덕망은 월계수에 씌워졌으며 신비한 자취는 은하수에 비쳐졌다. 이 어찌 세 성인(아도, 법흥, 염촉을 말함)의 덕으로 이룬 것이 아니겠는가?

뒤에 국통 혜륭과 법주 효원 및 김상랑과 대통 녹풍과 대서성 진노와 파진찬 김의 등이 염촉의 무덤을 고치고 큰 비석을 세웠다. 바로 817년 8월 5일의 일이다. 흥륜사의 영수선사가 염촉의 무덤에 예불하던 향도들을 모아, 매월 5일에 그 영혼을 위해 단을 쌓고 분향하였다.

또 《향전》에는 시골 노인들이 매 번 그의 제삿날 아침을 맞으면 흥륜사에서 모임을 갖는다 했으니, 이 달(8월) 5일은 바로 염촉이 목숨을 버려 순교한 날이다.

아하! 그 임금이 없었던들 그 신하가 없었고 그 신하가 없었던들 그 공덕은 없었으리! 유현덕과 제갈량의 고기와 물과 같은 그 관계, 구름과 용의 감응과도 같은 일이라 하겠다.

법흥왕은 한때 피폐해진 불교를 일으켜 절을 세우고 절이 완성되자 면류관을 벗고 가사를 입었으며 궁중에 있는 친척을 절의 노복으로 삼았다. 그리고 그 절의 주지가 되어 몸소 널리 대중을 교화시키는 일에 임했다.

진흥왕은 백부 법흥왕의 덕을 이어 받은 성인으로 왕위에 올라 백관들을 잘 통솔하여 왕명이 어김없이 시행되었고, 법흥왕이 세운 그 절에 대왕흥륜사라는 이름을 내렸다.

법흥왕의 성은 김씨, 출가한 법명은 법운, 자는 법공이라 했다.

《책부원귀(冊府元龜)》에는 성은 모, 이름은 진이라 했다. 처음 절 창건 공사를 시작하던 해인 535년에 왕비 역시 영흥사를 개창하고 모록의 누이동생 사씨의 유풍을 흠모하여 함께 머리를 깎고 중이 되었다. 법명을 묘법이라 하고 영흥사에 머물다 몇 해 뒤에 세상을 떠났다.

《국사》에 의하면 진평왕 즉위 36년 614년에 영흥사의 소상이 저절로 무너지더니 얼마 후 진흥왕비인 여승이 돌아가셨다고 했다. 그런데 진흥왕은 법흥왕의 조카이고, 그 왕비 사도부인 박씨는 모량리 각간 영실 따님으로 역시 출가하여 중이 되긴 했으나 영흥사를 세운 주인은 아니다. 그러므로 《국사》의 '진흥왕비 비구니'란 구절에서 진(眞) 자는 마땅히 법(法) 자로 고쳐 법흥왕비 비구니로 보아야 한다고 생각된다. 즉 《국사》의 그 기록은 법흥왕비 파조부인이 중이 되었다가 돌아가신 사실을 말한 듯 하다. 이 분이 바로 그 영흥사를 짓고 소상을 세운 주인이기 때문이다.

법흥왕과 진흥왕이 왕위를 버리고 승려가 된 사실을 사록에 기록하지 않았던 것은 세상을 통치하는 교훈이 아니기 때문이다. 또 법흥왕 즉위 14년 527년에 양나라 임금을 위하여 웅천주에다 절을 세우고 이름을 대통사라 했다.

다음과 같이 기린다.

거룩한 지혜는 만세를 꾀하나니
구구한 여론 따위는 조금도 따질 것 없네
법륜이 풀려 금륜을 따라 구르니,
요순 시절에 부처의 광명이 떠오르네.
── 이는 법흥왕을 기리는 것이다.

놀랍구나! 의를 좇아 삶을 가벼이 하다니.
하늘의 꽃과 흰 빛의 피가 더욱 다정하네.
갑자기 한 칼 아래 목숨이 없어졌으나.
절마다 은은한 종소리 서울을 뒤흔드네.
── 이는 염촉을 위한 것이다.

## 법왕이 살생을 금하다

백제 제 29대 법왕은 이름이 선(宣)이고, 효순(孝順)이라고도 하였으며, 599년에 왕위에 올랐다. 이 해 겨울 조서를 내려 살생을 금하고 집안에서 기르는 매 같은 새를 놓아주게 했으며, 사냥하는 도구를 모두 불태워 사냥을 일체 못하게 하였다. 다음 해에는 승려 30명에게 도첩을 내리고 그 때 도읍지인 사비성에 왕흥사(王興寺)를 지으려다 기초만 다지고 죽었다.

아들 무왕은 아버지가 기초만 닦아 놓은 곳에 기둥을 올려 여러 해 동안 공사하여 완성하였고, 그 절의 이름을 미륵사라 하였다. 산을 등지고 앞에 물이 흐르며 꽃나무가 빼어나 사철의 아름다움을 두루 갖추었다. 왕은 늘 배를 타고 강물을 따 절에 들어가곤 했으며, 그 아름다운 경치를 감상하였다.

다음과 같이 기린다.

> 짐승들에게도 베푼 너그러움은 온산에 도탑고
> 돼지며 물고기도 흡족한 혜택에 사해가 인자롭다.
> 갑작스레 별세했다 섭섭히 말하지 말라
> 상계(上界) 도솔천은 바야흐로 꽃다운 봄이려니.

## 보장왕이 노자를 섬기고 보덕이 암자를 옮기다

〈고구려본기〉에서는 다음과 같이 전한다.

고구려 말 618∼649연간에 나라 사람들이 다투어 오두미교(五斗米敎, 도교의 일종으로 교단에 입단할 때, 쌀 5두를 바친다 해서 붙여진 이름이다)를 믿었다. 당나라 고조가 이를 듣고 도사를 보내어 천존상을 주고 《도덕경(道德經)》을 강의하게 하였다. 나라 사람들이 이를 들으니, 곧 제 27대 영류왕이 즉위한 지 7년 되는 624년의 일이다. 다음 해 사신을 당나라로 보내 불교와 노자를 배우겠다고 하자, 당나라 황제가 이를 허락하였다. 보장왕이 즉위한 해인 642년에 이르러 삼교(三敎)를 함께 일으키고자 하니, 총애 받던 신하 개소문(蓋蘇文)이 왕을 설득하였다.

"유교와 불교를 함께 키우다 보면 도교가 번성하지 못할 것입니다."

이에 왕은 당나라에 사신을 보내 특별히 도교만을 배워오도록 하였다. 그때 보덕화상(普德和尙)이 반룡사(盤龍寺)에 있다가 도교가 불교에 맞서게 되면 나라가 위태로워질까 염려하여, 여러 차례 호소했지만 왕은 들어주지 않았다.

이에 신통스런 힘으로 방장(方丈)을 날려 남쪽 완산주의 고대산으로 옮겨가 살았다. 이때가 650년 6월이다. 얼마 있지 않아 나라가 망했다. 지금 경복사에 있는 날아 온 방장(方丈)이 그것이다.

진락공(眞樂公) 이자현이 남긴 시가 마루에 걸려 있고, 문열공(文烈公) 김부식이 전기를 지어 세상에 전하였다.

《당서》를 살펴보면 다음과 같이 기록이 있다.

수나라 양제가 요동을 정벌할 때였다. 수나라의 비장 양명이 싸움에서 불리해져 죽게되자 맹서하였다.

"반드시 총애 받는 신하로 태어나 저 나라를 멸망시키리라."

개(蓋)씨가 조정을 마음대로 하게된 다음 성을 개씨로 삼았는데, 이는 양(羊)과 명(皿)이 맞붙은 것이다.

또 고구려 《고기(古記)》를 살펴보면 다음과 같은 기록이 있다.

수나라 양제가 612년에 30만 명의 군사를 이끌고 바다를 건너 쳐들어 왔다. 614년 10월 고구려 왕이 표문을 올려 항복하기로 하였다. 그때 한 사람이 몰래 품속에다 작은 활을 숨기고 갔다. 표문을 가진 사람이 양제의 배에 이르렀다. 양제가 표문을 받들어 읽으려 하자, 활을 쏴 가슴에 정확히 맞추었다.

부상을 입은 양제는 군사를 돌리면서 신하들에게 말하였다.

"짐이 천하의 임금이 되어 몸소 작은 나라를 치러 왔다가 봉변을 당하니, 두고두고 웃음거리가 되겠구나."

그때 우상 양명이 아뢰었다.

"신이 죽어 고구려의 대신이 되어, 반드시 나라를 멸망시키고 제왕의 원수를 갚겠습니다."

양제가 죽은 다음 양명은 고구려에서 태어났다. 열 다섯 살에 총명하고 신기한 무술을 갖추었다. 그때 무양왕은 소문을 듣고 불러들여 신하로 삼았다. 스스로 성을 '개'라 이름은 금(金)이라 하였다. 지위가 소문(蘇文)에 이르렀으니, 곧 시중의 자리이다.

금이 왕에게 아뢰었다.

"솥에 다리가 셋이듯이 나라에도 삼교(三敎)가 있습니다. 신이 보건대 나라 안에 오직 유교와 불교만 있고 도교가 없으니 나라가 위태롭습니다."

왕은 그렇다 하고 당나라에 부탁하자, 태종이 서달 등 도사 여덟 사람을 보내주었다. 왕은 기뻐하며 절을 도관으로 만들고 도사를 높여 유학자의 위에 앉혔다.

도사들은 나라 안의 이름난 산천을 다니며 산천의 기(氣)를 눌렀는데 옛 평양성의 지세가 신월성이라 하여 도사들은 남하의 용에게 주술을 걸어, 만월성을 더 쌓아 용언성(龍堰城)이라 이름하였다. 참언(讖言)으로는 용언도(龍堰堵)라 짓고 천년보장도(千年寶藏堵)라고도 불렀다. 또는 영석(靈石)을 파서 깨기도 하였다.

개금이 또 아뢰어 동북과 서남에 장성을 쌓았다. 그때 남자들은 부역하고 여자들은 농사를 지으면서 16년 만에 공사를 마쳤다. 그리고 보장왕 때에 당나라 태종이 몸소 6군을 이끌고 와서 공격하였는데, 불리하자 돌아갔다.

668년 우상 유인궤와 대장군 이적, 신라 김인문 등이 공격해 나라를 멸망시켰다. 보장왕을 붙잡아 당나라로 돌아가니, 왕의 태자가 4천여 가구를 이끌고 신라에 투항하였다.

1091년에 우세(祐世) 대각국사 의천이 고대산 경복사의 날아온 방장에 이르러 보덕성사의 초상 앞에 예불을 드리고 시를 지었다.


열반의 무릇 평등한 가르침이
우리 스님에게서 전해 받았네
애달프다, 방이 날아온 다음

동명왕의 옛 나라 위태로워졌네.

발문에서는 '고구려 보장왕이 도교에 빠져 불교를 믿지 않아 이에 스님이 방을 남쪽으로 옮겨 이 산에 이르렀다' 라고 하였다.

뒤에 신인(神人)이 고구려의 마령에 나타나 사람들에게 말하였다.

"네 나라가 패망할 날이 얼마 남지 않았다."

모두 《국사》에 갖춰져 있고, 나머지는 본전과 《승전(僧傳)》에 실려 있다.

스님에게는 큰 제자가 열한 사람 있었다. 무상화상과 제자 김취 등이 금동사를, 적멸과 의융 두 스님은 진립사를, 지수는 대승사를, 일승과 심정, 대원 등은 대원사를, 수정은 유마사를, 사대와 계육 등은 중대사를, 개원화상은 개원사를, 명덕은 연구사를 지었다. 개심과 보명은 전을 지었는데 본전과 같다.

다음과 같이 기린다.


부처님 드넓어 바다처럼 끝이 없고
온갖 가지 유교며, 도교는 이 마루에 다 모이네
고구려왕 우습게도 웅덩이만 막고
푸른 바다 저 용이 옮겨가는 것 모르네.

# 제4 탑상

## 동경 흥륜사의 금당 10성

동쪽 벽에 앉아서 서쪽으로 향한 진흙으로 만든 상은 아도·염촉·
혜숙·안함·의상이다. 서쪽에 앉아서 동쪽을 향한 진흙 상은 표훈·
사파·원효·혜공·자장이다.


## 가섭불의 연좌석

《옥룡집(玉龍集)》과 《자장전(慈藏傳)》 그리고 여러 사람의 전기에
따르면 '신라의 월성 동쪽의 용궁 남쪽에 가섭불의 연좌석이 있다.
이곳은 바로 앞선 부처님 때의 절터였다. 지금 황룡사 터는 바로 일곱
절터의 하나이다.' 라는 말이 있다.

《국사》를 살펴보면, 진흥왕 즉위 14년 553년 2월, 월성 동쪽에 새

로이 궁궐을 지었다. 그런데 황룡이 그 땅에 나타나자 왕은 이상하게 여겨 황룡사로 고쳐지었다. 연좌석은 불전의 뒷면에 있다.

일찍이 한 번 본 적이 있는데, 돌이 높이가 5~6 척 이나되고, 둘레가 세 주(척도의 단위로 사람의 발 크기)쯤 되었다. 깃대처럼 우뚝 서 있고 이마 부분은 평평했다. 진흥왕이 절을 지은 다음 두 번이나 불이 나서 돌이 갈라진 곳이 있었다. 절의 승려가 그 갈라진 곳에 쇠를 붙여서 보호하고 있었다.

다음과 같이 기린다.

지나온 부처님의 빛 다 기억할 수 없으나,
오직 연좌석만이 그대로 남아 있구나.
뽕나무밭은 몇 번이나 바다로 변했던가
외로이 우뚝 서 의연함만 변함 없구나

얼마 후 몽고군의 침략으로 불전과 탑은 타버렸고, 이 돌 또한 땅에 파묻혀 거의 땅과 함께 평평해졌다.

《아함경(阿含經)》에는 다음과 같이 전한다.

가섭불은 현겁의 세 번째 부처님이다. 그는 사람의 나이로 2만세 때에 세상에 나타나신다하였다. 이를 증감법에 따라 계산하면 성겁의 시초에는 언제나 모두 헤아릴 수 없을 만큼 오랜 세월을 살았다. 점차 줄어서 나이가 8만세에 이르렀을 때 바로 주겁의 시초가 된다. 이로부터 또 백년에 1세를 감하여 10세가 되었을 때 1감이 된다. 또 증가하여 사람의 나이 8만세에 이르렀을 때, 1증이 된다. 이와 같이 하여 20번 감하고 20번 증가하면 이 1주겁이 된다. 1주겁 가운데 1천 분의 부처님이 나오신다. 지금 우리 스승 석가는 네 번째 부처님이다. 네 번째 부처님은 모두 아홉 번째 감 중에 나타난다. 석가세존이 1백세를 누린 때부터 가섭불의 2만 세까지는 이미 2백만여 세가 된다. 현겁 초의 첫 번째 부처님 구류손불 때까지는 몇 만세가 될 것이다. 구류손불 때부터 위로 처음의 헤아릴 수 없는 세월을 사신 때까지는 또 얼마나 될 것인가?

석가세존부터 지금 128년까지는 세월이 벌써 2,230년이다. 구류손불로부터 가섭불을 지나 지금에 이르기까지는 몇 만년에 해당할 것이다.

우리 조정의 이름난 선비인 오세문이《역대가(歷代歌)》를 지었는데, 그 내용을 살펴보면, 금나라 정우 7년 229년으로부터 거꾸로 세서 49,600여 년에 이르면 반고씨가 개벽한 무인년이 된다 라고 하였다. 또 연희궁의 녹사 김희녕이 편찬한《태일역법(太一歷法)》에서는 개벽한 상원 갑자년으로부터 원풍 갑자년까지 1,937,641년이 된다 라고 하였다. 또《찬고도(纂古圖)》에서는 개벽에서 획린(獲麟, 춘추시대 노나라 애공이 사냥에서 기린을 잡은 때)까지 2,760,000이다 라고 하였다.

여러 경전에 따르면, 가섭불 때부터 지금까지가 이 돌의 나이이다. 그러나 겁초 개벽할 때와 비교하면 어린아이에 불과하다. 이런 세 가지 설이 오히려 이 어린 돌의 나이에 미치지 못하니, 그들은 개벽설에 대해 몹시 소홀했던 것 같다.


## 요동성의 육왕탑

《삼보감통록(三寶感通錄)》에는 '고구려 요동성 곁에 탑이 있다' 라고 기록되어 있다. 옛 노인들은 다음과 같이 말한다.

옛날 고구려 성왕이 국경을 둘러보려 이 성에 이르자, 다섯 색깔의 구름이 땅을 뒤덮는 것을 보고는 그 구름 속으로 들어갔다. 구름 속에는 한 승려가 지팡이를 짚고 서 있었다. 그런데 가까이 가면 사라지고 멀리서 보면 다시 나타났다. 그 곁에 흙으로 된 3층탑이 있었다. 위는 솥을 덮은 것 같았으나, 그것이 무엇인지 잘 알 수 없었다. 그래서 다시 가서 그 승려를 찾았지만 단지 마른풀만 남아 있었다. 그곳을 파보니, 지팡이와 신발이 나왔고, 곧이어 범어(고대 인도의 문자)로 쓰인 글도 발견했다. 곁에 있던 신하가 그 글을 알아보고, 불탑이라고 말하자, 왕은 자세히 말하라고 하였다.

"한나라 때에 있었던 것입니다. 그 이름은 포도왕입니다."

왕은 부처님을 믿게 되어 7층 목탑을 세웠다. 뒷날 불교가 전해지자 전후 사정을 모두 알게 되었다. 지금은 높이가 줄어들고 목탑도 썩어 부서졌다. 아육왕은 염부제주를 통일하고 곳곳에 탑을 세웠으니, 이상할 것도 없다..

또 당나라 용삭 연간에 요동에 전쟁이 벌어졌다. 그때 행군 설인귀는 수 나라가 정복했던 요동 옛 땅에 이르러, 산 위의 불상을 보았는데, 텅 비어 있었고 적막하여 행인의 발길이 끊어져 있었다.

노인들에게 물었더니,

"이 불상은 선대에 나타난 것입니다."

곧 그림을 그려 서울로 돌아갔다.

서한과 삼국의 지리지를 살펴보면, '요동성은 압록강 밖에 있고, 한나라 유주에 속한다'라고 하였다.

고구려 성왕은 어느 임금인지 알 수 없다. 어떤 이는 동명성제라고 하나, 동명왕은 그 보다 앞서 한나라 원제 때인 건소 2년 즉 기원전 37년에 즉위하여 성제 때인 기원전 19년에 죽었으니, 아닌 것 같다. 그때는 한나라에서도 패엽(옛날 인도에서 불경을 새기던 다라수 잎)을 보지 못하였다. 그런데 중국도 아닌 나라의 신하가 어떻게 범어를 알 수 있었겠는가? 그러나 부처님을 '포도왕'이라 불렀으니, 서한 때에도 서역의 문자를 아는 자가 있었으므로 범어라고 했을 것이다.

《고전(古傳)》을 살펴보면, 아육왕이 귀신의 무리들에게 9억 인이

사는 곳마다 탑을 하나씩 세우라고 명령했다고 하였다. 이와 같이 하여 염부계(인도를 말함) 안에 팔만 사천 개를 세우고, 큰 돌 안에 보관하였다고 전한다.

이제 곳곳에서 상서로움이 나타나는 일이 한 두 가지가 아니다. 대개 부처의 사리가 감응하는 일은 우리가 헤아리기 어려운 일이다.

다음과 같이 기린다.

육왕의 보배스런 탑은 세상 곳곳에 세워져
비 맞고 구름에 묻히어 이끼가 끼었네.
그때 지나는 사람들의 눈을 생각하자니,
몇 명이나 신을 가리키며 빌었을까?


## 금관성의 파사석탑

금관성 호계사의 파사석탑은 옛날 이 마을이 금관국이었을 때, 수로왕의 비 허황후 황옥이 서역 아유타국에서 싣고 온 것이다. 처음에 공주가 부모의 명을 받들어 바다를 건너 동쪽으로 가려고 하였으나, 바다 신의 노여움에 막혀 가지 못하고 되돌아 와서 부왕에게 아뢰었다. 그러자 아버지는 이 탑을 싣고 가라 하였고. 과연 아무 문제없이 건너와 남쪽 언덕에 정박하였는데, 비단 돛에 붉은 깃발을 달았으며, 아름다운 물건들이 함께 있었기에 지금도 그곳을 주포라 한다. 그리고 공주가 처음으로 비단 바지를 벗은 언덕을 능현이라 하며, 처음으로 붉은 깃발이 바닷가에 들어온 곳은 기출변이라 부른다.

수로왕은 정중히 모셔들어 함께 150년 간 나라를 다스렸다. 그러나 이때까지도 우리나라에는 절을 짓고 불법을 받드는 일이 없었다. 대개 불교가 전해지지 않았고 사람들이 기꺼이 믿지 않았기 때문에 〈가락국본기〉에도 절을 세웠다는 글이 실려 있지 않다.

제8대 질지왕 2년 452년에 이르러 그 땅에 절을 지었고, 또 왕후사를 세워 지금까지 복을 빌고 남쪽 왜국을 진압시켰다. 이는 〈가락국본기〉에 자세히 실려 있다.

탑은 네모나게 4면으로 5층이고, 그 조각이 매우 기묘하다. 돌에는 희미하게 붉은 무늬가 있는데, 그 질이 매우 부드럽다. 이 지역에서 나는 종류가 아니다. 《본초(本草)》에서 '닭 벼슬의 피를 찍어 시험한다' 함이 바로 이것이다. 금관국을 또한 가락국이라고도 하며, 〈가락국본기〉에 모두 실려 있다.

다음과 같이 기린다.


석탑 실은 붉은 돛배 깃발도 가벼이
신령께 빌어 거친 바다를 헤치고 왔네.
어찌 황옥만을 도와 여기에 왔으리.
오래도록 왜국의 성난 고래 막아주었네.


## 고구려의 영탑사

《승전》에 '승려 보덕은 자가 지법이며, 이전 고구려 용강현 사람이다'라고 하였다.

그는 늘 평양성에서 살았다. 산사의 한 노스님이 와서 경전을 강독해 달라고 청했다. 간곡히 사양하였으나, 피할 수 없었다. 결국 《열반경(涅槃經)》 40권을 강독하였다.

자리가 끝나자 성의 서쪽 대보산 바위 동굴 아래에서 참선을 하였다. 어떤 신령한 사람이 와 이곳에 머물러 달라고 청하면서 지팡이를 앞에 놓더니 땅을 가리키며 말했다.

"이 아래 8면의 칠층탑이 있을 것이오."

파보니 과연 그러했다. 그래서 절을 세워 영탑사(靈塔寺)라 하고 거기에 머물렀다.


## 황룡사의 장륙

신라 제 24대 진흥왕이 즉위한 지 14년 553 2월의 일이었다. 용궁의 남쪽에 궁궐을 지으려 하는데, 황룡이 거기 나타났다. 이에 궁 대신 절을 지어 황룡사라 하였다. 569년에 이르러 주위에 담을 쌓아 17년 만에 완성하였다.

그 후 얼마 되지 않아 바다 남쪽에서 커다란 배 한 척이 와서 하곡현 사포에 닿았다. 이 배를 살펴보니, 쪽지가 하나 있었는데, 쪽지에는 '서천축국의 아육왕이 황철 오만 칠천 근 황금 삼만 분을 모아 석가 삼존상을 만들려 하였지만 뜻을 이루지 못해 배에 실어 바다에 띄운다. 부디 인연 있는 땅으로 가서 장륙존상이 만들어지기를 기원한다.'라고 적혀 있었다. 그리고 견본으로 불상 하나와 보살상 두 개가 함께 실려 있었다.

고을의 관리가 이 모든 것을 보고하니, 왕은 사람을 시켜 그 고을의 성 동쪽 좋은 자리를 골라 동축사를 짓고, 세 불상을 모셔 놓았다. 금과 철은 서울로 옮겨 573년 3월에 장륙존상을 만들었는데 작업은 단숨에 이루어졌다.

그 불상의 무게는 35,007근이고, 들어간 황금이 10,198푼이 들었다. 두 보살상에는 들어간 철이 12,000 근, 황금이 1,0136 푼이 들었다. 이 장륙존상을 황룡사에 모셨다.

그 이듬해에 불상의 눈에 눈물이 나와 발꿈치까지 흘러내려 땅이 한 자나 젖었다. 이는 대왕이 돌아가실 조짐이었다. 어떤 이는 이 불상이 진평왕 때에 완성되었다고 하나 잘못된 말이다.

다른 글에는 다음과 같이 기록되어 있다.

아육왕은 서축 대향화국의 왕인데 부처님이 세상을 떠난 지 100년이 되는 시기에 태어났다. 생전에 진신(眞身, 부처의 보신 또는 법신)에게 공양하지 못한 것을 한으로 여겨, 금과 철을 조금씩 모아 세 번이나 불상을 만들었지만 실패하였다.

이때 왕의 태자가 혼자 이 일에 참여하지 않으므로, 왕은 시종을 시켜 그 이유를 물었다.

"사람의 힘만으로는 그 일이 이루어지지 않을 것임을 알고 있기 때문입니다."

태자가 대답하자, 그 말이 옳다고 여긴 왕은 그것을 배에 실어 바다에 띄어 보냈다. 이에 남염부제의 열여섯 개의 큰 나라와 오백의 중간 크기의 나라, 일만 개의 작은 나라, 팔만 곳의 마을들을 두루 돌았으나, 불상을 만드는 일을 이루지 못하였다. 마침내 신라에 이르렀고 진흥왕이 문잉림에서 이 불상을 만들어냈다. 불상이 완성되자 부처님의 얼굴 모습이 빠짐없이 갖추어졌다. 아육은 번역하면 '근심이 없다' 라는 말이다.

훗날 자장 스님이 중국으로 유학을 가서 오대산에 이르렀을 때, 문수보살이 나타났다.

"네 나라의 황룡사는 곧 석가와 가섭불이 가르침을 베풀던 곳이다. 연좌석이 지금도 있다. 천축국의 무우왕(아육왕)이 황철을 조금 모아 바다에 띄었는데 일천 삼백년을 지난 뒤에야 너희 나라에 이르렀고 불상을 완성하여 그 절에 모셨다. 이는 크나 큰 인연에 의한 것이다."

불상이 완성되자 동축사의 삼존불도 이 절로 모셔왔다. 절의 기록에 따르면, '진평왕 6년에 금당을 만들었으며, 선덕왕 때 절의 초대 주지는 진골인 환희사였고, 2대 주지는 국통 자장, 그 다음은 국통 혜훈, 그 다음은 상률사였다' 라고 전해진다.

지금은 전쟁으로 인하여 큰 불상과 두 보살상은 모두 녹아 없어지고, 작은 석가상만 남아있다.

다음과 같이 기린다.


이 세상 어느 곳인들 고향이 되련만
부처님께 향을 피워 드릴 인연은 이 나라가 으뜸이네.
아육왕이 손대기 어려워 보낸 것이 아니라
월성 옛터를 찾느라고 그랬던 것일세.


## 황룡사 9층탑


신라 제 27대 선덕여왕 즉위 5년 636년, 자장법사가 중국 유학 시절 오대산에서 문수보살의 불법을 받았다.

"너희 나라의 왕은 천축의 크샤트리아 계급이었다. 왕이 이미 불법을 받은 까닭에 특별한 인연이 있어, 동이족이나 공공족과는 같지 않다. 산천이 험하고, 사람들의 성품이 거칠고 사악한 미신을 많이 믿고 있으니, 하늘의 화를 받을지도 모른다. 하지만 도가 높은 스님들이 나라에 많이 있어 군신간이 평안하고 모든 백성이 화평할 것이다."

문수보살이 말하고 사라졌다. 자장은 이것이 성인(聖人)의 환영인 줄 알고 눈물을 흘리며 물러갔다. 얼마 후 자장이 중국 대화지 옆을 지나가는데 홀연히 신인이 나와 물었다.

"왜 이곳에 오셨소?"

"불도를 얻기 위해서 입니다."

신인이 절하고 나서 다시 물었다.

"그대의 나라에 어떤 어려움이라고 있소?"

"우리나라는 북쪽으로 말갈과 이어졌고, 남쪽으로는 왜인들과 인접해 있으며, 고구려와 백제 두 나라가 번갈아 국경을 침범하는 등 이웃의 침입이 심합니다. 이것이 백성들의 걱정입니다."

"그대의 나라는 여자를 왕으로 삼아 덕은 있으나 위엄이 없소. 그 때문에 이웃 나라에서 침략을 도모하는 것이니 그대는 속히 고국으로 돌아가시오."

"고국에 돌아가 무엇을 해야 합니까?"

"황룡사의 호법룡은 나의 큰아들이오. 범왕의 명을 받아 그 절에 가서 그 절을 보호하고 있소. 고국에 돌아가거든 절 가운데 구층탑을 세우시오. 그러면 이웃나라들은 항복할 것이고, 구한이 와서 조공하여 왕업이 길이 편안할 것이오. 탑을 세운 다음 팔관회를 설치하고 죄인들을 용서하면 외적이 해를 끼치지 못할 것이오. 또한 나를 위해 서울 남쪽 언덕에 절 한 채를 짓고 내 복을 빌면 나 또한 덕을 갚아 주리다."

말을 마치자 신인은 구슬을 바치고는 홀연히 사라졌다.

643년 자장법사는 당나라 황제로부터 받은 불경·불상·가사 그리고 선물을 가지고 귀국하여 탑을 지을 일에 대해 왕에게 아뢰었다.

선덕여왕이 이에 대하여 신하들에게 의견을 묻자, 신하들이 말했다.

"백제의 장인을 데려와야 될 것입니다."

이에 보물과 비단을 가지고 백제의 '아비지'라 하는 유명한 장인을 초청하였다. 그가 명령을 받고 공사를 총지휘했다. 이간 용춘이 이백 여명의 기술자들을 거느리고 공사를 주관하였다.

처음 절의 기둥을 세우던 날에, 아비지는 자기 나라 백제가 멸망하는 꿈을 꾸었다. 이에 마음 속에 의심이 난 아비지는 일을 멈추었다. 그러자 갑자기 온 땅이 진동하며 어두컴컴해지는 가운데 홀연히 한 노승과 장사가 금전문에서 나와 그 기둥을 세우고는 사라져 보이지 않았다. 이에 마음을 고쳐먹은 아비지는 탑을 완성하였다.

《찰주기(刹柱記)》에는 '철로 된 받침대부터 높이가 사십 이 척이요, 그 아래로 일백 팔십 삼 척이다'라고 하였다.

자장이 오대산에서 받아온 사리 일백 알을 탑의 기둥 속, 통도사 계단, 대화사의 탑에 나누어 모셨다. 지난 날 대화지에서 만난 신인의 청에 따른 것이다.

탑을 건립한 후 천지가 매우 태평하고, 삼한이 통일되었으니 어찌 탑의 영험한 도움이 아니겠는가?

뒤에 고구려왕이 신라를 치려다가 물었다.

"신라에는 세 가지 보물이 있어 침범할 수 없다 하는데 무엇을 말하는가?"

"황룡사의 장륙존상과 구층탑 그리고 진평왕이 하늘로부터 받은 옥대입니다."

한 신하가 대답하자 침략 계획을 그만두었다.

옛날 주나라에 구정(九鼎, 중국 하나라 우임금이 쇠를 모아 만든 솥)이 있어 초나라 사람들이 감히 북쪽을 넘보지 못했다는데 바로 그와 같은 일이다.

다음과 같이 기린다.


신령이 받치는 듯 서울을 누르고
휘황한 금벽은 용마루를 움직이네.
올라가 굽어보니 어찌 구한(九韓)의 항복만을 보겠는가?
비로소 천지가 두루 편안한 것을 깨닫기 시작했네.


또 해동의 명현 안홍이 편찬한 《동도성립기》에는 이런 기록이 있다.

신라 27대에는 여왕이 임금이 되자 비록 도는 있어도 위엄이 없어, 구한(九韓)이 침략해 왔다. 대궐의 남쪽 황룡사에 구층탑을 세우면 이웃나라로부터 당하는 재앙을 막을 수 있을 것이다. 제 일 층은 일본, 제 이 층은 중화, 제 삼 층은 오월, 제 사 층은 탁라, 제 오 층은 응유, 제 육 층은 말갈, 제 칠 층은 단국, 제 팔 층은 여적, 제 구 층은 예맥을 막는다.

또《국사》및 사중고기(寺中古記)를 살펴보면 다음과 같은 기록이 있다.

진흥왕 14년 553에 황룡사를 처음 세운 후 선덕왕 때인 645년에 탑이 마침내 완성되었다. 제 32대 효소왕이 즉위한 7년 698년 6월에 벼락을 맞았다. 제 33때 성덕왕 720년에 다시 이를 세웠으나 제 48대 경문왕 868년 6월에 두 번 째 벼락을 맞아 그 임금 때에 세 번째로 수리하였다.

고려에 이르러 광종이 즉위한 5년 953년 10월에 세 번째 벼락을 맞았으며, 현종 13년에 네 번째로 다시 지었다. 또 정종 2년에 네 번째로 벼락을 맞고 문종 1064년에 다섯 번째로 다시 지었다. 헌종 말년 1095년에 다섯 번째로 벼락을 맞아 숙종 1096년에 여섯 번째로 다시 지었다. 그리고는 고종 16년 1238년 겨울 몽고와의 전쟁통에 탑과 절 그리고 장륙존상과 건물들이 모두 불에 타버렸다.


## 황룡사 종 · 분황사 약사 · 봉덕사 종

신라 제 35대 경덕대왕이 754년에 황룡사의 종을 만들었다. 길이가 일장 삼촌이요, 두께가 9촌, 무게가 497,581 근이었다. 시주는 효정이왕 삼모부인, 장인은 이상택(里上宅)의 노비였다.

당나라 숙종 때에 다시 종을 만들었는데 길이가 6척 8촌이었다. 755년에는 분황사에 약사여래불의 동상을 만들었는데 무게가 306,700 근이요, 장인은 본피부(本彼部)의 강고내말이었다. 또 경덕왕은 황동 12만근을 들여 아버지 성덕왕을 위해 큰 종 하나를 만들려고 하였으나, 완성하지 못하고 죽었다.

아들 혜공왕 건운이 770년 12월에 명하여 장인들을 모와 끝내 완성하고 봉덕사에 모셨다. 이 봉덕사는 효성왕이 아버지 성덕왕의 복을 빌기 위해 지은 절이었다. 그래서 종에 '성덕대왕 신종의 명'이라고 새겼다. 조산대부 전태자사의랑 한림방 김필해가 왕의 뜻을 받들어 종명을 지었다. 글이 길어 싣지 않는다.


## 영묘사의 장륙

선덕왕이 절을 짓고 불상을 만든 사연은 《양지법사전(良志法師傳)》에 모두 실려 있다. 경덕왕이 즉위한 지 23년 764년에 장륙존상을 금으로 다시 칠하였는데, 세금으로 거둔 쌀 23,700 석이 들었다.


## 사불산 · 굴불산 · 만불산

죽령 동쪽 백 리쯤 되는 곳에 우뚝 솟은 산이 있다. 진평왕 9년 587에 사면이 널찍하고 사방여래의 상이 새겨진 바위 하나가 붉은 비단으로 쌓인 채 하늘에서 산꼭대기에 떨어졌다. 왕이 이를 듣고 가마를 타고 가서 보고는 절을 하고 그 바위 옆에 절을 세우고 그 절의 이름을 대승사라고 하였다. 이름은 전하지 않으나 법화경을 외는 승려를 청해 이 절을 맡기고 돌을 깨끗이 하고 분향이 끊이지 않게 하였다. 이 산을 역덕산 혹은 사불산이라고 하였다. 주지 스님이 죽어 장사를 지내자 얼마 후 무덤 위에 연꽃이 피었다고 한다.

또 경덕왕이 백률사에 갔을 때였다. 산아래 이르자 땅속에서 염불하는 소리가 들렸다. 땅속을 파보게 했더니 사면에 사방불이 새겨진 큰돌이 나왔다. 이 때문에 절을 지어 굴불사라고 불렀다. 지금은 잘못 불러 굴석사라 한다.

왕은 당나라 대종 황제가 불교를 매우 숭상한다는 말을 듣고는 장인들에게 오색의 담요를 만들고, 침단목을 조각하여 명주와 아름다운 옥으로 꾸며 높이가 한길쯤 되게 산 모양을 만들어 담요 위에 올려놓았다. 산에는 깎아지른 바위와 기이한 돌 그리고 물이 솟아나는 구멍을 띄엄띄엄 만들었다. 한 구획마다 노래하고 춤추는 사람, 여러 나라 산천의 모습과 산들바람이 집안으로 들어가고 벌과 나비가 날아다니며 제비와 참새가 춤을 추었다. 실상인지, 만든 것이지 모를 정도였다. 그리고 그 안에 일만 개의 불상을 모셨다. 큰 것은 1촌이 넘고 작은 것은 팔 내지 구 푼쯤 되었다. 그 머리는 큰 기장만 하기도 하고, 콩 반 쪽 만한 것도 있었다. 머리털과 두 눈썹 사이의 터럭, 눈썹과 눈까지 선명하여 모든 형상이 다 갖추어져 있었다. 다만 비슷하게 설명할 수는 있어도, 자세히는 설명할 수는 없다. 이 때문에 만불산(萬佛山)이라 하였다.

다시 금과 옥을 새겨 깃발과 일산·암라(菴羅, 망과라는 과일 이름)·담복(치자나무 꽃)·화과(꽃과 열매)와 더불어 장엄하게 일백 보나 되는 누각·대전·당사를 만들었다. 모두가 비록 작기는 하지만 살아 움직이는 듯 했다. 앞에는 돌아다니는 중의 형상 일천 여 개가 있고 아래에는 자금종 셋을 늘어놓았는데 모두 종각(종을 걸어두기 위한 누각)과 받침대가 있으며 고래 모양으로 종치는 방망이를 만들었다. 바람이 불어 종이 울리면 돌아다니던 승려들이 엎드려 땅에 머리를 대고 절을 하는 것 같았다. 은은히 염불 소리가 나는 듯 하니 이는 종에서 나는 소리였다. 비록 그 이름을 만불이라 했으나 그 참모습은 이루 다 헤아릴 수 없다.

만불산이 완성되자 사신을 당나라에 보내니 대종은 이를 보고 감탄하였다.

"신라 사람들의 재주는 하늘의 것이지, 사람의 것이 아니로다!"

이에 구광선(九光扇, 궁궐 안 불도를 닦는 곳)을 그 산 사이에 덧붙여 두고 이를 불광이라고 했다.

4월 8일에 대종은 두 거리의 승도들에게 명하여 내도량에서 만불산에 예배하고, 삼장불공에게 명하여 밀교의 경전을 일천 번 되풀이하여 암송하며 경하하도록 하였다. 이를 보는 사람들은 모두 그 솜씨에 탄복하였다.

다음과 같이 기린다.

하늘은 만월을 단장하여 사방불을 마련하시고
땅은 명호를을 솟구어 하룻밤에 열렸네.
교묘한 솜씨로 또다시 만불을 새기니
부처님의 풍도 삼재에 널리 퍼지리.

## 생의사 돌미륵

선덕왕 때 승려 생의는 언제나 도중사에 머물렀다. 꿈에 어떤 승려가 그를 데리고 남산으로 올라가서 풀을 매어 표시를 하게 하고 산의 남쪽 골짜기에 이르러 말하였다.

"내가 이곳에 묻혔으니, 대사께서 꺼내어 고갯마루 위에 묻어주시오."

꿈에서 깨자 친구와 함께 표시에 둔 곳을 찾아 그 골짜기에 이르러 땅을 파니 돌미륵이 나왔으므로 삼화령 위에 모셨다. 선덕왕 13년 644년에 절을 지었는데 후에 생의사라고 이름지었다.

## 흥륜사 보현보살

제 54대 경명왕 때 흥륜사 남문과 좌우 행랑채가 불에 탔다. 미처 수리하지 못하다가 정화와 홍계라는 두 승려가 인연 있는 자를 모아 수리하고자 하였다. 921년 5월 21일 제석(帝釋)이 불경을 쌓아둔 절 왼편 누각에 내려와서 열흘쯤 머물자, 전답과 풀, 나무, 흙, 돌에서 모두 신비한 향기가 풍기며 오색 구름이 절을 덮고 남쪽 못의 고기와 용이 기뻐 날뛰며 솟구쳐 올랐다. 나라 사람들이 모여 이를 보면서 일찍이 없었던 일이라고 감탄하며 옥과 비단과 곡식 등을 시주하였다. 장인들도 스스로 와서 일을 하니 하루도 되지 않아 절의 수리가 완성되었다.

수리를 마치고 제석이 돌아가려 하자, 두 승려가 아뢰었다.

"천제께서 만약 돌아가고자 하신다면 천제의 얼굴을 그려 지성으로 공양해서 하늘의 은혜에 보답하게 하고, 또한 이로 인해 영정을 남겨 영원히 세상을 보호하게 하십시오."

천제가 말하였다.

"나의 염력은 저 보현보살의 기묘한 조화만 못하니, 보현보살상을 그려 경건히 공양하고 이를 끊기지 않도록 하는 것이 좋을 것이다."

따라서 두 승려는 가르침을 받들어 벽에 보현보살상을 공손히 그렸는데 지금까지도 그 그림이 그대로 남아있다.


## 삼소관음과 중생사

《신라고전》에는 다음과 같이 전한다.

중국 당나라 천자가 대단히 총애하는 여인이 있었는데 아름답기 그지없었다. 천자가 말하였다.

"고금의 그림을 보아도 이처럼 아름다운 사람은 없었다."

곧 그림 잘 그리는 사람을 시켜서 그녀의 모습을 그리게 하였다. 그 사람이 명을 받들어 그림을 완성했는데, 실수로 붓을 떨어뜨려 배꼽 아래가 붉은 자국으로 더럽혀졌다. 그것을 고치려 했지만 고쳐지지 않았다. 마음 속으로 붉은 표시가 분명 날 때부터 있었을 것이라 생각하였다. 곧 일을 마치고 그림을 바쳤다.

황제가 그림 속의 붉은 표시를 가리키며 말했다.

"겉모습은 매우 그대로이구나. 그런데 배꼽 아래 표시는 속에 감추어진 비밀인데, 어찌 알고 그렸는고?"

황제는 크게 화를 내며, 옥에 가두고 벌을 주려 하였다. 승상이 아뢰었다.

"그 사람은 마음이 아주 곧습니다. 용서해 주십시오."

"그렇게 현명하고 곧다면 지난 밤 내 꿈속의 모습을 그리도록 해 보시오. 꿈의 형상과 다르지 않다면 용서하리라."

그 사람이 곧 11면 관음상을 그려냈다. 꿈과 일치하니, 황제는 의심이 풀려 용서해 주었다. 풀려나자 그는 박사 분절(芬節)과 약속했다.

"내가 듣기에 신라라는 나라는 불교를 깊이 믿는다 하오. 그대와 배를 타고 바다를 건너 그곳으로 가서, 함께 불교를 닦고 어진 나라에 널리 이익을 준다면 그 또한 좋은 일이 아니오?"

드디어 함께 신라에 도착해 중생사(衆生寺)의 대비상을 완성하였다. 나라안의 사람들이 높이 우러러 모시며 기도하여 복을 얻은 것을 이루 다 기록할 수 없을 정도로 많았다.

신라 말기 926~927 연간에 정보 최은함(崔殷諴)은 오랫동안 자식이 없었다. 이 절에 가서 부처님 앞에 기도하였더니 태기가 돌아 아들을 낳았다. 3개월이 채 지나지 않았는데 백제의 견훤이 서울을 쳐들어와 성안이 온통 혼란에 빠졌다. 최은함은 아이를 안고 와서 부처님께 기도하였다.

"이웃나라 군사가 쳐들어오니 일이 다급하게 되었습니다. 갓난아이가 매우 중하오나 함께 피할 수 없습니다. 진실로 부처님께서 주신 아이라면 바라건대 부처님의 힘을 빌려 이 아이를 키워주시고 우리 부자가 다시 만날 수 있도록 도와주십시오."

눈물을 쏟으며 비통하게 세 번 울면서 세 번 아뢰고, 강보에 싸서 부처가 앉은자리 아래 감추고 몇 번이고 돌아보다 떠났다.

보름쯤 지나 적들이 물러가자 와서 찾아보니 피부가 마치 새로 목욕한 아이와 같았고, 몸이 반들반들하며, 입 언저리에서는 아직 우유 냄새가 나고 있었다. 그는 아이를 다시 안고 돌아와서 길렀다. 아이는 커갈수록 총명함이 남보다 뛰어났다. 이 사람이 바로 최승로(崔丞魯)이다. 벼슬은 정광(正匡)에 이르렀다. 그는 낭중 최숙을 낳았고, 숙은 낭중 제안을 낳았다. 이로부터 후손이 끊이지 않았다. 은성은 경순왕을 따라 우리 고려에 들어와 큰 가문을 이루었다.

또 992년 3월에 절의 주지 성태 스님이 보살 앞에 꿇어 엎드려 아뢰었다.

"제가 이 절에서 오랫동안 거처하며 열심히 향불을 피우되, 밤이나 낮이나 게을리 하지 않았습니다. 그러나 절에 밭이 없어 향불 피우기를 계속할 수 없습니다. 다른 곳으로 옮겨가려고 미리 와서 인사드립니다."

이날 언뜻 잠이 들었는데, 꿈에 보살이 나타나 말했다.

"그대는 여기 머물고 멀리 떠나지 말라. 내가 시주를 모아 향 피울 돈을 마련하리라."

스님은 기쁜 마음으로 깨어나 거기 머물고는 떠나지 않았다. 13일 뒤에 갑자기 두 사람이 짐을 말에 싣고 소에 얹어 문 앞에 이르렀다.

스님이 나가서 물었다.

"어디서 오십니까?"

"우리들은 금주 땅 사람입니다. 저 번에 한 스님이 우리에게 와서

'내가 서울의 중생사에서 머문 지 오래되었다. 공양할 일이 어려워 시주를 받으러 왔다' 하였습니다. 그래서 우리가 인근 마을에서 시주를 모아, 쌀 6석과 소금 4석을 가지고 왔습니다."

"이 절에는 시주 받으러 나간 사람이 없습니다. 여러분이 잘못 들었나 봅니다."

"지난 번 그 스님이 우리를 데리고 와서 이 신견정(神見井) 가에 이르러 '절까지 멀지 않다. 내가 먼저 가서 기다리겠다' 라고 하였습니다. 우리들이 그대로 따라 절에 온 것입니다."

스님이 이끌어 법당 앞에 들어갔더니, 사람들은 대비상에 예를 갖추고 서로 말했다.

"이 대비상의 얼굴이 시주를 거두던 분의 얼굴과 같습니다."

그들은 놀라마지 않았다. 이 때문에 바쳤던 쌀과 소금을 해마다 끊지 않았다.

또 어느 날 저녁 절의 문에 불이 났다. 동네 사람들이 분주히 뛰어다니다 법당에 올라가 보니 불상이 없어졌다. 찾아보니 벌써 뜰에 있었다.

"누가 밖으로 내갔느냐?"

"모르겠습니다."

이에 보살상의 신령스러운 힘을 알 수 있다.

또한 1173년 점숭(占崇)이라는 스님이 이 절에 거처하고 있었다. 글을 깨우치지는 못하였지만 성품이 본디 순수하고 향불 피우기를 무척 부지런히 하였다. 한 스님이 그의 거처를 빼앗으려고 친의천사(불교에서 옷을 시주하는 천사)에게 말했다.

"이 절은 나라에서 은혜와 복을 비는 곳입니다. 그러나 마땅히 글을 읽을 수 있는 자를 뽑아 지키도록 해야 할 것입니다."

천사가 그렇다 하고, 그 사람을 시험해 보려고 문서를 거꾸로 주었는데, 점숭은 펼쳐서 유창하게 읽는 것이었다. 천사는 탄복하며 방안

에 돌아와 앉았다가 다시 한 번 읽어보라고 하였다. 점승은 입을 다문
채 한마디도 못하였다.

"이 사람은 진실로 부처님이 보살펴주는 사람이구나!"

천사는 그렇게 생각하고 끝내 빼앗지 않았다. 그 무렵 점승과 함께
거처한 처사 김인부(金仁夫)가 그곳 여러 노인들에게 전하여 이 기록
을 남기게 되었다.


## 백률사

신라의 북쪽 산은 금강령이라고 하고, 산의 남쪽에 백률사가 있다.
이 절에 대비상(大悲像)이 하나 있는데, 언제 처음 만들어졌는지 알
수 없으나 신령스러운 이적이 꽤 많이 있었다. 어떤 이는 이것이 중국
의 뛰어나 기술자가 중생사의 불상을 만들 때 함께 만들었다 한다. 사
람들은 이렇게 말한다.

"이것은 부처님이 일찍이 하늘의 도리천에서 돌아와 법당으로 들어
갈 때 밟은 돌 위의 자취가 지금까지 남아 있는 것이다."

어떤 이는 이렇게도 말하였다.

"부례랑(夫禮郎)을 구출해 돌아올 때 나타난 자취이다."

692년 9월 7일 효소왕이 대현 살찬의 아들 부례랑을 국선으로 삼았
다. 1,000여 명의 무리가 따랐는데, 안상(安常)과 특히 가깝게 지냈
다. 이듬해 늦봄에 무리를 이끌고 금란에 놀러가다 북명 경계에서 말
갈족에게 잡히게 되었다. 무리들은 돌아왔으나, 안상만은 뒤쫓아갔
다. 이때가 3월 11일이다.

왕은 이를 듣고 놀라움을 이기지 못한 채 말했다.

"아버님께서 신령스런 피리를 받아 내게 전해 주셨다. 지금 현묘한
가야금과 함께 궁궐 안 창고에 간직되어 있는데, 어떤 이유로 국선이

적에게 포로가 되었단 말인가! 이를 어떻게 할까?"

그때 성서로운 구름이 가야금과 피리가 보관되어 있는 창고를 뒤덮었다. 왕이 또 깜짝 놀라 창고안을 살펴보게 했더니, 가야금과 피리가 없어졌다.

"내 어찌 이다지 복이 없는가? 국선을 잃더니 또 가야금과 피리를 잃어버렸구나!"

이에 창고지기 김정고 등 다섯 사람을 가두었다. 4월에 전국적으로 사람을 모으며 말했다.

"가야금과 피리를 찾는 자에게 상으로 1년 치 세금을 상으로 주겠다."

5월 15일, 부례랑의 부모가 백률사의 대비상 앞에 가서 정성 들여 여러 날을 기도하던 중이었다. 그러자 홀연히 상위에 가야금과 피리가 나타나고, 부례랑과 안상 두 사람이 불상 뒤에 와서 섰다. 부모는 매우 기뻐하며 어찌 된 일인지 물었다.

"제가 잡혀가서 저 나라 대도구라(大都仇羅) 집의 목자가 되어 대오라니(大烏羅尼) 들에서 짐승을 쳤습니다. 그런데 갑작스레 모습이 단정한 스님이 나타나 손에 가야금과 피리를 들고 '고향을 생각하느냐' 하면서 위로하였습니다. 순간 저도 모르게 꿇어앉아 '임금과 어버이를 생각하는 마음 지극하기가 어찌 말로 다 하겠습니까' 라고 하였습니다. 그러자 스님이 '그렇다면 나를 따라오너라' 하셨습니다. 그래서 바닷가에 이르렀는데, 안상을 만났습니다. 거기서 이 피리가 둘로 나눠져 두 사람이 각각 하나씩을 타고, 스님 자신은 가야금을 탔습니다. 바다에 둥둥 떠서 돌아오는데, 얼마 안 있어 여기에 이르렀습니다."

이에 이 일을 자세히 왕에게 달려가 아뢰었다. 왕은 크게 놀라며 부례랑을 맞아들이고, 가야금과 피리를 안으로 들였다. 금과 은으로 만든 각 무게가 50냥 되는 다섯 가지 그릇 두 벌, 마납가사(摩衲袈裟)

다섯 벌, 굵은 명주 3,000필과 밭 10,000경을 절에 바쳐 부처님 은혜에 보답하였다.

나라 안에 대사면을 실시하고, 관련된 사람에게 직위를 3등급씩 올려 주고 백성들에게 1년 간 세금을 면제해 주었다. 절의 주지승은 봉성사로 옮기고 부례랑은 대각간에 임명되었다. 아버지 대현 아찬은 태대각간으로 삼고, 어머니 용보부인은 사량부 경정궁주로 삼았다. 안상 스님은 대통으로 삼고, 창고지기 다섯 사람은 풀어주면서 각각 5급의 벼슬을 내려주었다.

6월 17일 혜성이 나타나 동쪽 방면이 어두워지고 17일에는 또 서쪽 방면이 어두워졌다. 일관이 아뢰었다.

"가야금과 피리에게 벼슬을 내리지 않아서 그렇습니다."

이에 신령스러운 피리를 일컬어 '만만파파식적'이라 하였다. 그러자 혜성이 사라졌다. 그 뒤에 신비한 영험이 많으나 글이 길어져 싣지 않는다.

세상에서는 안상을 준영랑(俊永郎)의 무리라고 말한다. 그것은 잘못 살핀 것이다. 영랑의 무리는 오직 진재(眞才)와 번완(繁完) 등의 이름만 알려졌는데, 그들 또한 어떤 사람인지 알 수 없다.


## 민장사


우금리에 가난하게 사는 보개라는 여인에게 장춘이라 불리는 아들이 있었다. 장춘은 바다로 다니는 상인을 따라 갔다가 오래도록 소식이 없었다. 어머니가 민장사의 관음보살 앞에 가서 7일 동안 정성을 다해 기도를 드렸더니 장춘이 홀연히 나타났다. 그간의 일들을 묻자 말했다.

"바다 한 가운데서 큰바람을 만났습니다. 배가 부서져 같이 탄 사람들이 모두 빠져나오지 못했는데 나는 작은 판때기를 타고서 오(吳)나라 해변에 이르렀습니다. 오나라 사람들이 저를 데려다 들판에서 밭을 갈게 했습니다. 그런데, 우리 마을에서 온 것 같은 이상한 스님이 나타나 위로해 주시더니 나를 데리고 같이 갔습니다. 앞에 깊은 도랑이 나오자 스님은 나를 옆구리에 끼고 건너뛰었습니다. 어둑어둑한 사이에 우리 마을 말씨와 우는 소리 같은 것이 들렸습니다. 살펴보았더니, 벌써 이 곳에 도착해 있었습니다. 해가 질 때 오나라를 떠났는데, 이 곳에 이른 것이 겨우 밤 일곱시쯤이었습니다."

745년 4월 8일의 일이었다. 경덕왕이 이를 듣고 절에 밭을 주어 시주하고 또 돈과 예물을 바쳤다.


## 여러 차례 가져온 사리

《국사》에서는 다음과 전한다.

진흥왕 때인 549년, 중국 양나라 사신 심호가 사리 몇 낱을 가져왔다. 선덕왕 때인 643년에는 자장법사가 부처의 두개골, 이빨, 사리 100낱과 부처가 입었던 붉은 비단에 금으로 무늬를 낸 가사 한 벌을 가져왔다. 사리는 셋으로 나누어 일부는 황룡사 탑에, 일부는 대화탑에, 또 일부는 가사와 함께 통도사 계단에 두었다. 나머지는 어디 있는 지 알 수 없다. 계단은 두 층인데, 위층 가운데에 가마솥을 덮어놓은 것 같은 돌 뚜껑이 놓여 있었다.

세상사람들은 이렇게 말하곤 하였다.

옛날 우리 고려조에 이르러 두 사람의 안염사(按廉使, 고려의 지방 장관)가 차례대로 와서 단에 예불을 드리고 공손히 돌 솥을 들어 보았다. 앞사람은 돌 상자 안에 구렁이가 있는 것을 보았고, 뒷사람은 큰 두꺼비가 돌 밑에 쪼그려 앉아 있는 것을 보았다. 이런 일이 있은 다음부터는 감히 열어보지 못하였다.

요즘 들어 상장군 김이생과 시랑 유석이 고종 임금 때에 명을 받아 강동을 지휘했는데, 부절(符節)을 가지고 절에 이르러 돌을 들어내고 예불하려 하였다. 절의 스님이 지난날의 일을 생각해 어렵다고 했으나, 두 사람은 군사를 시켜 굳이 돌을 들어냈다. 안에는 돌로 된 작은 상자가 있었다. 함을 열어 보니, 안에 유리 통이 담겨 있는데, 통 안에는 사리가 다만 네 낱만이 있었다. 서로 돌려보며 경배하였다. 통에는 조금 갈라진 곳이 있었다. 이에 유공이 가지고 있던 수정상자를 가져다 시주하고 함께 보관하였다. 이를 알고 기록해 두었다. 때는 서울을 강화도로 옮긴 지 4년째인 1235년이었다.

옛 기록에 따르면 '100낱을 세 곳에 나누어 보관했다' 하나 이제 겨우 네 낱뿐이다. 이는 보는 사람에 따라 숨겨지기도 하고 나타나기도 하여 많고 적고 할 뿐이니 괴상한 일이 아니다.

또 세상 사람들은 다음과 말하기도 한다.

"황룡사 탑이 불타던 날, 돌 솥의 동쪽 면에 처음으로 큰 얼룩이 생겼고, 지금도 그 얼룩이 남아있다."

이는 953년의 일이다. 이는 우리 고려의 광종 5년이며, 탑이 세 번째 불탈 때이다. 무의자 스님이 남긴 시가 있다.

나는 들었네
황룡사 탑이 불타던 날
번지는 불길 속에서 한 쪽은
무간지옥을 보여주더라고.

1264년이래, 중국 사신이 나라 일을 보러 왔다가도 다투어 예불을 드렸다. 사방의 승려들이 넘쳐나게 와서 참배했으나, 어떤 사람은 돌 상자를 들어낼 때도 있고 들어보지 않을 때도 있었다. 진신 사리 네

개 외에는 변신 사리여서 모래알처럼 부셔졌지만, 솥 밖으로 나오면 특이한 향이 가득하여 하루 종일 끊이지 않는 일이 이따금 있었다. 이 것은 말세에 있는 한 지방에서 생긴 기이한 일이었다.

851년에 중국에 신년 인사를 갔던 원홍이 부처의 어금니를 가져왔다. 뒷날 고려 태조가 즉위한 지 6년인 923년에 중국에 신년 인사를 갔던 윤질이 오백 나한상을 가지고 왔는데, 지금 북숭산 신광사에 있다. 1119년에 중국에 공물을 드리러 간 정극영, 이미지 등이 부처의 어금니를 가져왔다. 지금 내전에 두고 모시는 바로 그것이다.

사람들 사이에 전해오는 말이 있다.

옛날 의상법사가 당나라에 들어가 종남산 지상사의 지엄 스님이 계신 곳에 이르렀다. 가까운 곳에 선율 스님이 있었는데, 늘 하늘에서 공양을 해주었다. 재를 올릴 때면 하늘에 있는 주방에서 음식을 보내주는 것이다. 하루는 선율이 의상을 초청해 함께 재를 올렸다. 의상이 앉아 오래 지났는데, 하늘에서 줄 때가 지나도 공양이 이르지 않았다. 그래서 의상은 바리때가 빈 채 돌아왔다. 그제야 하늘의 사자가 이르러 선율이 물었다.

"오늘은 무슨 까닭으로 늦었습니까?"

"온 골짜기에 신병이 서서 막고 있으니 들어 올 수 없었습니다."

이에 선율은 의상에게 신의 호위가 있음을 알았고, 그 도가 뛰어난 것에 감복하였다. 그래서 바리때를 두고서 다음날 지엄과 의상 두 스님을 불러 그 까닭을 설명하였다. 의상이 조용히 선율에게 말하였다.

"스님은 이미 천제의 존경을 받고 있습니다. 일찍이 듣기에 제석궁에는 부처님의 마흔 개 치아 가운데 하나만 있다고 합니다. 우리들을 위해 세상에 내려보내 복을 받게 한다면 어떻습니까?"

뒷날 선율은 천사에게 그 뜻을 하느님께 전하도록 하였다. 하느님은 7일간만 보내둔다 하니, 의상이 경배를 드리고 궁궐로 모셨다.

그 뒤 중국은 송나라 휘종 때에 이르러 도교를 높이 받들었다. 그때

나라 사람들에게 도참(圖讖)이 널리 퍼졌다.

"금빛 나는 사람이 나라를 망친다."

황건을 쓴 무리들이 일관을 충동질해 임금에게 아뢰게 하였다.

"금빛 나는 사람이란 불교를 일컫는 것입니다. 나라에 이롭지 못하리라 봅니다."

그러자 의논 끝에 승려를 없애고 절을 부수며 경전을 불사르고, 따로 작은 배를 만들어 부처의 어금니를 실어 큰 바다에 띄워 인연이 닿는 대로 흘러가게 하였다.

그 때에 마침 우리 고려의 사신이 송나라에 갔다가 이 일을 들었다. 그는 배를 몰고 가는 관리에게 천화용 50개, 모시 베 300필을 뇌물로 주자, 그들은 몰래 부처의 어금니를 주더니 빈배를 저어 가버렸다.

사신들이 부처의 어금니를 얻어 돌아와 바쳤다. 이에 예종은 크게 기뻐하면서 십원전 곁 작은 전각에 모시고 늘 자물쇠로 전각의 문을 잠근 채 바깥에서 향과 등불을 바쳤다. 왕이 몸소 갈 때만 문을 열고 경배를 드렸다.

임진년 1232년에 이르러 왕궁을 옮길 때, 내관이 바삐 움직이다 부처의 어금니를 챙기지 못하였다. 1236년 4월에 이르러 왕실의 원당인 신효사의 은광 스님이 왕에게 부처의 어금니를 가져다 예불을 드리자고 청했다. 그때서야 내신들은 궁중을 두루 살펴보라고 명했으나, 찾지 못했다. 그 때 백대의 시어사 최충이 급히 설신을 시켜 여러 알자들의 방을 찾아다니며 물었지만, 모두 어찌 했는지 몰랐다. 내신 김승로가 아뢰었다.

"임진년에 왕궁을 옮길 때의 〈자문일기〉를 하나하나 살펴보시지요."

기록에는 '내시 대부경 이백전이 부처 어금니 상자를 받았다' 라고 되어 있었다. 이백전을 불러 캐물었다.

"집에 가서 제가 적은 기록을 다시 찾아보게 해주십시오."

집에 이르러 살펴보다가 '좌번 알자 김서룡이 부처의 상자를 받았다'라는 기록을 찾아내어 이를 바쳤다. 김서룡을 불러 물었더니 대답을 못했다. 또 김승로는 이렇게 아뢰었다.

"임진년부터 지금까지 5년간 어불당과 경령전을 지키던 관리들을 가두고 물어보시지요."

그러나 모두 어긋나고 어금니의 종적을 알 수 없었다. 3일이 지났다. 밤중에 김서룡의 집 정원 담 안으로 물건 던지는 소리가 났다. 불을 켜고 살펴보니 곧 부처의 어금니 함이었다. 함은 본디 안에 한 겹의 침향으로 싸고, 그 다음 순금으로 싸고, 백은 함으로 더 싸고, 유리함으로 더 싼 후 다시 나전함으로 더 쌌다. 여러 함의 폭이 꼭 맞게 되어 있었는데, 지금은 유리함뿐이었다. 이를 기쁘게 궁궐로 들어가 아뢰었다. 그러자 일을 맡은 관리들이 김서룡과 두 궁전을 지키던 관리들을 모두 죽이자고 뜻을 모았다.

진양부에서 아뢰었다.

"부처의 일인데 사람을 많이 죽이는 것은 옳지 않습니다."

그래서 모두 풀려났다. 다시 십원전의 중정(中庭)을 특별히 불아전(佛牙殿)으로 만들어 모시게 하고, 장사들을 시켜 지키게 하였다.

좋은 날을 골라 신효사의 상방 은광 스님을 불렀다. 은광 스님은 제자 30명을 데리고 내전으로 들어와 재를 올리게 하였다. 그 날 일직인 승선 최홍과 상장군 최공연, 이영장과 내시 차방 등이 궁전의 뜰에서 지키고 섰다가 차례대로 머리에 이고 경배하였다. 부처의 어금니 상자 구멍 사이에 사리가 셀 수 없이 많았다. 진양부에서 백은 상자에다 넣어서 모셨다.

그 때 왕이 신하들에게 말했다.

"내가 부처님의 어금니를 잃어버린 이후 네 가지 의심이 저절로 생겼소. 첫째, 천궁의 7일 기한이 차서 하늘에 떠오른 것인가? 둘째는 나라가 어지러워지자 이 어금니 같은 신성한 물건은 인연이 있는 무사한 나라로 옮겨간 것인가? 셋째는 재물을 탐낸 소인배가 상자를 훔쳤다가 구덩이에 버린 것인가? 넷째는 보배로운 사리를 훔쳤지만 하릴없이 집안에 숨겨둔 것이 저절로 드러난 것인가? 하는 것이었는데, 이제 생각해 보니 네 번째 의심이 꼭 들어맞았소."

그리고 왕이 목놓아 울자, 모두 눈물을 흘리며 만수무강을 빌었다. 심지어 이마와 팔뚝에 불을 놓는 자도 셀 수 없었다. 이 기록은 당시 내전의 분수승이며 전 지림사 대선사 각유(覺猷)에게서 들은 것인데, 몸소 본대로 말해주면서 나에게 기록하도록 하였다.

1270년에 도읍이 강화도에서 나오는 난리 북새통은 임진년보다 더했다. 십원전의 감주 심감 선사가 죽음을 무릅쓰고 부처의 어금니를 몸에 가무고 나와 적들의 횡포로부터 피할 수 있었다. 이를 알게 된 조정에서는 그 공을 크게 상주고 이름난 절로 옮겨 주었는데, 지금은 빙산사에 머물고 있다. 이 또한 그에게서 직접 들은 이야기다.

진흥왕 시대인 565년에 진나라 사신 유사(劉思)와 명관(明觀)스님이 불교의 온갖 불경론(佛經論) 1,700여 권을 실어 보내왔다. 643년에는 자장법사가 삼장(三藏) 400여 상자를 싣고 와서 통도사에 모셨다. 흥덕왕 시대인 827년에는 공부하러 갔던 고구려의 승려 구덕(丘德)이 불경 몇 상자를 가져오니, 왕과 여러 절의 승려들이 흥륜사 앞길에 나가 맞아들였다. 851년에도 신년인사를 갔던 사신 원홍(元弘)이 두루마리 불경을 약간 가져왔다.

신라 말에는 보요(普耀)선사가 두 차례 오월(吳越)에 가서 대장경을 싣고 왔는데, 그가 바로 해룡왕사(海龍王寺)를 처음 세운 사람이다. 1094년에 어떤 이가 보요선사의 초상화에 대해 다음과 같이 기렸다.

거룩하도다, 시조 스님이여!
우뚝하도다, 이 모습이여!

두 차례나 오월국에 가서
대장경을 무사히 가져 오셨네.
보요라는 이름을 내리고,
조서도 네 번이나 내리셨네.
만일 그 덕을 물으면
밝은 달과 맑은 바람이라 하겠네.

또한 1161~1189 연간에 한남의 관기(管記) 팽조적이 시를 남겼다.

스님들 절에 부처님 모셔두고
더욱 여기 신룡(神龍)이 있어 도량을 평온케 하니
누가 이 좋은 절을 이어 받을까
부처님 처음 전해진 곳은 남쪽 나라라네.

그 발문은 다음과 같다.

옛날 보요선사가 처음으로 남월(南越)에서 대장경을 구해 가지고
돌아오는데, 바다에 갑자기 바람이 일어나 작은 배가 파도 속으로 사
라졌다 나타났다 하는 것이 뒤집힐 것 같았다. 보요선사가 말하였다.

"아마도 신룡(神龍)이 대장경을 여기에 머물게 하려는 것인가?"

선사가 주문을 정성껏 외워 신룡까지 함께 받들고 돌아왔다. 본국
으로 돌아온 후 산천을 두루 살피면서 대장경을 모실 곳을 찾았다. 이
산에 이르자 갑자기 상서로운 구름이 산 위로 가득 모이는 것이었다.
이에 수제자 홍경과 아름다운 절을 짓고 지냈다. 불교가 우리 동쪽 나
라에 온 것은 바로 이때부터이다.

절에 용왕당이 있었는데, 영험스런 이적이 자못 많았다. 보요선사
가 대장경을 가지고 올 때, 용도 따라와서 머문 것이다. 용왕당은 지

금도 남아있다.

그리고 928년에 묵화상도 당나라에 들어가 대장경을 싣고 왔다. 우리 고려조 예종 때에 혜조(慧照) 국사가 왕의 명으로 중국에 공부하러 갔다가 요나라에서 만든 대장경 세 부를 받들어 왔다. 한 부는 지금 정혜사에 있다. 우리 고려조 선종 때인 1086년에 우세 승통 의천(義天)이 송나라에 들어가 다수의 천태교관(天台敎觀)을 가지고 왔다.

이밖에 책에 실리지 않은 고승들과 신도들이 오가며 가져온 일들을 자세히 적을 수 없다. 크신 불교가 동쪽으로 오신 일이 넓고도 넓어 경하하리로다.

이를 기린다.


중화와 동방은 아득히 멀었고
녹원 학수 시대는 이미 2천년 전
바다 밖 흘러오니 참으로 경하할 일이로다
동국과 인도가 한 하늘을 함께하네


여기 기록된 〈의상전〉을 살펴보니, 650년에 당나라에 들어가 지엄 스님을 뵈었다 라고 한다. 그러나 부석사의 본비(本碑)에서는 다음과 같이 전한다.

의상은 625년에 태어나 어려서 출가하였다. 650년에 원효와 함께 중국으로 가고자 고구려에 이르렀지만 어려움이 있어 돌아왔다. 661년에 당나라에 들어가 지엄에게 배웠다. 668년에 지엄이 돌아가시자 671년에 신라로 돌아왔다. 702년에 돌아가시니 나이 78세였다. 그렇다면 지엄과 선율스님이 있는 곳에서 재를 올리고, 천궁에 있던 부처의 어금니를 청한 일은 661년에서 668년까지 7~8년 사이가 아닌가 싶다.

우리 고려조에서 고종이 강화도로 들어간 임진년에 천궁의 기한인 7일에 찼다고 의심하였다는 말은 잘못된 것이다. 도리천에서 하룻밤은 세상에서 1백년이다. 의상이 처음 당나라에 들어간 661년부터 계산해 고종 임진년까지는 693년이다. 경자년이 되어야 비로소 700년이 되어 7일의 기한이 찬다. 강화도에서 나온 1270년까지라면 730년이다. 만약 하늘의 말대로 해서 7일 뒤에 천궁으로 돌아갔다면 심감선사가 강화도에서 나올 때 지니고 와서 바쳤다는 것은 아무래도 진짜 부처의 어금니가 아닌 것 같다.

이 해 봄 강화도에서 나오기 전, 궁안에서 여러 종파의 이름난 승려들을 모아 부처의 어금니와 사리를 얻으러 부지런히 예불을 드렸는데, 비록 간절했으나 한 낱도 얻지 못했다. 그러니 7일의 기한이 차서 하늘로 올라갔다는 말이 거의 맞는 것 같다.

1284년에 국청사의 금탑을 수리하는데 국왕과 장목왕후가 묘각사에 가서 사람들을 모아놓고 경하와 찬미를 드렸다. 일이 끝나자 앞의 부처 어금니와 낙산사의 수정염주, 여의주를 받들어 왕과 신하, 그리고 여러 사람들이 모두 머리에 이고 경배한 다음 금탑 안에 함께 들여 놓았다. 나 또한 이 모임에 참여하여 이른바 부처의 어금니라는 것을 보았는데 길이가 3촌쯤 되고 사리는 없었다.

## 화랑으로 현신한 미륵불

신라 제 24대 진흥왕의 성은 김씨이고, 이름은 삼맥종이며, 심맥종이라고도 한다. 540년에 즉위하여, 백부 법흥왕의 뜻에 따라 부처를 한결같은 마음으로 섬겨 널리 절을 세우고 많은 사람들이 승려가 되도록 이끌었다.

또한 천성이 풍류를 좋아하고 신선을 매우 숭상하여 민간의 처녀들 가운데 아름다운 자를 선발하여 원화(原花)로 높여 세우고 그 아래 무리를 모아서 효성·우애·충성·신의의 도리를 가르치고자 했다.

왕은 여러 처녀들 가운데서 남모랑과 교정랑이라는 두 처녀를 원화로 선발하고 3~4백의 무리를 지휘하게 하였다. 그런데 날이 갈수록 교정랑은 남모랑을 질투하고 시기했다.

어느 날 밤, 교정랑은 술상을 들고 남모랑의 방으로 찾아갔다. 자신을 미워하는 줄은 꿈에도 모르는 남모랑은 뜻밖의 방문에 놀랍기도 하고 반갑기도 해서 얼른 맞아들였다.

"이 밤중에 교정랑이 어쩐일이야?"

"남모랑, 사실은 내게 고민이 있어. 괜찮다면 내 얘기를 들어 주겠어?"

남모랑은 교정랑의 거짓말에 속아서 술상을 마주하고 앉았다.

한 잔 두 잔, 술이 오가고 교정랑은 고민을 털어놓는 척 하면서 남모랑에게 계속 술을 권했다. 거절도 못하고 받아먹던 남모랑은 어느새 완전히 취해서 정신이 몽롱해졌다. 교정랑은 취한 남모랑에게 바깥바람을 쐬는게 좋겠다며 북천 시냇가로 유인해 데려갔다. 찬 밤 공기에 어느 정도 정신을 차린 남모랑이 돌아보니, 교정랑이 살기 가득한 눈으로 커다란 돌을 들고서 있었다.

"교정랑, 왜 그러지?"

"흥 보면 모르겠어? 항상 네가 눈에 가시였는데…… 에잇!"

남모랑은 교정랑의 돌을 맞고 그 자리에서 쓰러지고 말았다. 교정랑은 남모랑을 쳐 죽인 뒤 그대로 묻어 버렸다.

이튿날 아침, 남모랑의 무리들은 남모랑이 보이지 않자 이곳 저곳으로 찾아다녔다. 그러나 날이 저물고 또 다음 날이 되어 남모랑의 모습은 보이지 않았다. 무리들은 슬피 울다가 결국 뿔뿔이 헤어지고 말았다.

그런데 남모랑이 죽던 날 밤, 교정랑이 취한 남모랑을 부축해서 북천으로 데려가는 것을 본 사람이 있었다. 그는 교정랑이 남모랑을 죽인 것을 알고 동요를 지어서 거리의 아이들에게 가르쳐 주었다.

아이들이 부르는 노래를 들은 원화의 무리들이 이상해서 북천으로 가보니 과연 남모랑의 처참한 시체가 있었다. 무리들은 화가 나서 즉시 교정랑을 죽여 버렸다.

사건의 전말을 들은 진흥왕은 당장 원화제도를 폐지해 버렸다.

여러 해가 지난 뒤, 왕은 국가발전을 위해서는 청년들의 훈육이 중요하다고 생각하여 이번에는 남자들로 이루어진 화랑도를 만들었다. 즉 좋은 집 자제들 중에서 덕행이 있는 자를 뽑아 화랑으로 삼고 그 무리들을 지도하는 화랑을 국선으로 삼았다. 맨 처음 국선은 설원랑으로 이때부터 화랑 국선이 시작되었다.

그 후 진지왕 때에 이르러서였다.

경주 흥륜사에 진자(眞慈)라는 중이 있었는데 매일 아침저녁으로 법당의 미륵불상 앞에 나아가 소원을 빌었다.

"미륵불이시여. 부디 화랑이 되어서 세상에 나오옵소서. 제가 항상 가까이에서 거룩하신 모습을 보시며 시중들겠나이다."

그는 날이 갈수록 더욱 정성을 다해 기도하였다. 그러던 어느 날 밤, 꿈에 어떤 중이 나타나더니 이렇게 알려주었다.

"그대는 지금 곧 웅천 수원사로 가보아라. 거기 가면 미륵 선화를 만나볼 수 있으리라."

꿈에서 깬 진자는 기뻐 어쩔 줄을 몰랐다. 그는 당장 짐을 꾸려 가지고 웅천 수원사로 떠났다. 그의 정성과 기쁨이 얼마나 컸던지 한 걸음을 뗄 때마다 꼭 한 번 씩 합장 배례를 하였다. 드디어 열흘만에 수원사 앞에 당도하였다.

문밖에 수려하게 생긴 젊은이가 서 있다가 반가이 맞아들였다. 그를 따라 객실로 올라간 진자는 공손히 머리 숙여 인사하고 물었다.

"도령과 나는 평소 알지도 못하는 사이인데 어찌 이처럼 친절히 맞아 주시오?"

"저도 스님과 마찬가지로 서울에서 왔습니다. 스님께서 먼 길을 오셨기에 위로 드린 것뿐입니다. 그럼 편히 쉬십시오."

젊은이는 밖으로 나가더니 다시 오지 않았다. 나중에 찾아보았지만 어디로 갔는지 모습이 보이질 않았다. 진자는 우연히 훌륭한 젊은이를 만났구나 했을 뿐 별로 이상하게 여기지 않았다. 진자는 곧 수원사 중들에게 자기가 꾼 꿈 이야기며 여기 온 뜻을 말하고 부탁하였다.

"얼마 동안 머물면서 미륵 선화를 기다렸으면 합니다."

수원사 중들은 하도 허황된 말이라 어이가 없었지만 그가 워낙 진지하게 나오는 바람에 이렇게 일러주었다.

"여기서 남쪽으로 가면 얼마 멀지 않은 곳에 천산이라는 곳이 있소. 그곳은 예부터 성현들이 머물러 있어 영험이 많다던데 그리로 가보는 것이 어떻겠소?"

진자는 기뻐 천산으로 달려갔다. 산아래 이르자, 산신령이 노인으로 변해서 그에게 다가왔다.

"무슨 일로 여기까지 왔소?"

"미륵 선화를 뵙고 싶어서 왔습니다."

"아니, 좀 전에 수원사 문밖에서 이미 미륵선화를 뵙고도 또 여기까지 왔단 말이오?"

진자는 이 말을 듣고 너무 놀라 펄쩍 뛰었다. 너무나 낙심한 그는 그 길로 흥륜사로 되돌아왔다.

한 달쯤 지났다. 진지왕이 떠도는 소문을 듣고 그를 불렀다. 자초지종을 다 듣고 나서 왕이 물었다.

"성인은 빈 말을 하는 법이 없소. 그 도령이 스스로 서울 사람이라고 했다면서 왜 도성 안을 찾아보지 않는 것이오?"

진자는 그 날부터 여러 사람들과 함께 서울 안의 집이라는 집은 다 찾아다녔다. 날이 저물 무렵, 기운이 다 빠져서 영묘사 근처를 지나는데 길가 나무 아래 용모가 수려한 한 소년이 노닐고 있었다.

그 소년을 본 순간 진자는 감탄을 금할 수 없었다.

"이 분이 미륵선화다!"

진자는 가까이 다가가 소년에게 물었다.

"도령의 집은 어디며 성은 무엇이오."

"제 이름은 미시인데 어릴 때 부모님이 다 돌아가셔서 성은 알지 못합니다."

진자는 소년을 가마에 태워 왕에게 데리고 갔다. 왕은 그 소년을 경애하여 받들며 국선으로 삼았다.

미시화랑은 다른 화랑들과 화목하고 예의가 밝아 뭇사람들에게 커다란 감화를 주었다. 그렇게 7년이 지난 어느 날, 그는 홀연히 사라지더니 다시는 나타나지 않았다. 진자의 슬픔은 말로 표현할 수 없을 정도였다. 그러나 가까이 모시며 미륵선화의 사랑과 교화를 받은 그는 그 가르침을 이어받아 정성껏 도를 닦았는데, 말년에 그 역시 종적을 감추고 사라져 버렸다.

지금 나라 사람들이 신선을 가리켜, '미륵선화'라 하고 중매서는 이를 '미시'라고 하는 것은 모두 여기서 나온 풍습이다. 또 옛날 진자가 미시랑을 만났던 영묘사 길가 나무는 도령을 만났다는 뜻으로 견랑(見郎)이라 하며 세간에서는 사여수(似如樹)라고도 한다.


## 관세음보살이 노힐부득과 달달박박을 시험하다

《백월산양성성도기(白月山兩聖成道記)》에 다음과 같이 전한다.

신라 구사군 북쪽에 있는 백월산은 수백 리에 걸쳐 뻗은 큰산인데 노인들로부터 전해오는 이야기가 있다.

옛날 옛적 당나라 황제가 연못을 하나 팠다. 그런데 매달 보름 직전

달빛이 휘영청 밝을 때면 연못 속에 산 그림자 하나가 비치는데 거기에 사자 모양의 바위가 꽃 사이로 은은히 보이는 것이었다. 황제는 궁정화가를 시켜 이 모습을 똑같이 그리게 하였다. 그리고는 천하를 뒤져서라도 이 그림과 똑같은 산을 찾으라고 명령하였다.

명을 받은 사자는 나라 안을 다 뒤져도 찾지 못하고는 마침내 신라에 왔다가 백월산을 보게 되었다. 그림 속의 산과 같았다. 그래도 연못에 비치는 그 산인지 알 수 없었으므로, 사자는 신 한 짝을 벗어 사자 바위 꼭대기에 벗어 놓고 돌아왔다.

당나라로 돌아온 후 보름이 되어 연못 속에 산 그림자가 어리는데 과연 신 한 짝도 같이 비치는 것이었다. 황제는 신기해하며 그 산에 백월산이라는 이름을 내렸다. 그런데 그 후로 다시는 연못에 산 그림자가 나타나지 않았다고 한다.

바로 이 백월산 동남쪽에 자리한 선천촌이라는 마을에 노힐부득과 달달박박이라는 두 젊은이가 살고 있었다. 두 사람은 풍채와 골격이 장대하여 비범해 보였으며 늘 속세를 벗어나려는 뜻을 품고 있던 터라 서로 정다운 벗이 되었다.

나이 스물이 되자, 그들은 드디어 마을 고개 너머 법적방에 가서 승려들과 함께 수도 생활을 시작하였다. 그곳에서 수행을 한 지 얼마 되지 않아 치산촌 법종곡의 승도촌에 있는 옛 절이 수도하기에 썩 좋다는 말을 듣고 그리로 갔다. 노힐부득은 회진암에서 기거했고 달달박박은 유리광사에서 살았다.

두 사람은 모두 중이었지만 처자식을 거느리고 있었다. 그들은 가족과 함께 농사를 지으면서 청빈한 생활을 계속했다. 그러면서도 틈만 나면 머리를 맞대고 앉아 세상살이의 무상함을 이야기하며 수도에 정진할 날을 꿈꾸었다. 어느 날 밤늦도록 서로의 생각을 얘기하던 끝에 둘은 마침내 마음을 굳히게 되었다.

"기름진 땅에 풍년이 들어 많은 이익을 보게 되면 좋기는 하지만 옷과 밥이 마음먹기에 따라 생겨서 저절로 배부르고 따뜻함을 얻는 것만은 못하고, 아내와 더불어 가정을 이루고 사는 것이 좋기는 하지만 연화장 세계의 부처님과 노니는 것에 비하랴. 하물며 불법을 배우면 부처가 되고 도를 닦으면 득도를 해야 마땅하다. 우리는 이미 머리를 깎고 중이 되었으니, 마땅히 이 속세의 인연을 끊어 버리고 무상의 도를 이루어야 할 것이다. 어찌 한낱 티끌 같은 세상사에 빠져서 속인들처럼 지내겠는가?"

둘은 날이 밝는 대로 가족들과 헤어져 깊은 산중으로 들어가 수행에 전념하기로 하였다. 그날 밤이었다. 꿈에 서쪽 하늘로부터 백호광(白毫光, 부처의 양미간에 희고 빛나는 가는 털)이 비쳐 오더니 그 빛 속에 금빛 팔이 내려와 두 사람의 이마를 어루만지는 것이었다. 두 사람은 꿈에서 깨자마자 서로 자기 꿈 이야기를 하였다. 그런데 놀랍게도 두 사람의 꿈이 완전히 일치하였다.

둘은 부처님이 우리의 뜻을 알고 계시를 내리셨다고 생각하고 감격해서 어쩔 줄 몰랐다. 마침내 두 사람은 가족에게 작별을 고하고 백월산 무등곡으로 들어갔다.

달달박박은 산 북쪽 고개 사자바위 위에 판잣집을 짓고 들어앉았고, 노힐부득은 동쪽 고갯마루 시내가 흐르는 바위틈에 집을 지어 기거하였다. 그래서 달달박박의 판잣집은 판방이라고 하고 노힐부득의 바위 옆 집은 뇌방이라 불렀다.

두 사람은 각각 암자에 머물며, 노힐부득은 열심히 미륵불을 구하고 달달박박은 종일 아미타불을 염송하였다. 그렇게 3년이 지나 사월 초파일이 되었다. 해질 무렵, 갓 스무 살쯤 되어 보이는 어여쁜 낭자가 달달박박의 집으로 찾아왔다. 그녀는 향긋한 향기를 풍기면서 이런 노래를 부르며 하룻밤 묵고 갈 것을 간청하였다.

해저문 산중에 걸음은 더디고

길은 낯설고 인가는 없네
오늘밤 이 암자에서 묵고자 하오니
자비로운 스님이여 노여워 마오


그러나 달달박박은 한마디로 거절하였다.

"절이란 깨끗함을 지키는 것이 그 근본이니 당신 같은 여자가 가까이할 곳이 아니오. 더 이상 지체말고 어서 빨리 가시오."

달달박박이 문을 닫고 들어가 버리자 여자는 발길을 돌려 노힐부득이 있는 남쪽 암자로 찾아갔다. 그녀는 앞서와 같이 하룻밤 머물기를 청했다. 노힐부득이 난처한 얼굴로 물었다.

"그대는 이 밤에 어디서 오시었소?"

"모든 것이 고요한 허공과 같은데 어찌 오고 감이 있겠습니까? 다만 스님의 염원이 깊고 덕행이 높다는 말을 듣고 깨달음을 이루는데 도와드리고자 합니다."

그리고는 다음과 같은 게송(불가의 시가)을 지어 불렀다.


첩첩산골에 달은 저물고
가도가도 인가 하나 없네
대나무 소나무 그늘은 더욱 깊은데
시냇물 소리는 오히려 맑구나
재워 달라 청함은 길 잃은 때문이 아니오
높으신 스님을 인도하려 함인 것.
부디 소청만 들어 주시고
누구인지는 묻지 말아 주오.


노힐부득은 게송을 듣고 놀라 말했다.

"여기는 부녀자가 있을 곳이 아니오. 하지만 중생의 뜻을 따르는 것도 수행하는 자의 임무지요. 더구나 깊은 산 속에 밤이 깊었으니 어찌 쫓아낼 수야 있겠소."

노힐부득은 그녀를 맞이하여 암자 한 쪽에 그녀의 잠자리를 만들어 주었다. 밤이 깊어지자 노힐부득은 더욱 정신을 가다듬고 희미한 등불 아래서 조용히 염불을 계속했다. 그런데 한밤중에 갑자기 여자가 노힐부득을 불렀다.

"스님, 제가 불행히도 해산을 하려고 합니다. 짚자리를 좀 만들어 주십시오."

노힐부득은 여자의 모습이 안쓰러워 얼른 불을 밝히고 해산할 준비를 하였다. 그녀는 아이를 낳자마자, 이 번에는 목욕이 하고 싶다고 졸랐다. 노힐부득은 부끄럽기도 하고 두렵기도 하였으나, 피와 땀이 뒤범벅된 여자를 보니 애처로운 마음이 더해져 거절할 수가 없었다. 곧 목욕통을 준비하고 더운물을 끓여 목욕 준비를 하였다.

그러나 여자는 자기 몸을 씻을 기운도 없는지 통속에 가만히 앉아 있기만 했다. 하는 수 없이 노힐부득은 소매를 걷어 부치고 그녀의 몸을 씻기기 시작했다. 그러자 놀랍게도 통속의 물이 점점 금빛으로 변하면서 향내가 풍기는 것이었다. 노힐부득은 속으로 놀라움을 금할 수 없었다.

그때 여자가 노힐부득의 팔을 잡아끌며 권했다.

"스님도 이 물에서 함께 목욕하세요."

노힐부득은 어안이 벙벙해져서 벌떡 일어섰다. 그러나 여자는 옷을 잡고 놓지 않았다. 노힐부득은 마지못해 목욕탕 속으로 들어갔다. 그런데 어찌된 일인지, 목욕물에 몸을 담그는 순간 문득 정신이 상쾌해지고 살갗이 금빛으로 변하는 것이었다. 옆을 돌아보니 어느새 연꽃 모양의 좌대가 생겨나 있었다.

여자는 노힐부득에게 연꽃 모양의 좌대를 가리키며 말했다.

"그대는 이 위에 올라앉으시오. 나는 관세음보살인데 대사가 성불

할 수 있도록 돕기 위해 온 것이오.”

말을 마치자 여자는 온데간데없이 사라져 버렸다.

한편 달달박박은 여자를 보내 놓고서 혼자 속으로 생각했다.

“그 여자는 틀림없이 노힐부득에게 갔을테지. 그렇다면 오늘밤 노
힐부득은 틀림없이 파계했을 것이다. 내가 가서 비웃어 주어야겠군.”

달달박박은 의기양양하게 노힐부득을 찾아갔다. 그런데 뜻밖에도
노힐부득은 온 몸이 금빛으로 찬란히 빛나며 미륵불이 되어 연화대에
앉아 있는 것이었다. 달달박박은 저도 모르게 허리를 조아려 예배하
고 나서 물었다.

“도대체 어찌하여 이렇게 되었나?”

노힐부득은 간밤의 사연을 자세히 얘기해 주었다. 달달박박은 탄식
을 금할 수 없었다.

“아아, 내가 스스로 마음을 묶어 관세음보살님을 만나는 행운을 얻
고도 놓치고 말았구나! 스님이 현명하여 나보다 먼저 성불했으니, 원
컨대 옛 정을 생각해서 내게도 기회를 주시오.”

노힐부득은 달달박박을 위로하며 말했다.

“통속에 물이 아직 남아 있으니 그대도 목욕을 하오.”

달달박박이 남은 금빛 물에 목욕했더니 그 또한 아미타불이 되었
다. 백월산 아랫마을에 사는 이가 노힐부득의 암자를 찾았다가 두 불
상이 마주 앉아 있는 것을 보고 깜짝 놀라 달려 내려갔다. 마을 사람
들은 이 놀라운 소식을 듣고 앞을 다투어 달려와서는 참배하였다. 모
두들 참으로 있기 힘든 드물고 드문 일이라고 감탄을 연발했다. 두 성
인은 모여든 사람들에게 진리를 설법해주고는 구름을 타고 가 버렸
다.

경덕왕이 즉위해서 이 일을 전해듣고 백월산에 큰절을 세우고 이름
을 백월산 남사(南寺)라 하였다. 절은 7년 만에 완성되었다. 금당에
는 미륵불상을 안치하고 또 강당에는 아미타불상을 안치했는데, 목욕

통에 남은 물이 부족해서 고루 바르지 못했기 때문에 아미타불상에는 얼룩진 자국이 있다.

　이를 기린다.


　〈달달박박〉
　깊은 산 바위 앞에 문 두드리는 저 소리
　어느 길손이 날 저물어 찾아왔는고
　남쪽 암자 가까우니 그리로 가시고
　나의 뜰 푸른 이끼 밟아 더럽히지 마오.


　〈노힐부득〉
　해저문 골짜기에 어찌 가라 하리오.
　남쪽 창 아래 자리 있으니 머문들 어떠리.
　밤늦도록 백팔염주 헤이고 또 헤이지만
　염불소리 시끄러워 잠 못 들까 걱정이네.


　〈성스러운 낭자〉
　소나무 그늘 십리 길을 헤매어
　한밤중에 중을 찾아 시험하러 오시니
　세 차례 목욕하고 하늘이 밝을 무렵
　두 아이 낳아 놓고 서쪽으로 가셨네.


## 분황사의 천수대비, 눈 먼 아이 눈을 뜨게 하다

　경덕왕 때이다. 한기리에 사는 여인 희명의 아이가 출생한 지 5년이 되었을 때 갑자기 눈이 멀었다. 어느 날 그 어머니 희명은 아이를 안고 분황사의 좌전 북쪽 벽에 그린 천수대비 화상 앞에 나아가 아이를 시켜 노래를 지어 빌게 하였더니 그 아이의 멀었던 눈이 떠졌다.

무릎을 끊으며
두 손바닥 모아
천수관음전에 축원의 말씀 올리나이다.
천 손과 천 눈을 가지셨으니
하나를 덜어 둘 다 없는 내게 하나라도 주시옵소서.
아으, 내게 주시면 그 자비 얼마나 크겠나이까?

이를 기린다.

대나무 말 타고 파피리 불며 거리에서 놀더니
뜻밖에 두 눈의 총기 잃어버린 아이.
천수대비 자비로운 눈 돌려주지 않았던들
그 몇 봄이나 버들 꽃을 못 보고 지냈을꼬.


## 낙산의 두 성인 관음과 정취 그리고 조신

옛날에 의상법사가 처음 당나라에서 돌아왔을 때이다. 법사는 관음보살 진신이 해변의 동굴 안에 머물러 있음을 들었다. 그래서 이름을 낙산(洛山)이라 했다. 그것은 서역의 보타락가산(寶陀洛伽山)이 바로 백의 대사의 진신이 머물러 있는 곳이기 때문에 그 산의 이름을 따와서 지은 것이다.

의상법사는 재계한 지 7일 만에 새벽 물 위에 포단을 띄우고 올라탔다. 용천팔부들이 시중을 들며 동굴 안으로 법사를 인도해 들어갔다. 법사는 굴 안의 허공을 향해 예를 올렸다. 그러자 허공에서 수정 염주 한 꾸러미가 나와 의상법사에게 주어졌다.

의상법사가 그 염주를 받아 물러 나오자 동해의 용이 또한 여의주 한 알을 바쳐왔다. 의상법사는 그 염주며 여의주를 받들고 나왔다. 다시 7일 간을 재계한 후, 굴 안으로 들어가 마침내 관음 진신을 보았다.

관음 진신은 의상법사에게 말하였다.

"바로 네가 앉아 있는 자리 위의 이 산꼭대기에 한 쌍의 대나무가 솟아나리라. 거기에 불전을 짓는 것이 좋으리라."

의상법사는 관음 진신의 이 계시를 받고 굴을 나왔다. 과연 대나무가 땅에서 솟아 나왔다. 그 자리에다 금당을 짓고 관음상을 모셨다. 상은 그 둥그런 얼굴이며 아리따움이 흐르는 몸매가 틀림없는 하늘이 주신 모습 같았다.

이렇게 금당을 짓고 소상을 모셨더니. 그 대나무는 도로 없어지는 것이었다. 비로소 그곳이 바로 관음 진신이 머무는 곳임을 알았다. 그리하여 그 절을 낙산사라 했다. 의상법사는 관음에게서 받은 염주와 동해의 용에게서 받은 여의주를 불전에 안치해 두고 그곳을 떠났다.

그 뒤를 이어 원효대사가 그곳을 순례하기 위해 왔다. 처음 그 남쪽 들녘에 이르렀을 때 흰옷을 입은 한 여인이 논에서 벼를 베고 있었다. 원효대사가 장난으로 그 벼를 좀 달라고 청하자 여인은 벼가 흉년이 들었노라고 역시 장난조의 대답을 하였다.

원효대사가 길을 걸어 다리 아래에 이르렀을 때, 한 여인이 월수가 묻은 빨래를 하고 있었다. 원효대사가 그 여인에게 마실 물을 달라고 하자 여인은 월수를 빨아낸 더러운 물을 떠서 주었다. 원효대사가 그 물을 쏟아버리고 다시 냇물을 떠서 마셨다.

그때 들에 서있는 소나무 위에서 한 마리 파랑새가,

"제호스님은 그치십시오."

라고 말하고는 홀연 간 곳 없이 사라졌다. 그 나무 아래엔 신 한 짝이 벗겨져 있음을 보았다. 원효대사는 드디어 낙산사에 이르렀다. 관음좌 아래에 앞서 보았던 그 벗겨진 신의 다른 한 짝이 놓여져 있었다. 원효대사는 비로소 앞서 오던 길에서 만났던 그 여인들이 바로 관음의 진신임을 알았다. 그 때문에 당시 사람들은 들에 선 그 소나무를 관음솔이라 불렀다. 원효대사는 그 굴에 들어가 다시 관음의 참모습을 보려고 했으나 풍랑이 크게 일어나 들어가지 못하고 그대로 떠났다.

그 후에 굴산조사 범일이 당 문종 연간(827~835)에 당나라로 들어갔다. 명주에 있는 개국사에 갔더니 왼쪽 귀가 떨어져 나간 한 중이 뭇 승려들 가운데 한 말석을 자리하고 있었다.

그 중은 범일에게 다가왔다.

"나 역시 신라 사람입니다. 집은 명주 익령현 덕기방에 있습니다. 스님이 후일 본국에 돌아가시거든 꼭 나의 절을 지어주십시오."

그 뒤 범일은 두루 대중이 모이는 법석들을 돌아 보다 염관에게서 법을 얻어 신라 문성왕 즉위 9년 847년에 본국으로 돌아왔다. 그는 먼저 굴산사를 창건하여 교를 전했다.

신라 헌안왕 즉위 2년 858년 2월 15일 밤 꿈에 전 날 당나라 개국사에서 만났던 그 중이 창 아래 와서 말했다.

"지난 날 명주 개국사에서 법사와 한 가지 약속을 하였고, 법사가 이미 승낙까지 했거늘 왜 그리 늦는 것입니까?"

범일은 놀라 깨었다. 종자 수십 인을 데리고 익령현으로 가서 그 중의 거처를 찾았다. 낙산 아랫마을에 한 여인이 살고 있어 이름을 물어 보았더니 바로 덕기라고 하였다. 그 여인에게는 이제 여덟 살 된 아들하나가 있었다.

그 아이는 항상 마을 남쪽에 있는 돌다리 곁에 나가 놀곤 하였다. 그러던 어느 날 그 아이는 어머니 덕기에게 자기와 같이 노는 동무 중에 금색동자가 있다고 말하는 것이었다. 그 어머니는 그 사실을 범일에게 알려 주었다. 범일은 놀랍기도 하고 한편 반가워하며 그 아이를 데리고 아이가 항상 놀던 그 돌다리 아래를 가서 찾아보았다.

물 속에 한 석불이 있었다. 꺼내보니 석불은 왼쪽 귀가 떨어져 나가고 없었다. 지난날 명주의 개국사에서 보았던 그 중과 같았다.

바로 정취 보살의 상이었다. 범일은 곧 간자를 놀려 불전을 지을 자리를 점쳤더니 낙산 위가 길하다고 나왔다. 이에 불전 세 칸을 그곳에 지어 그 석상을 안치하였다.

그로부터 100여 년 뒤 들불이 일어나 낙산까지 번져왔다. 관음보살상과 정취보살상이 안치되어 있는 두 불전만은 그 불의 피해가 없었으나 나머지 다른 데는 다 타버렸다.

몽고의 대군이 침입한 이후 계축·갑인 연간(1253~1254)에 관음과 정취 두 보살의 상과 의상법사가 받아 봉인했던 그 두 가지 보주를 양주성으로 옮겨놓았다. 몽고의 공격이 매우 급격하여 성이 함락 직전에 놓여 있었다. 주지인 선사 아행이 은함에다 두 보주를 담아 가지고 도망치려고 하자 걸승이란 이름의 사노가 그것을 빼앗아 땅속 깊이 묻었다.

그리고 그는 결의하였다.

"만일 내가 이 병란에 죽음을 면하지 못한다면 두 보주는 영원히 인간 세상에 나타나지 못하여 아무도 아는 사람이 없게 될 것이다. 만일 내가 죽지 않고 살아 남는다면 두 보주를 받들어 나라에 바치리라."

1254년 10월 22일 양주성은 함락되었다. 아행은 죽었으나 걸승은 살아 남았다. 군사들이 퇴각한 후에 그 두 보주를 파내어 명주성 감창사에 바쳤다. 당시 낭중 이녹수가 감창사로 있었는데, 그 보주들을 받아 감창고에 간수했다. 그리고 감창사가 교대될 때마다 인계해 주었다.

고종 45년 1258년 10월에 우리 불교계의 원로인 지림사 주지 대선사 각유가 진언하였다.

"낙산사의 두 보주는 국가의 신성한 보물입니다. 양주성이 함락될 때 걸승이 성안에 묻어두었다가 군사들이 물러가자 도로 파내어 감창사에게 바쳤습니다. 그래서 지금 그 보주는 명주 관아의 곳간에 소장되어 있습니다. 명주성이 그것을 보존해나갈 수 없을 듯 하오니 어부로 옮겨와 안치해야 합니다."

임금께서 허락하셨다. 야별초군 10명을 출동시켜 걸승을 데리고 명주성에서 가져다 궐내의 부고에 안치했다. 그때 사자로 갔던 야별초군 10명에겐 각각 은 한 근과 쌀 다섯 점을 주었다.

옛날 신라시대의 일이다. 세달사란 절이 있어 그 절의 장원이 명주 날리군에 소재해 있었다. 본사(本寺)에서는 중 조신을 그 절의 관리인으로 파견했다.

조신은 날리군의 그 장원에 와 있으면서 태수 김흔의 딸을 깊이 연모하게 되었다. 그는 누차 낙산사의 관음보살 앞에 나아가 그녀와의 결합을 남몰래 빌었다.

몇 년이 지난 뒤, 김흔의 딸은 이미 시집을 가버리고 말았다. 조신은 관음보살 앞으로 갔다. 관음보살이 자기의 그 소원을 성취시켜주지 않음을 원망하여 그는 슬퍼 울었다. 날이 저물 무렵 그는 그리움에 지쳐 깜빡 풋잠이 들었다.

꿈이었다.

그 김씨 처녀가 반가운 얼굴로 문을 들어섰다. 함빡 웃으면서 그녀는 조신에게 다가왔다.

"저는 대사님의 모습을 어렴풋이 나마 보고부터는 마음 속 깊이 사모해 왔습니다. 한시도 대사님을 잊은 적이 없었습니다. 부모님의 명령에 마지못해 시집을 갔지만 대사님과 죽어서도 한 무덤에 묻히고 싶어 이렇게 왔습니다."

조신은 기뻐 어쩔 줄 몰랐다. 함께 고향으로 돌아갔다.

40여 년의 세월을 살았다. 자식만 다섯을 두었을 뿐 집안에 남은 것이라곤 하나도 없었다. 죽 마저 넉넉하지 못했다. 드디어 실의에 찬 몰골들로 먹고살기 위해 사방을 헤매 다녔다.

이렇게 10년 간 초야를 유랑하였다. 너덜너덜해진 옷은 몸을 가리지 못했다. 명주 해현 고개를 지나다가 열다섯 살 난 큰 아이가 굶어 죽었다. 통곡을 하며 시체를 거두어 길에다 묻었다. 남은 네 자녀들을 데리고 우곡현으로 왔다. 길 곁에다 띠풀을 엮어 집을 짓고 살았다.

부부는 이미 늙고 병들었다. 거기에다 굶주림에 지쳐 일어나 다닐 수 없었다. 열 살 난 딸아이가 돌아다니며 구걸을 하다 마을의 개에 물려 아파서 울부짖으며 누워 있었다. 부부는 탄식을 하며 눈물을 하염없이 흘렸다.

아내가 눈물을 훔치고 나더니 돌연 얘기를 꺼냈다.

"내가 당신과 처음 만났을 때는 얼굴도 아름다웠고 나이도 젊었습니다. 그리고 의복도 깨끗하고 고운 것이었습니다. 한 가지라도 맛좋은 음식이 있으면 당신과 나누어 먹었고 두어 자 옷감이 생겨도 당신과 함께 지어 입었습니다. 이렇게 살아온 지 50년 정은 더할 수 없이 쌓였고 사랑은 얽히고 얽혀 정말 두터운 인연이라 할 만 했습니다. 그러나 근년 이래로 쇠약해져 병은 날로 더욱 깊어가고 춥고 배고픔은 날로 더욱 핍박하게 되었습니다. 남의 집 곁방살이에 하찮은 음식의 구걸도 사람들은 용납해주지 않았고 수많은 집 문전에서의 그 수치는 산더미 같았습니다. 아이들이 추위에 떨고 굶주림에 지쳐 있어도 그걸 면하게 해주지 못하고 있습니다. 사정이 이러한데 어느 겨를에 부부간의 애정을 즐길 수 있겠습니까? 젊은 날의 고운 얼굴, 예쁜 웃음은 풀잎 위의 이슬 같고 굳고도 향기롭던 그 가약도 한갓 바람에 날리는 버들가지 같습니다. 당신에겐 내가 짐이 되고, 나는 당신 때문에 괴로워하고 있습니다. 곰곰이 지난날의 즐거움을 생각해 보면 그것이 바로 번뇌의 시작이었습니다. 당신이나 나나 어찌하여 이 지경에 이

르렀는지? 뭇 새가 모여 있다 함께 굶어 죽기보다는 차라리 짝 없는
난새가 거울을 향하여 짝을 부르는 것이 낫지 않겠습니까? 편할 때는
친하고 어려울 때는 버리는 것이 인정상 차마 못할 짓이긴 합니다만,
가고 머무는 것이 사람의 뜻대로 되는 것이 아니요, 헤어지고 만남에
는 운명이 있습니다. 바라건대 여기서 서로 헤어지도록 하십시다."

조신은 아내의 제의를 듣고 무척 반가워했다. 네 아이들을 각각 둘
씩 나누어 갈라서려 할 때 아내가 말했다.

"나는 고향으로 갈 것이니 당신은 남쪽으로 가시오."

서로 잡았던 손을 놓고 돌아서서 길을 나서려 할 때 조신은 꿈에서
깨어났다. 쇠잔한 등불이 너울거리고 밤은 깊어가고 있었다. 다음날
아침에 보니 머리털이 하얗게 세어 있었다. 조신은 멍청히 넋이 나간
듯, 인간 세상에의 뜻이라곤 전혀 없었다. 이미 인간의 그 고된 생애
에 대한 염증이 느껴졌다. 마치 실제 백 년의 고생을 모조리 겪기라도
한 듯 했다. 탐욕의 마음은 얼음 녹 듯 말끔히 가시었다.

조신은 관음의 그 성스러운 모습을 부끄러이 우러러 보며 참회를
금할 수 없었다. 해현으로 가서 꿈속에서 굶어죽은 큰 아이를 묻었던
자리를 파 보았더니 돌미륵이 나왔다. 깨끗이 씻어서 그 부근의 절에
다 봉안하고 조신은 서울로 돌아가 절 관리의 임무를 사임하였다. 그
리고 사재를 들여서 정토사를 세우고 부지런히 수행을 하였다. 그 후
에 아무도 그의 종적을 알 수 없었다.

논평하건대 이 조신의 전기를 읽고 나서 책을 덮고 차근히 지난 일
을 생각해보니, 어찌 꼭 조신스님의 꿈만 그러하겠는가? 모두들 속세
가 즐거운 줄 알고 애를 쓰지만 이는 단지 깨닫지 못했기 때문이다.

이에 노래를 지어 경계한다.


즐거운 시간은 잠시뿐 어느새 시들어
남모르는 근심 속에 늙음이 오네.

한 끼 조밥이 익기를 다시 기다릴 새 없이
힘든 일생 한바탕 꿈임을 깨달았네.
몸 닦음의 깊은 뜻은 참되게 함에 있거늘
홀아비는 미녀를 꿈꾸고
도적은 보물을 꿈꾸는구나
어찌 가을날 맑은 밤 꿈으로
때때로 눈을 감아 청량의 세계에 이르는가.


## 만어산의 부처 그림자

《고기(古記)》에 따르면 만어산은 예전에 자성산 혹은 아야사산이라 부르던 곳으로 가야국 바로 옆에 있었다. 수로왕이 하늘에서 내려와 가야를 다스리던 시절, 나라 안에 옥지(玉池)라는 연못이 있었다. 이 연못에는 사람들에게 해를 입히는 독룡이 살고 있었다. 독룡은 만어산에 살고 있던 다섯 나찰녀와 친해져 늘 서로 왕래하며 지냈다. 이들은 이따금 한 번씩 번개와 비를 내렸는데 그 바람에 4년 동안 가야국에서는 한 알의 곡식도 거둘 수가 없었다.

수로왕이 온갖 주술을 써서 이들의 행패를 막으려 했지만 도저히 이룰 수가 없었다. 왕은 마침내 부처님 앞에 머리를 조아리고 설법을 청했다. 부처님의 설법을 들은 나찰녀들은 그 자리에서 불교에 귀의하였다. 그 후로 어떤 피해도 없었음은 물론이고 동해의 물고기들과 용들이 돌로 변해서 쇠북 소리를 내는 기적도 일어났다.

고려 명종 11년 1180년에 처음으로 만어산에 만어사를 세웠는데, 이때 보림스님이 올린 글에 이렇게 적혀 있었다.

이 산의 기이한 자취 중에는 인도에서 전해지는 부처 그림자의 이적과 똑같은 일이 세 가지 있습니다. 첫째는 산 근처 옥지에 독룡이 살고 있다는 사실이요, 둘째는 가끔 강가에서 구름 기운이 일어 산봉우리까지 이르는데 그 구름 속에서 음악소리가 들린다는 것이며, 셋째는 부처 그림자가 있는 서북쪽으로 반석이 있어 언제나 물이 괴어 마르지 않는데 이곳이 부처님의 가사를 빨던 곳이라는 것입니다.

내가 직접 가서 참배해 보니 또한 공경할 것이 두 가지가 있었다. 하나는 동굴 속의 돌들이 대부분 금과 옥소리를 내는 것이요, 둘은 멀리서 보면 부처님의 그림자가 나타나는데 멀리서 보면 보이고 가까이 가면 스러져 보이기도 하고 보이지 않기도 한다는 것이다.

《관불삼매경(觀佛三昧境)》이라는 책에도 비슷한 이야기가 전한다.

옛날 야건가라국이라는 나라에서 있었던 일이다. 그 나라의 아나사산 남쪽에는 악귀들이 사는 굴이 있었는데 다섯 악귀들은 암용으로 변해 독룡과 친하게 지냈다. 이들은 툭하면 우박을 내리고 횡포를 부려서 나라에는 기근과 질병이 4년 동안 계속되었다. 왕이 천지신명께 기도하며 제사를 지냈지만 아무 효과가 없었다.

그때 범지라는 한 지혜로운 자가 있었는데 왕에게 아뢰었다.

"가비라국(석가모니가 태어난 나라) 정반왕의 왕자가 성불해서 석가모니라 불리고 있습니다. 그분께 도움을 청함이 어떻겠습니까?"

왕이 이말을 듣고 기뻐서 부처님에게 예배드리며 말했다.

"이제 부처님 세상이 되었는데도 어째서 이 나라에는 오시지 않으십니까?"

부처님은 왕의 청을 들어주기로 하고 여섯 가지의 신통력을 갖춘 제자들을 데리고 그곳으로 갔다. 부처님의 이마에서 광채를 내며 일만이나 되는 천신들을 부처로 만들어 거느리고 나타났다.

용과 악귀들은 그 위엄에 눌려서 엎드려 예배하였다. 부처의 설법을 듣고 감동한 용은 합장하며 간청했다.

"바라옵건대 부처님께서 항상 이곳에 계셔 주소서. 만일 부처님께서 계시지 않는다면 저희들은 또 악한 마음이 생겨서 죽어도 깨달음을 얻을 수 없을 것이옵니다.”

그때 범천왕이 있다가 부처님께 예배하며 청했다.

“부처님께서는 미래 세계의 모든 중생들을 생각하시고 이 작은 용만을 위해서는 아니 됩니다.”

옆에 있던 천신들도 모두 이구동성으로 간청했다. 용이 칠보로 만든 대를 가져와 부처님께 바치자 부처가 말했다.

“이 대는 필요 없으니 너는 다만 악귀들이 있던 석굴이나 내게 보시하여라.”

용은 너무나 기뻐하며 그대로 따랐다. 부처님은 용을 위로하며 이렇게 말했다.

“내가 이제 네 청을 받아들여 네 굴속에서 1,500년을 앉아 있으리라.”

“순간 부처님은 몸을 솟구쳐 돌 속으로 들어갔다. 돌은 맑은 거울처럼 변해서 마치 사람의 얼굴이 보이는 것 같았다. 모든 용들이 나와 돌을 통해 비치는 부처님의 모습을 보며 합장하고 즐거워했다. 석벽속에 가부좌를 하고 앉은 부처님의 모습은 멀리서 보면 나타나고 가까이 가면 나타나지 않았으며 여러 천신들이 그 그림자에 공양하니 부처의 그림자가 또한 설법하였다. 또 부처님이 바위 위를 밟으시면 금과 옥이 구르는 소리가 났다고 전한다.

《고승전(高僧傳)》에서는 다음과 같이 전한다.

혜원이 천축에 부처의 그림자가 있다는 말을 들었다. 옛날 용을 위해 남겨 놓은 그림자인데, 북천축국의 월지국(月支國) 나갈가성(那竭呵城)의 남쪽, 고선인(古仙人)의 석실 안이다.

또 법현의 《서역전(西域傳)》에는 다음과 같이 전한다.

나갈국의 경계에 이르러 나갈성 남쪽에서 반나절쯤 걸어가면 석실이 나오는데 박산(博山)의 서남이다. 부처가 그림자를 남겨 놓았다. 중심에서 10보쯤 떨어져서 보면 진짜 부처의 모습 같이 밝은 빛이 환히 드러나지만 멀어질수록 점점 희미해진다. 여러 나라의 왕들이 기술자를 보내 그려 보라 했지만 아무도 비슷하게 그리지 못하였다.

이 나라 사람들의 말로는 현겁(賢劫)의 1천명 부처가 모두 이곳에 모습을 남기리다 라고 한다. 부처의 그림자 서쪽 1백 보쯤이 부처가 세상에 있을 때 머리를 깎고 손톱을 자른 곳이다.

성함(星函)의《서역기(西域記)》제2권에는 다음과 같이 전한다.

옛날 부처가 있을 때였다. 용이 소를 치는 신하가 되어 왕에게 젖을 짜서 바치는데, 그 시기를 잘못 잡아 꾸지람을 듣게 되자, 마음 속에 원한을 가졌다. 그래서 금으로 만든 잔을 팔아 꽃을 사서 공양하고 솔도파(경전이나 유골을 모시는 용도로 사용되는 일종의 탑)에 적어 놓았다.

'나쁜 용이 되어 나라를 깨고 왕을 해치겠다.'

그리고 나서 굳이 이 석벽을 골라 오르더니 몸을 던져 죽었다. 드디어 이 굴에 살며 큰 용왕이 되자 악한 마음이 일어났다. 부처가 이를 보고 신통력으로 변신해서 왔다. 이곳에 이르자 용이 부처를 보고 독한 마음이 없어져 불살계(不殺戒)를 받았다. 그런 다음 부처에게 청했다.

"부처님께서는 늘 이 굴에 사시면서 제 공양을 받아주십시오."

"나는 이제 곧 세상에서 사라질 것이다. 너를 위해 내 그림자를 남겨두리니, 네가 만약 독한 마음이 생기면 언제나 내 그림자를 보거라. 독한 마음이 그칠 것이다."

부처는 혼자 석실 안으로 들어갔다. 모습이 멀리서 보면 나타났다가도 가까이 가면 보이지 않았다. 또 바위 위에 있는 발자국을 칠보로 삼게 했다.

이상은 모두 경문(經文)인데 대략 이렇다. 우리나라 사람들이 이 산을 아나사(阿那斯)라 한 것은 마땅히 마나사(摩那斯)라고 해야 한다. 이를 번역하면 물고기(魚)이다. 대개 저 북천축의 일을 끌어다 산 이름을 부른 것이다.


## 오대산의 오만 진신

산중에 있는《고전》에는 다음과 같이 전한다.

이 산을 문수보살이 머문 곳이라고 처음 적은 이는 자장법사이다. 처음 법사가 중국 오대산의 문수진신을 뵙고자 당나라로 들어간 것은 선덕왕 때인 636년의 일이다.

당나라에 들어가자마자 중국의 대화지(大和池)가에 문수보살의 석상이 있는 곳에서 경건히 7일 동안 기도를 드렸다. 문득 꿈에 부처가 나타나 네 구절로 된 게(偈)를 주었다. 깨어나서 기억이 나지만 모두 산스크리트어이기에 무슨 뜻인지 알 수 없었다.

다음 날 아침 홀연히 한 승려가 나타났다. 그는 붉은 비단에 금점이 박힌 가사 한 벌과 부처의 바리대 하나, 부처의 머리 뼈 한 조각을 가지고 법사의 곁으로 와서 물었다.

"무슨 일로 그렇게 멍하니 계시는가?"

"꿈에 네 구절로 된 게를 받았는데, 도무지 무슨 뜻인지 알 수 없소이다."

승려는 다음과 같이 해독해 주었다.

"가라파좌낭시는 '모든 법을 알았다', 달예치거야는 '본디 성품은 아무 것도 가진 게 없다', 낭가희가낭은 '이와 같이 법성(法性)을 풀면', 달예노사나는 '곧 노사나불을 보게 되리라' 라는 뜻이오."

해독을 마친 승려는 가지고 왔던 가사 등을 주면서 부탁했다.

"이것은 본래 우리 스승 석가모니께서 쓰신 도구들이오. 그대가 잘 지키시오. 그대 나라의 북쪽 명주 경계에 오대산이 있소. 만 명의 문수보살이 거기에 늘 계시니, 그대는 가서 뵙도록 하시오."

말을 마치고는 사라졌다. 두루 찾아보았으나, 빈 자취뿐이었다. 동쪽으로 돌아오려 할 때, 대화지의 용이 모습을 나타내고 재를 부탁하여 7일 간 공양하였더니 용이 알려 주었다.

"지난번에 게를 해독해 주신 승려가 바로 문수보살의 진신입니다."

용은 이어서 절과 탑을 세울 것을 부탁하였다. 부탁을 받아 절을 짓고 탑을 세운 일은 다른 전기에 모두 실려 있다.

643년에 법사가 오대산에 이르러 3일 동안 진신을 뵙고자 했으나, 어둡고 흐려 이루지 못하고 돌아갔다. 다시 원녕사에 머물면서 드디어 문수보살을 뵈었다. 그 이후 칡덩굴이 얽힌 깊은 산으로 갔으니, 지금은 정암사가 바로 그곳이다.

그 후에 범일(梵日)의 제자 신의(信義)스님은 자장법사가 쉬던 곳을 찾아와서 암자를 짓고 살았다. 신의가 죽자 암자 또한 오래도록 버려져 있었다. 수다사의 자로 유연(有緣)이 다시 지어 살았다. 바로 지금의 월정사이다.

자장법사가 신라로 돌아온 정신대왕 때, 태자 보천과 효명 두 형제가 하서부에 이르러 각간 세헌의 집에서 하루를 머물고 다음날 대관령을 넘었다. 각각 1천명의 무리를 이끌고 성오평에 이르러 며칠 동안 유람하였다.

그러던 어느 날 저녁에, 형제 두 사람이 은밀히 속세를 벗어날 뜻을 약속하더니, 남몰래 빠져나와 오대산으로 들어갔다. 모시던 무리들은 어디로 갔는지 알지 못한 채 서울로 돌아갔다.

두 태자가 산중에 이르자 푸른 연꽃이 피어났는데, 그곳에서 형은 암자를 짓고 머물렀다. 여기를 보천암이라 한다. 이곳에서 동북쪽을 바라보고 6백 보쯤 떨어진 곳이 북대(北臺)인데 남쪽 기슭에도 푸른 연꽃이 핀 곳이 있었다. 동생 효명태자가 이곳에 암자를 짓고 머물렀다.

제각기 부지런히 수련하면서 하루는 다섯 봉우리에 올라가 예불을 드렸다. 동대는 만월산인데, 1만 명의 관음진신이 나타나고, 남대는 기린산인데 여덟 분 큰 보살을 우두머리로 1만명의 지장보살이, 서대는 장령산인데 무량수여래를 우두머리로 1만명의 대세지보살이, 중대는 풍로산 또는 지로산인데 비로자나불을 우두머리로 1만명의 문수보살이 있었다. 이와 같은 5만 명의 진신에게 일일이 예불을 드렸다.

매일 새벽마다 문수대성이 지금 상원사인 진여원에 이르러 서른 여섯 가지의 모습으로 변하여 나타났다. 어떤 때는 부처의 얼굴로 나타나고 어떤 때는 보배스런 구슬로, 부처의 눈 형태로, 부처의 손 형태로, 보배스런 탑의 형태로, 부처의 머리 형태로, 온갖 형태로, 금빛 나는 북의 형태로, 금빛 나는 종의 형태로, 금강저의 형태로, 금빛 나는 옹기 형태로, 금빛 나는 바퀴의 형태로, 다섯 빛깔의 광명 형태로, 다섯 빛깔의 원광 형태로, 길상초의 형태로, 부처의 발 형태로, 번개 치는 형태로, 여래가 솟아오르는 형태로, 지신이 솟아오르는 형태로, 금빛 나는 봉황의 형태로, 금빛 나는 새의 형태로, 말이 사자를 낳는 형태로, 닭이 봉황을 낳는 형태로, 푸른 용의 형태로, 흰 코끼리의 형태로, 까치의 형태로, 소가 사자를 낳는 형태로, 어린 돼지의 형태로, 푸른 뱀의 형태로 나타났다. 두 사람은 매번 계곡의 물을 떠다 차를 끓여 공양을 바치고, 밤에는 각각 암자에서 수련하였다.

정신왕의 동생과 왕이 자리를 다투니 나라 사람들이 쫓아냈다. 장군 네 사람을 보내 산에 이르러 맞아오려 하였다. 먼저 효명의 암자에 이르러 만세를 부르자, 다섯 빛깔의 구름이 7일 동안 드리워져 덮었다. 나라 사람들이 구름을 찾아 모여들어, 왕의 의장을 벌여 놓고 두 태자를 모셔가려 했다. 보천은 울면서 사양하였다. 그러자 효명을 모시고 돌아가 왕위에 오르게 했다.

나라를 다스린 지 몇 년이 되었다. 705년 3월 4일 처음으로 진여원을 다시 짓고 왕이 몸소 뭇 신하들을 데리고 산에 이르러, 전당을 짓고 진흙으로 만든 문수대성의 소상을 사당 안에 모셔두었다. 선지식을 갖춘 영변스님 등 다섯 사람에게 돌아가며 화엄경을 독송케 하고, 이어 화엄사(華嚴社)를 결성하게 했다.

오래도록 공양할 비용으로 매년 봄과 가을 각각 산아래 가까운 주(州)와 현(縣)의 창고에서 쌀 1백 석과 좋은 기름 1석을 내도록 하였다. 이것은 언제나 지켜야 하는 규칙이었다. 진여원에서 서쪽으로 6천 보쯤 가니 모니점 고이현 밖까지 땔나무 할 15결 밤나무 밭 6결 그리고 좌위(坐位) 2결로 장사(壯舍)를 만들었다.

보천태자는 늘 그 영험스런 골짜기의 물을 길어다 마셨으므로 늘그막에는 육신이 공중으로 날아가 유사강 밖 울진국의 장천굴에 이르러 멈추었다. 수구다라니경을 외는 것으로 하루 일과를 삼았더니 굴의 신이 나타나 말하였다.

"내가 굴의 신으로 지낸 지 2천년이오. 오늘에야 비로소 수구진전(隨求眞詮)을 들었는데, 보살계를 받고자 하오."

보살계를 주고 난 다음 날, 굴은 자취도 없이 사라졌다. 보천은 놀라 20일을 머물다, 오대산 신성굴로 돌아와 또 50년을 수련하였다. 도리천의 신이 하루 세 번에 걸쳐 설법을 들었고, 정거천의 무리들이 차를 끓여 바쳤으며, 40명의 성인들은 10척쯤 공중에 떠서 언제나 지켜 주었다. 가지고 있는 지팡이가 하루에 세 번 소리를 내며 세 번씩 방을 둘러싸고 돌아 이것을 종과 경쇠로 삼고 때를 따라 수련하였다. 어떤 때는 문수보살이 물을 길어 보천의 이마에 붓고 성도기별(승려들이 쓰는 글을 총칭)을 주었다. 보천이 입적하던 날에 뒷날 산중에서 나라에 도움을 줄 만한 일들을 기록하였는데, 다음과 같다.

"이 산은 곧 백두산의 큰 맥이다. 각각의 대(臺)는 진신이 늘 계시는 곳이다. 푸른 색 방향인 동대의 북쪽 모서리 아래, 북대의 남쪽 기슭 끝에 관음방을 두고, 둥근 모습의 관음보살과 푸른 바탕에 1만 관음상을 그려 모셔두라. 복전 다섯 사람이 낮으로는 8권의 《금경》, 《인왕경》, 《반야경》, 《천수주》를 읽고 밤에는 《관음경》 예참(禮懺)을 염송하라. 이 곳을 원통사(圓通社)라 부르도록 하라. 붉은 색 방향인 남대의 남쪽 방향에 지장방을 두고 둥근 모습의 지장보살과 붉은 바탕에 8대 보살을 그려 1만 지장 상의 우두머리로 삼아 모셔 두라. 복전 다섯 사람이 낮에는 《지장경》, 《금강경》, 《반야경》을 읽고, 밤에는 《점찰경》 예참을 염송하라. 이곳을 금강사라 부르도록 하라. 흰색 방향인 서대의 남쪽 방향에 미타방을 두고 둥근 모습의 무량수불과 흰색 바탕에 무량수 여래를 그려 1만 대세지보살의 우두머리로 삼아 모셔 두어라. 복전 다섯 사람이 낮에는 8권의 《법화경》을 읽고, 밤에는 《미타경》 예참을 염송하라. 이곳을 수정사라 부르도록 하라. 검은색 방향인 북대의 남쪽에 나한당을 두고 둥근 모습의 석가와 검은 바탕에 석가 여래를 그려 5백 나한의 우두머리로 삼아 모셔 두어라. 복전 다섯 사람이 낮에는 《불보은경》, 《열반경》을 읽고, 밤에는 《열반경》 예참을 염송하라. 이곳을 백련사라 부르도록 하라. 노란색 방향인 중대의 진여원에 진흙으로 만든 문수보살의 부동상을 모시고 또 뒷벽에다 노란 바탕에 비로자나불을 그려, 36화형(化形)의 우두머리로 삼아 모셔 두어라. 복전 다섯 사람이 낮에는 《화엄경》, 《육백반야경》을 읽고 밤에는 문수보살 예참을 염송하라. 이곳을 화엄사라 부르도록 하라. 보천암을 다시 화장사(華藏寺)라 짓고 둥근 모습의 비로자나 세 분과 대장경을 모셔라. 복전 다섯 사람이 《문장경》을 읽고 밤에는 화엄신중을 염송하며, 매년 1백 일간 화엄회(華嚴會)를 열라. 이곳을 법륜사라 부르도록 하라. 이 화장사를 다섯 군데 사(社)의 본사로 삼고 굳건히 지켜라. 정행 복전에게 시켜 길이 향불을 피우게 하면 국왕은 오래 사시고 백성은 편안하여, 문무가 화평하고 풍성히 열리리라. 또 하원(下院)에 문수갑사를 마련해 절이 모두 모이는 장소로 삼고, 복전 일곱 사람이 밤낮으로 화엄신중 예참을 행하라. 이 일의 서른 일곱 사람이 쓰는 비용과 옷값은 하서부 안 여덟 주의 세금에서 충당하여 네 가지 일의 자금으로 써라. 대대로 군왕이 잊지 않고 지켜준다면 다행이겠다."

## 명주 오대산 보천 태자 전기

신라 정신왕의 아들 보천태자가 동생 효명태자와 함께 하서부 각간 세헌의 집에 이르러 하루를 보냈다. 다음날 대관령을 넘어 각각 1천 명의 무리를 데리고 성오평에 다다라 여러 날 유람하였다. 그러던 중 형제는 오대산으로 숨어버렸다. 무리들과 호위하던 사람들이 샅샅이 뒤졌으나. 찾지 못하고 모두 서울로 돌아갔다.

형이 중대(中臺)의 남쪽 아래 진여원 터에 나타나자, 산 끄트머리에 푸른 연꽃이 곧장 피어나는 것이었다. 풀을 엮어 암자를 짓고 살았다. 동생 효명이 북대의 남쪽에 나타나자 산 끄트머리에 연꽃이 피어나 또한 풀을 엮어 암자를 짓고 살았다. 두 형제는 예를 다하여 수행하며 오대(五臺)에 나아가 경건히 예배를 드렸다.

푸른 색 방향은 동대의 만월형산인데 관음진신 1만 분이 늘 계시고, 붉은 색 방향은 남대의 기린산인데, 8대 보살이 우두머리가 되어 1만 분의 지장보살이 늘 계시고, 흰색 방향은 서대(西帶)의 장령산인데 무량수여래가 우두머리가 되어 1만 분의 대세지보살이 늘 계시고, 검은 색 방향은 북대의 상왕산인데 석가여래가 우두머리가 되어 5백 대나한이 늘 계시고, 노란색 방향은 중대의 풍로산 또는 지로산인데, 비로자나가 우두머리가 되어 1만 분의 문수보살이 늘 계셨다.

진여원의 문수대성은 매일 아침 인시(寅時)에 서른 여섯 가지 모습으로 나타나, 두 태자가 함께 예배드렸다. 날마다 이른 아침에 골짜기의 물을 길어다 차를 끓여 1만 진신과 문수보살에게 공양하였다. 정신태자 아우 부군이 신라의 왕위를 놓고 다툼을 벌이다 죽게 되었다. 나라 사람들이 네 사람의 장군을 보내 오대산의 효명태자 앞에 이르러 만세를 불렀다. 곧바로 다섯 색깔의 구름이 오대산부터 신라까지 덮여 일곱 날 일곱 밤 동안 빛을 뿜었다. 나라 사람들이 빛을 따라 오대산에 이르러 두 태자를 모시고 돌아가려고 하였다. 그러나 보천태자가 눈물을 흘리며 돌아가지 않겠다고 하여 효명태자만을 모시고 돌아와 왕위에 올렸다. 20여 년 동안 왕위에 있었는데, 705년 3월 8일 처음 진여원을 세웠다고 한다.

보천태자는 늘 골짜기의 신령스런 물을 길어다 마셨으므로 몸이 하늘로 떠올라 유사강에 이르러 울진국의 창천굴로 들어갔다. 여기서 수도를 하다 오대산의 신성굴로 돌아와 50년을 수도했다고 한다. 오대산은 곧 백두산의 큰 줄기로 각 대에는 진신이 늘 계셨다 한다.


## 오대산 월정사의 다섯 성중

월정사에 전하는 고기(古記)를 살펴보면 다음과 같은 기록이 있다.

자장법사가 처음 오대산에 이르러 진신을 만나 뵈려고 산기슭에 띠를 엮어 7일을 머물렀으나 보지 못하였다. 그러자 묘범산에 이르러 정암사를 지었다.

뒤에 유동보살의 화신이라 불리는 신효거사가 공주에서 살고 있었는데 어머니를 효성껏 모셨다고 한다. 어머니는 고기가 아니면 밥을 먹지 않아 거사가 늘 고기를 구하러 나갔다. 어느 날 들에서 학 다섯 마리를 보고 쐈다. 그 가운데 한 마리가 깃털 하나를 떨어뜨리고 가버렸다. 거사가 그 깃털을 집어 눈을 가리고 사람을 보니 사람이 모두 짐승으로 보였다. 그런 까닭에 고기를 얻지 못하고 자기 허벅지 살을 베어 어머니에게 드렸다.

뒤에 출가하여 자기 집을 내놓아 절을 만들었는데 지금의 효가원이다. 거사는 경주 근방에서 강릉까지 가면서 깃털로 눈을 가리고 많은 사람을 보았다. 이제는 사람의 모습이었다. 그래서 이곳에 머물 마음이 생겼다. 길에서 늙은 아낙을 만나 물었다.

"살만한 곳이 있습니까?"

"서쪽 고개를 넘으면 북쪽을 바라보는 골짜기가 있어요. 살만합니다."

말을 마치자 보이지 않았다. 거사는 관음보살이 가르쳐 준 것임을 알고서, 성오평을 지나 자장법사가 처음 띠를 엮었던 곳으로 들어가 살았다. 잠깐 사이에 다섯 비구가 나타나 말했다.

"그대가 가져온 가사 한 벌은 지금 어디 있소."

거사는 멍멍해졌다.

"그대가 집어서 사람을 본 깃털이 바로 가사라오."

거사가 내보이자 비구가 곧 가사의 떨어진 쪽에다 깃털을 대보았다. 딱 맞았다. 깃털이 아니라 베였던 것이다. 거사가 다섯 비구와 헤어진 다음 비로소 이들이 다섯 성중(聖衆)의 화신임을 알았다.

이 월정사는 자장이 처음 띠를 엮었고 다음 신효거사가 와서 살았으며, 그런 다음 범일의 제자인 신의스님이 와서 암자를 짓고 머물렀다.

뒤에 수다사의 장로 유연이 와서 살자 점점 커져 큰 절이 되었다. 절의 다섯 성중과 9층 석탑은 모두 성스러운 유적이다. 풍수를 보는 이가 '나라 안의 이름난 산에서 이 땅이 가장 낫다. 불법이 길이 흥성할 곳이다'라고 하였다.

# 남월산

절은 서울의 서쪽 동남쪽 20리쯤에 있다. 금당의 주미륵존상 화광 후기에서는 다음과 같이 전한다.

719년 2월 15일에 중아찬 김지성이 돌아가신 아버지 인장 일길간 과 어머니 관초리 부인을 위해 삼가 감산사 한 채와 돌미륵 하나를 세 웠다. 아울러 개원 이찬과 동생 간성 소사, 현도사 누이 고파리, 전처 고노리, 후처 아호리 그리고 이복 형제 급막 일길찬, 일당 살찬, 총민 대사, 누이 수힐매 등을 위해 함께 이 일을 했다. 돌아가신 어머니 초 리 부인이 고인이 되자 동해의 유우 가에 뼈를 뿌렸다.

미타불 화광 후기에서는 다음과 같이 전한다.

종아찬 김지성은 일찍이 상의봉어와 집사시랑을 거쳐 67세에 벼슬 을 그만두고 한가해지자 나라의 대왕과 이찬 개원, 돌아가신 아버지 인장 일길간, 어머니, 동생, 소사 양성, 승 현도, 죽은 처 고로리, 누이 고파리, 그리고 부인 아호리 등을 위해 감산의 집과 밭을 내놓아 절을 지었다. 이어 돌 미타상 하나를 만들고 죽은 아버지 인장 일길간을 받 들어 모셨다. 돌아가시자 동해의 유우 가에 뼈를 뿌렸다.


# 천룡사

서울 경주 동쪽 남산의 남쪽에 봉우리가 하나 우뚝 솟아 있거니와 흔히 고위산(高位山)이라고 한다. 이 산의 남쪽에 절이 있어, 사람들 은 고사(高寺) 또는 천룡사(天龍寺)라 부른다.

《토론삼한집(討論三韓集)》에서는 다음과 같이 전한다.

신라 땅 안에는 곁에서 흘러 들어온 물 두 줄기와 거슬러 흐르는 물 한 줄기가 있다. 그 거슬러 흐르는 물과 흘러 들어온 물의 두 근원이 천재를 막지 못하면, 천룡사가 뒤집히는 재앙을 불러오리라.

사람들 사이에서는 '거슬러 흐르는 물은 경주의 남쪽 마등오촌 남쪽에 흐르는 물이며, 또 이 물의 근원에 천룡사를 비롯된다' 라고 전한다.

중국에서 온 사신 악붕귀가 와서 보고는 '이 절을 부수면 며칠 지나지 않아 나라가 망할 것이다' 라고 했다.

또 이렇게도 전해 온다.

옛날 어떤 신도가 딸이 둘 있었는데, 천녀와 용녀였다. 부모가 두 딸을 위해 절을 지었으니 천룡사의 이름이 여기서 유래되었다. 부근이 특이하여 도를 닦기에 좋았으나, 신라 말에 허물어져 버린 지 오래되었다.

중생사 부처님이 최은성의 아들 최승로를 젖 먹여 기른 일이 있다. 승로가 숙을 낳고 숙이 시중 제안을 낳았다. 바로 이 제안이 다시 고쳐 허물어진 것을 일으켜 세우고 이어 석가 만일도량을 두었다. 조정의 명령을 받들어 신서와 원문을 그 절에 남겨 놓았다. 죽은 다음에도 절을 지키는 신이 되어 자못 신령스런 이적이 많았다. 그 신서는 대략 이렇다.

신도 내사시랑 동내사문하평장사 주국 최제안은 쓴다. 경주의 고위산 천룡사가 부서진 지 여러 해 되었다. 내가 특별히 임금께서 오래도록 사시고 백성이 평안함을 누리길 바래서 전당과 회랑 그리고 방과 부엌 등을 일으켜 세운 다음, 돌로 만든 불상 여러 개를 갖추었으며, 석가 만일도량을 열어두었다. 이미 나라를 위해 다듬고 세웠으나, 관가에서 주지를 정해 보내는 옳겠지만, 사람이 바뀔 때마다 도량의 승려들은 안심하지 못하기 십상이다. 시주 받은 논밭으로 절을 충분히 운영하는 경우를 살펴보자. 팔공산 지장사는 밭 200결을 넣었고, 비슬산 도선사는 밭 20결을 넣었고, 평양의 네 곳에 있는 산사들도 밭 20결씩을 받았다. 이 절들은 모두 직위가 있건 없건을 따지지 않고 모름지기 계를 잘 갖추고 재주가 뛰어나 이를 뽑아 절 안에서 모아진 의견에 주지와 분수승으로 삼았다. 이것은 늘 지켜지는 규칙이었다. 내가 이러한 소식을 듣고 기뻐하여 이 천룡사에서도 절의 여러 승려들 가운데 재주와 덕이 함께 높은 대덕을 가려 뽑아 기둥으로 삼고 주지에 앉히고자 한다. 오래오래 지키고 향불을 피워라. 이를 글로 모두 적어 강사에게 맡기고 당시 주지를 비롯한 유수관의 문통을 받아 도량의 여러 승려들에게 돌려 보였다. 모두들 마땅히 알고 있어야 한다. 1040년 6월 어느 날 관함(官銜)을 앞에 쓴 대로 갖추어 서명한다.

## 무장사의 미타전

서울의 동북쪽 20리쯤 암곡촌의 북쪽에 무장사가 있다. 제38대 원성대왕의 아버지 즉 명덕대왕으로 추봉된 대아간 효양이 숙부 파진찬을 기리기 위해 지었다. 그윽한 골짜기는 삐죽 솟아나 마치 깎아서 만든 것 같다. 그윽하고도 깊어서 저절로 순박한 마음이 생기니, 곧 마음을 쉬고 도를 즐길만한 신령스런 곳이다.

절의 위쪽에 오래된 미타전이 있다. 소성대왕의 비 계화왕후는 대왕이 먼저 죽자 마음이 우울하고 허황하기만 했다. 슬픔이 매우 커서 피눈물을 흘리고 마음은 가시에 찔리는 듯 했다. 그래서 왕의 밝고 아름다움을 기리고 명복을 빌기로 하였다.

이때 서방에 큰 성인이 있어 곧 미타라 하는데 지성껏 모시면 잘 구원하여 맞이해 준다는 말을 들었다.

"그 말씀이 진실이니, 어찌 나를 속이리오."

이에 갖추어 입은 온갖 호사스런 옷을 시주하고 창고에 가득 쌓인 재물을 내놓아 좋은 기술자를 불러다 미타상 하나와 여러 신들을 만들어 모셨다.

이 보다 앞서 이 절에는 한 노승이 살았다. 문득 꿈에 진인이 석탑의 동남쪽 언덕 위에 앉아 서쪽을 바라보고 대중들에게 설법을 하였다. 노승은 속으로 이 땅이 반드시 불법이 머무를 곳이라 생각했으나, 마음 속에 감춰두고 사람들에게 말하지 않았다.

바위는 험준하고 물살은 세서 기술자가 손을 대지 못하고 모두들 불가능한 곳이라 하였다. 그러나 땅을 골라내 평탄한 터를 만드니, 절채를 지을 만 했고 확실히 신령스런 터전이었다. 보는 사람마다 놀라지 않는 이가 없이 좋다고 칭찬하였다. 지금은 미타전은 무너지고, 이 절 하나만 남아 있다.

사람들이 전하기로는 '태종이 삼한을 통일한 다음, 계곡 안에 무기와 투구를 감추어 두었기에 무장사라 이름지었다' 한다.


## 백엄사의 석탑사리


946년 10월 29일 강주 땅 임도대감주첩(任道大監柱貼)에 선종의 백엄사는 초팔현(草八縣)에 위치해 있는데 절의 승려 간유 상좌는 나이가 39세이다 라고 전한다. 절의 내력은 알지 못한다. 다만 예전부터 전해오는 바에 따르면 신라 때 북댁청(北宅廳)이 터를 내놓아 절을 세웠다 한다.

중간에 오랫동안 없어졌다가 지난 1026년에 사목곡 양부화상이 다시 지어 주지로 있다가 1037년에 돌아가시고, 1045년 희양산 긍양화상이 와서 10년을 살다 1055년에 돌아가셨다. 이때 신탁화상이 남원의 백암수에서 와서 이 절에 들어 법대로 주지를 지냈다.

1065년 11월 이 절의 주지 득오미정대사와 승려 수립이 절에서 지켜야 할 10가지 조항을 만들고, 새로 5층 석탑을 세워 부처의 진신사리 42낱을 모셨다. 또한 사재를 털어 경비를 마련했는데 '해마다 공양할 것. 이 절에서 가장 훌륭히 불법을 지킨 스님 엄흔과 백흔 두 분과 근악 등 세 분의 신위 앞에 예물을 놓고 공양할 것. 금당 약사불 앞 나무 바리때에 매달 초하루 쌀을 갈 것' 등의 조항이 있다. 이하는 싣지 않는다.


## 영취사

절에 있는 옛 기록에는 다음과 같이 전한다.

신라의 진골인 제31대 신문왕 때인 683년에 재상 충원공이 장산국의 온천에서 목욕을 하고 집으로 돌아올 때이다. 굴정역의 동지 벌판에 이르러 잠시 쉬었다. 문득 한 사람이 매를 날려 꿩을 쫓게 하는 것을 보았다. 꿩은 금악으로 날아가더니 자취가 없어졌다. 매의 방울 소리를 듣고 찾아갔다. 굴정현의 관청 북쪽에 있는 우물가에 이르자 매가 나무 위에 앉아 있고 꿩은 우물 안에 있는데 온통 핏빛이었다.

꿩은 두 날개를 펼쳐 두 마리 새끼를 감싸고 있었다. 매도 불쌍히 여기는지 덮치지 않고 있었다. 충원공이 이를 보고 측은히 여기면서 느낀 바 있어 이 땅을 살펴 보라 하니, 절을 지을만한 곳이라고 하였다.

서울로 돌아와 왕에게 아뢰었다. 관청 건물을 다른 곳으로 옮기게 하고 그 땅에 절을 지었다. 이름을 영취사(靈鷲寺)라 하였다.


## 유덕사

신라의 태대각간 최유덕(崔有德)이 자기 집을 내놓아 절을 만들었다. 그래서 '유덕'으로 절의 이름을 삼았다. 먼 후손인 삼한의 공신

최언위가 초상화를 모셔두고 이어 비석을 세웠다고 한다.


## 오대산 문수사의 석탑기


뜰 귀퉁이의 탑은 신라 사람이 세운 듯하다. 만들어진 모양새는 순박할 뿐 정교하지 않지만, 신령스런 자취는 다 기록하지 못할 정도이다. 그 가운데 여러 노인들에게 들은 이야기가 있는데 다음과 같다.

옛날 연곡현(連谷縣) 사람들이 배를 타고 바닷가에서 고기를 잡고 있었다. 문득 탑 하나가 나타나 배를 따라왔다. 그러자 물고기들이 그 그림자를 보고 모두 사방으로 흩어져 달아나, 어부들은 하나도 잡지를 못했다. 분한 마음에 그림자를 찾아가 보았더니 이 탑이었던 것이다. 그래서 함께 도끼를 휘둘러 부수고는 가버렸다. 지금 이 탑의 네 귀퉁이가 모두 떨어져 나간 것은 바로 이 때문이다.

나는 놀라 탄식하였다. 그런데 탑의 위치가 동쪽에 치우쳐 있고 가운데 두지 않은 것을 이상하게 여겼다. 이에 현관 하나를 올려보니 이렇게 써 있었다.

"비구 처현(處玄)이 일찍이 이 절에 살 때, 뜰 가운데로 옮겨 놓았더니, 20년 남짓 아무런 효험이 없었다. 어느 날 풍수를 보는 이가 와서 탑 아래를 살펴보더니 탄식하며, '이 뜰 가운데는 탑을 모실 곳이 아니다. 어찌 동쪽으로 옮기지 않는가' 라고 하였다. 이에 여러 승려들이 알아채고 다시 옛 장소로 옮겼다. 지금 세운 곳이 바로 그곳이다."

나는 괴이한 것을 좋아하지 않는다. 그러나 부처의 위대하고 신령스러움이 현세에 드러나 세상에 이로움을 주는 것을 보았으니, 부처의 제자로서 어찌 묵묵히 말하지 않고만 있겠는가. 1156년 10월 어느 날 백운자(白雲子)가 기록한다.

# 제5 의해(第五義解)

# 제5 의해

## 원광 서쪽으로 유학하다

당《속고승전(續高僧傳)》제 13권의 기록이다.

신라 황룡사의 스님 원광은 속세의 성이 박씨이며, 본래는 삼한 가운데 진한 사람이다. 대대로 해동에서 살았고, 조상의 풍습이 널리 이어져 왔다.

그는 도량이 크며 문장을 좋아했다. 도가와 유학을 섭렵했고 제자서와 역사를 공부했다. 문장이 뛰어나 삼한에 이름을 날렸으나 학식의 풍부함에 있어서는 오히려 중국에 미치지 못함을 부끄러워했기에 마침내 그는 친척과 벗들을 작별하고 해외로 나갈 것을 결심하였다.

25세에 배를 타고 금릉으로 갔다. 때는 바로 진 시대, 진나라는 문교의 나라로 일컬어졌으므로 원광은 전날에 쌓여 온 의문들을 질문, 구명할 수 있었으며 도를 물어 그 의미를 알게 되었다.

처음에 원광은 장엄사의 승려인 민의 제자에게서 강론을 들었다.

원광은 본래 속세의 경전에 익숙하여 이치 탐구에 신통하다 일컬어졌으나 불도를 듣고 보니 그 자신이 도리어 한갓 썩은 지푸라기와 같이 여겨졌다.

그는 헛되이 명분의 교를 탐구하다간 실로 생애가 염려스러워 진나라 임금에게 글을 올려 불도에 귀의할 것을 청했더니 허락이 내렸다. 비로소 그는 삭발을 하고 그리고 곧장 구족계를 받았다.

두루 강론하는 자리를 찾아다니며 훌륭한 도리를 체득하고 미묘한 말을 해득해가기에 잠시도 게으르지 않았다. 그리하여 근《성실론》과 《열반경》을 통달하여 마음에 쌓아 간직해 넣었고 경·율·논들의 석론을 두루 탐구하였다.

끝으로 또한 오나라의 호구산에 들어가서 참 지혜로 사념을 버리고 마음을 고요히 하고 각관(覺觀, 사물의 뜻과 이치를 찾기 위하여 세밀하게 관찰하는 정신 작용)을 잊지 않자, 마음의 안식을 찾는 무리들이 구름처럼 모여들었다.

아울러 그는 사아함경(四阿含經)을 섭렵하여 공덕은 팔정(八定)으로 흘러들게 되었다. 선을 밝히고 의심나는 것을 바로 잡으니 지난날 먹었던 마음과 꼭 들어맞음을 느꼈다.

이에 일생을 이곳에서 마칠 생각으로 인간사를 일체 끊고 성인의 자취를 두루 유람하며 생각을 세상 밖에 두고 속세의 일들을 버리고자 하였다.

그때 호구산 아래에 살고 있는 한 남자 신도가 원광에게 출강을 요청하였다. 원광은 굳이 사양하고 허락하지 않았으나 그 신도 또한 굳이 맞아들이려 하기에 드디어 그의 간청을 받아들였다.

처음엔《성실론》을, 그리고 끝으로《반야경》을 강의하였다. 어느 것에 대해서나 그 사유와 해석이 뛰어나고 철저했으며 좋은 질문들은 거침없이 대답해주었다. 게다가 또 아름다운 수사로 강의를 엮어 내리자 듣는 이들은 모두 흡족해 하였다.

이로부터 원광은 은거를 작정하기 이전의 옛 규칙에 따라 중생을 인도하는 소임을 해나갔다. 그는 법륜을 한 번 움직일 때마다 문득 강이며 호수를 기울여 붓듯 세상 사람들을 불법에 기울게 하였다.

비록 이역 땅에서의 전교이나 그는 흠뻑 도에 젖어 싫어하거나 꺼려하는 일이 전혀 없었다. 그리하여 그의 명망은 널리 퍼져 중국 남방까지 퍼졌고 수풀을 헤치고 바랑을 차고 그에게로 찾아오는 구도자들이 고기 비늘처럼 잇따랐다.

마침 수나라가 천하를 다스리니 그 위세가 남국에 미쳐왔다. 진나라의 국운이 다하여 수나라 군사들이 진나라의 서울에 들어가자 원광은 난병을 만나 살해를 당하게 되었다.

수나라 군의 대장은 사탑이 불타는 광경을 바라보고는 불을 끄려고 달려갔으나 불길이라곤 전혀 없고 탑 앞에는 단지 원광이 포박 당해 곧 죽임을 당하게 되어 있을 뿐이었다.

수군의 대장은 신기하여 즉시 원광을 풀어 주었다. 위기에 임해서 영험을 나타낸 것이 이와 같았다. 원광은 그의 불학이 오월을 통하였기에 문득 주진의 교화을 보고자 수나라 문제 9년 589년에 장안으로 왔다.

마침 불법이 처음 모이고 섭론종이 비로소 흥기하는 때를 만나 원광은 경전을 받들어 경전의 미묘한 실마리들을 풀어내기에 총명하고 지혜로워 명성이 장안에 드날렸다.

공업이 이미 이루어지자 도를 동방으로 전하려 하였다. 본국에서는 소문을 듣고 글을 올려 원광의 송환을 빈번히 청해왔다. 수나라 황제는 칙명을 내려 원광을 크게 위로하고 고국으로 돌려보냈다.

원광이 여러 해 만에 고국에 돌아가자 늙은이도 젊은이 할 것 없이 모두 환영하였다. 신라왕 김씨는 그를 대면해선 존경을 표하며 성인처럼 우러러보았다.

원광은 성품이 겸허하고 인정이 많아 두루 사랑을 베풀었다. 그리고 말할 땐 언제나 웃음을 머금었으며 성냄을 얼굴에 나타내는 일이 없었다. 그러면서도 갖가지 국서들이 그의 머리 속에서 나오자 온 나라가 극진히 받들었다.

모두들 그에게 나라를 다스리는 방법을 맡기고 교화하는 법을 물었다. 그는 화려한 옷을 차려 입은 조정의 관리와는 달랐지만, 실제 나라의 정사를 돌보는 사람과 같아 시기 적절하게 널리 교훈을 펼쳐 지금까지 모범이 되고 있다.

나이가 이미 많았으므로 수레를 탄 채로 대궐에 들어가노라면 의복이며 약이며 음식들을 왕이 손수 마련하여 좌우에서 돕는 것을 허락하지 않고서 오로지 홀로 복을 받고자 했으니 그 공경함이 이와 같았다.

원광이 죽기 전에 왕이 친히 손을 잡고 위안하며 불법을 남기는 길과 백성을 다스리는 길을 물었더니 그는 길한 징조를 말하여 온 신라에 미치게 하였다.

636년 원광은 조금 몸이 불편함을 느끼더니 7일이 지나 그는 절실한 계를 남기고 그가 머물던 황룡사에서 단정히 앉은 채로 입적하였다. 나이 99세 당 태종 4년이었다.

그의 임종 때에 그 절의 동북방 허공에는 음악소리가 가득했고 절 안에는 이상한 향기가 가득 차 있어 불도에 종사하는 사람이건 속세에 있는 사람이건 모두 슬퍼하는 한편 그 신령한 감응을 느껴 경사로 여겼다. 교외에 장사지내자, 나라에서는 우의며 장구를 내리고 왕자의 예와 동등하게 했다.

뒤에 죽은 아이를 낳은 한 속인이 있었다. 그 나라의 속언에 태어날 때 죽은 아이는 유복한 사람의 무덤에 묻어야 자손이 끊이지 않는다는 말이 있어 그 속인은 원광의 무덤 곁에다 살그머니 그 아이를 갖다 묻었다.

그랬더니 당일로 그 아이 시체에 벼락이 쳐서 아이의 시체가 묘역

밖으로 내던져졌다. 이로 인하여 그전에 원광에게 존경심을 품지 않았던 사람들도 모두 그를 우러러보게 되었다.

원광의 제자인 원안은 천성이 영특하였다. 그는 유람을 좋아하고 심오한 것에 대한 탐구를 동경했다. 그는 북쪽으로는 구도에 갔으며 동쪽으로는 불내를 보았고 서쪽으로는 연나라와 위나라의 땅을 찾았다. 나중에 원안은 장안으로 왔다.

지방의 풍속에 능통했고 여러 경론을 탐구했으니 그 중요한 줄거리에 꿰뚫고 세세한 부분들의 의미들에까지 통달하였다. 늦게 그는 심학(心學)으로 돌아와 원광의 뒤를 이었다.

처음엔 서울의 한 절에 머물러 있었다. 평소 도로써 이름이 났으므로 특진 소우가 왕에게 간청하여 남전에 지은 진량사에 가 머무르게 하고는 사사(四事, 네 가지 공양)의 공급에 매일 변함이 없었다.

원안이 일찍이 원광의 사적을 서술하였다.

본국의 왕이 병이 들어 의원의 치료에도 차도가 없었다. 이에 원광을 궁중으로 불러 따로 잘 모시고 밤중에 두 차례로 심오한 법을 설하게 하고 계를 받아 참회를 하게 하니 왕이 크게 신임하였다.

어느 날 초저녁에 왕이 원광의 머리를 보았더니 금빛이 찬연하고 일륜의 모양을 한 것이 원광의 몸을 따라왔다. 왕후며 궁녀들도 다같이 이 모양을 보고 이로 말미암아 좋은 마음을 거듭 일으켜 왕의 병실에 머물러 있었더니 오래지 않아 왕의 병환은 쾌유되었다.

원광은 진한·마한 사이에 정법을 널리 폈다. 그는 매년 두 번씩 강론을 열어 후학들에게 설법하였다. 그리고 그는 시주로 들어온 재물들은 모두 사찰 경영에 충당하고 그에게서 남은 것은 오직 옷과 식기뿐이었다.

다음은 동경 안일호장 정효의 집에 소장되어 있는 고본《수이전(殊異傳)》에는 아래와 같은 내용의 〈원광법사전〉이 실려 있다.

원광법사의 속세 성은 설씨, 서울 사람이다. 당초 중이 되어 불법을 공부하던 중 30세에 조용히 수도할 생각으로 홀로 삼기산에 들어가 거처하고 있었다.

그 뒤 4년이 되어 한 비구가 역시 그 산으로 들어가 원광법사의 거처에서 멀지 않은 곳에다 따로 절을 짓고 지낸 지 2년을 살았는데, 그 사람됨이 강맹하고 주술을 닦기를 좋아했다.

어느 날 밤이다. 원광법사가 혼자 앉아 불경을 외고 있는데, 홀연히 신령의 소리가 들렸다.

"잘한다! 잘한다! 그대의 수행이야말로 무릇 수행한다는 자들 많기도 하지만 법대로 하는 자는 드물더라. 이제 이웃에 있는 비구를 보니 곧장 주술을 닦지만 소득은 없고 공연히 지껄여대는 소리가 다른 사람의 정념만 방해할 뿐이지… 또 그 머무는 곳이 내가 다니는 데 장애가 되고 있어 매 번 다닐 때마다 몇 번이나 미운 마음이 일어났다. 법사는 나를 위해 그로 하여금 다른 데로 옮겨가도록 해 주게나. 만약 그가 오래 그곳에 머문다면 아마 내가 그만 죄업을 짓게 될 것 같네."

이튿날 원광법사는 그 비구에게로 가서 알렸다.

"내가 지난밤에 신령의 말을 들었는데 비구는 거처를 다른 곳으로 옮기는 게 좋겠소. 그렇지 않으면 재앙이 있을 것이오."

그 비구는 대답했다.

"수행이 지극한 이도 마귀에 홀리는군. 법사는 여우 귀신의 말에 무얼 그리 걱정하오?"

그 날 밤에 신령은 원광법사에게 또 왔다.

"앞서 내가 말한 그 일에 대해 비구는 뭐라 대답하던가?"

원광법사는 신령의 성냄을 두려워하여 이렇게 대답했다.

"아직 말하지 못했습니다. 만약 권고한다면 어찌 감히 듣지 않겠습니까?"

신령은 말했다.

"내가 이미 다 들었는데 법사는 무얼 그렇게 보태서 말하는가. 법사는 다만 잠자코 내가 하는 것이나 볼일이다."

신령은 작별하고 갔다.

밤중에 우레 같은 소리가 들려왔다. 이튿날 보았더니 산이 무너져 내려 그 비구가 거처하고 있던 절을 묻어 버렸다.

신령은 또 왔다.

"법사는 보니 어떠한가?"

원광법사는 대답하였다.

"보고서 매우 놀랍고 두려웠소."

신령은 말했다.

"내 나이는 삼천 년에 가깝고 신술은 으뜸이지. 그까짓 것은 단지 조그만 일인데 어찌 놀랄 것이 있겠는가? 사실 나는 앞으로 다가올 일을 다 알고 있고 온 천하의 일은 통달하지 못한 것이 없지. 이제 생각해보니 법사가 단지 이곳에 있기만 한다면 비록 자신에게는 이로운 일이지만 다른 사람을 이롭게 하지는 못할 것일세. 지금도 명성을 날리지 못하고 미래에도 이름을 날리지 못할 것이니, 어찌 중국에 가서 불법을 가져와 이 나라의 미혹한 무리들을 인도하지 않는가?"

"중국에 가서 공부함은 본래 나의 소원이나 바다가 육지를 아득히 가로막아 놓았으므로 자연 통할 길이 없기 때문입니다."

신령은 중국으로 가는데 필요한 계책들을 자세히 일러주었다. 원광법사는 신령의 말대로 행하여 중국으로 갔다.

11년 간을 머물러 있으면서 널리 삼장에 통달하고 겸하여 유학까지 공부하여 진평왕 22년 600년에 법사는 고국으로 돌아올 것을 기도하자 마침 중국 조빙사가 왔기에 그를 따라 귀국하였다.

원광법사는 그 신령에게 감사를 드리고자 지난날 머물렀던 그 삼기산의 절로 갔다.

밤중에 신령은 역시 원광에게로 와서 그의 이름을 부르며 말했다.

"해륙 먼 길을 어떻게 다녀왔는가?"

"신령님의 크신 은혜를 입어 무사히 갔다왔나이다."

"나 또한 법사에게 계를 주노라."

이로 인하여 서로 구제해 주자는 약속을 맺었다. 원광법사가 신령에게 청하였다.

"신령님의 참 모습을 볼 수 있겠나이까?

"법사가 나의 형상을 보려거든 이른 아침에 동쪽 하늘가를 바라보라."

원광이 이튿날 동쪽 하늘을 바라보니 커다란 팔뚝이 구름을 뚫고 하늘가에 닿아 있었다.

그 날 밤 신령이 또 왔다.

"법사는 나의 팔을 보았는가?"

원광은 보았으며 무척 신기하였다고 말했다. 이 신령의 긴 팔뚝을 본 일로 인하여 그 산을 세속에서는 비장산(臂長山 ; 팔 비, 길 장)이라 했다.

신령은 또 말하였다.

"비록 이 몸이 있다 해도 무상의 해를 면하지 못할 것이므로 내가 머지 않아 이 몸을 고개에 버릴 것이니 법사는 와서 나의 영영 가는 혼을 보내주소."

원광법사는 기약한 날짜를 기다려 가서 보았다. 옷 빛깔처럼 검은 한 마리 늙은 여우가 씨근거리다 말고 곧 죽어갔다.

원광법사가 처음 중국에서 돌아오자 본국 조정의 군신들은 그를 존경하여 스승으로 삼았고 법사는 항상 대승경전을 강의하였다.•

그때 고구려와 백제가 노상 신라의 변경을 침범해오곤 하여 왕은 매우 걱정하던 나머지 수나라에 병력을 요청하는 글을 짓게 하였다. 수나라 황제는 원광법사가 지은 글을 보고 나서 30만 군사를 이끌고 친히 고구려 정벌에 나섰다. 이로부터 세인들은 원광법사가 한편으로 유학에도 또한 능통함을 알게 되었다.

법사는 향년 84세로 입적, 명활성 서쪽에 장사지냈다.

다음은《삼국사기》〈열전〉의 기록이다.

어진 선비 귀산은 모량부 사람이다. 같은 마을에 추항과는 친우 사이였는데 두 사람은 이렇게 논의하였다.

"우리들은 덕망 있는 군자들과 교유하려고 하면서 먼저 마음을 올바르게 하고 몸을 닦지 않는다면 욕을 자초하게 되지 않을까 한다. 어찌 현자에게 도를 묻지 않을까 보냐."

그때 원광법사가 수나라에서 돌아와 가슬갑에 기거하고 있다는 소식을 듣고, 귀산과 추항 두 사람은 원광법사를 찾아갔다.

"이 속된 선비들은 우매하여 아는 바라곤 없습니다. 바라옵건대 한 말씀 주시어 일생의 계명을 삼게 하소서."

원광법사는 그들에게 말하였다.

"불교에서 보살계가 있어 그 조항들이 열 가지가 있지만 그대들은 남의 신하가 된 몸이라 아마 감당해내지 못할 것이다. 이제 세속의 다섯 가지 계가 있으니 그것들은 이렇다. 충성으로 임금을 섬기는 것이 첫째요, 둘째는 효로써 어버이를 섬기는 것이요, 셋째는 믿음으로 벗을 사귀는 것이요, 넷째는 싸움에 임하여 물러서지 않는 것이요, 다섯째는 살생을 가려서 하는 것이다. 그대들은 이를 실천하여 소홀히 하지 말라."

귀산의 무리들은 말했다.

"다른 것들은 알았습니다만 이른바 '살생을 가려서 하는 것'만은 깨치지 못하겠습니다.

"육재일과 봄, 여름철에는 죽이지 말 것이니 이것은 그때를 가림이다. 가축 따위를 죽이지 말 것이요, 미세한 생물 즉 물고기 한 점도 채 못되는 것들을 죽이지 말 것이니, 이것은 그 대상을 가림이다. 또한 죽이는 것도 꼭 필요한 양만큼만 죽이고 많이 죽여서는 안될 것이다. 이것들이 세속의 좋은 계이다."

귀산의 무리는 말했다.

"이제부터는 받들어 실천하여 감히 어김이 없도록 하겠습니다."

후일 귀산과 추항 두 사람은 전쟁터에 나가 모두 국가에 훌륭한 공을 세웠다. 613년 가을에 수나라 사신 왕세의가 오자 황룡사에서 백좌도량을 개설하여 여러 고승들을 불러 경을 강설하게 한 적이 있는데 그때 원광이 제일 윗자리에 앉았다.

이상 원광법사를 두고 몇 가지를 논의해본다.

법흥왕이 불법을 일으킨 이래로 나루터와 다리는 비로소 설치되었으나, 깊은 경지에는 미처 이르지 못했다. 따라서 마땅히 귀계멸참(불도에 귀의하여 괴로움을 없애고 참회하는 것)의 법으로 우매한 중생들을 깨우쳐야 했다.

그래서 원광법사는 그가 머물던 가서갑에 점찰보를 설치하여 영원한 규범으로 삼았다. 이때 한 비구니가 점찰보에 전답을 바쳤다. 지금 동평군의 전답 100결이 바로 그것이며 옛 자료가 아직도 남아 있다.

원광은 성품이 욕심이 없고 고요한 것을 좋아하며, 말할 땐 언제나 웃음을 머금었으며 얼굴에 노기를 띠는 일이 없었다. 나이 이미 많아서 수레를 탄 채로 대궐에 들어가기도 했다.

당시 덕망과 인의를 갖춘 많은 선비들이 있었으나 덕과 의에 있어 그를 능가할 사람이 없었다. 게다가 그의 문장은 한 나라를 기울일 만하였다. 향년 80세로 세상을 떠났고 그 부도(浮圖)는 삼기산 금곡사에 있다.

앞의 당《속고승전》에서 원광이 황륭사에 입적했다고 했는데 그 황륭사란 곳이 어딘지 미상이다. 아마 황룡사의 잘못인 듯하다. 그것은 마치 분황사를 왕분사로 쓴 경우와 같다고 하겠다.

위의 당《속고승전》과 우리나라《향전》의 두 기록에 의거 비교해보면 원광의 속세에서 성은 전자에서는 박씨, 후자에서는 설씨로 그리고 원광이 당초 불문에 들어선 곳이 후자에서는 우리나라 전자에서는 중국으로 되어 있어 마치 별개의 두 사람인 것처럼 되어 있다. 어느 것이 옳은지 함부로 말할 수 없기 때문에 두 기록을 다 실어 놓았다.

그러나 위의 전기들에선 어느 곳에도 작갑·이목과 운문의 사실이 적혀 있지 않다. 그런데도 우리나라 사람 김척명이 향간에 떠도는 이야기를 잘못 알고 그릇되게 글을 꾸며 《원광법사전》을 지으면서, 운문선사의 창건자인 보양사의 사적을 뒤섞어서 하나의 전기로 만들었다. 뒤에 《해동고승전》의 저자가 김척명이 저지른 잘못을 그대로 답습하여 기록했기 때문에 사람들이 많이들 잘못 인식하고 있다.

이 점을 여기서 확실히 구별하고자 글자 한자도 가감하지 않고 원광법사의 두 전기의 글을 그대로 실은 것이다. 진·수 시대에는 해동 사람으로서 바다를 건너가 공부한 이가 드물었고 설령 있었다 해도 그땐 아직 크게 명성을 떨치지 못했다. 그러다가 원광 이후로는 뒤를 이어 중국으로 유학하는 이가 끊이지 않았다. 원광은 바로 이 길을 열어준 사람이다.

다음과 같이 기린다.

바다 건너 처음으로 한나라의 구름을 헤치니
몇 사람이나 그 길을 오가며 맑은 덕을 쌓았던고.
옛날의 그 자취 청산에 남아 있으니
금곡과 가서의 일은 지금도 들을 수 있네.


## 보양과 이목

보양(寶壤) 스님의 전기에는 출신지와 집안 내력이 실려 있지 않다. 청도군의 관청 자료를 살펴보니 다음과 같은 사실을 알 수 있었다.

943년 정월 어느 날, 청도군 계리심사(界里審使) 순영(順英) 대내말(大乃末)과 수문(水文) 등의 주첩(柱貼) 공문에 '운문산 선원의 장승은 남쪽 아니점과 동쪽 가서현에 있다'라고 하였다. 또한 '이 선원의 삼강전 주인은 보양화상이고, 원주는 현회 장로, 전좌는 현량 상좌, 직세는 신원 선사이다'라고 기록되어 있다.

또 946년에 쓰여진 운문산 선원 장승표탑의 공문에는 '장승이 열한 군데 있는데, 아니점·가서현·무현·서북매현·북저족문 등이다'라고 하였다.

또한 1230의 진양부첩에는 다섯 도의 안찰사가 각 도의 선종과 교종 사찰이 처음 만들어진 해와 모습을 조사하여 장부를 만들 때 차사원인 동경 장서기 이선이 자세히 조사해 적었다고 한다.

1161년 9월의 《군중고적비보기》에 근거하여 살펴보자. 청도군 전부호장 어모부위 이칙정의 집에 옛 사람들의 소식과 우리말로 전해오는 기록이 있다. 거기에는 벼슬에서 물러난 상호장 김양신과 호장 미육, 호장 동정 윤응전 기인 진기 등이 그때 상호장 용성 등과 함께 말할 때, 태수 이사로, 호장 양신은 89세였고 나머지 사람들은 모두 70이 넘었으며, 용성은 나이가 60이 넘었다고 실려있다.

신라시대 이래 이 청도군의 절들로는 작갑사와 크고 작은 절들이 있었지만, 세 나라가 싸우는 동안 대작갑·소작갑·소보갑·천문갑·가서갑 등 다섯 갑이 모두 부서졌다. 다섯 갑의 기둥은 모두 대작갑에 모아 두었다.

조사(祖師) 보양스님이 중국에서 불법을 전수 받고 돌아오던 때였다. 서해 바다 속의 용이 용궁으로 맞아들였다. 스님이 불경을 외우자 용은 금빛 비단 가사 한 벌을 시주하였다. 아울러 이목이라는 아들을 바쳐 원광을 받들어 모시도록 하였다.

"지금 세 나라가 소란하여 불교에 귀의하는 왕이 없소. 그러나 내 아들과 함께 그대 나라의 작갑에 가서 절을 세우고 지내시면 도적을 피할 수 있을 뿐만 아니라 몇 년 지나지 않아 반드시 불교를 보호하는 어진 임금이 나와 세 나라를 안정시킬 것이오."

말을 마치자 서로 헤어져 돌아왔다. 이 골짜기에 이르니 스스로 원광이라 하는 노스님이 궤짝을 안고 나타나 주더니 사라졌다. 이에 보양스님은 무너진 절을 세우려 북쪽 마루에 올라가 살펴보았다. 뜰에 누런 색의 5층탑이 보여 내려와 찾아보니 자취가 없었다. 다시 올라가 보자 여러 마리 까치가 땅을 쪼고 있었다. 문득 바다의 용이 '작갑'이라고 한 말이 떠올랐다. 찾아가 파보았더니 과연 남겨진 벽돌이 셀 수 없이 나왔다. 모아서 하나하나 맞춰보자 탑이 되었는데, 남는 벽돌이 없어 비로소 앞 시대의 절터였음을 알았다. 절을 다 짓고 살면서 이름을 작갑사라 하였다.

얼마 후 태조가 세 나라를 통일하였다. 스님이 이곳에 와서 절을 짓고 산다는 말을 듣고 곧 오갑의 밭을 합쳐 5백 결을 절에 바쳤다. 이는 937년인데 왕이 '운문선사(雲門禪寺)'라는 현판을 내려주고, 가사의 신령스런 음덕을 받들었다.

이목은 늘 절 옆의 작은 연못에 있으면서 조용히 포교를 거들었다. 그러던 어느 해 가뭄이 들어 밭의 채소들이 메말라 갔다. 보양은 이목에게 비를 내리게 하라 했다. 단번에 흡족하게 내렸다. 그러자 천제는 자신이 모르게 비를 내리게 했다 하여 이목을 죽이려고 하였다. 이목은 급히 보양에게 알렸다. 보양은 침상 밑에 숨겼다. 잠깐 사이에 하늘에서 사자가 뜰에 내려와 이목을 내놓으라고 했다. 법사가 뜰 앞의 배나무를 가리켰더니 벼락을 치고는 하늘로 올라갔다. 배나무는 말라 비틀어졌다. 용이 이를 어루만지자 살아났다.

이 나무는 얼마 전 땅에 엎어져 어떤 사람이 빗장 방망이를 만들어 선법당과 식당에 들여놓았다. 그 방망이 자루에는 새겨진 글씨가 있었다.

처음 법사가 당나라에 들어갔다 돌아와서 먼저 추화군의 봉성사에 머물러 있었다. 때마침 태조가 동쪽을 정벌할 때 청도에 이르렀는데, 산적들이 견성에 모여들어 교만을 떨며 버티었다. 태조가 산 아래에 이르러 법사에게 쉽게 제압할 방법을 묻자, 법사가 대답하였다.

"무릇 개라는 짐승은 밤에만 지키고 낮에는 지키지 않으며 또 앞쪽은 지키지만 뒤쪽은 잊어버리니 마땅히 낮에 견성의 뒤쪽을 공격하십시오."

태조가 이 말에 따랐더니, 과연 산적들이 패해 항복했다. 태조는 신령스런 방책을 높이 사서 해마다 가까운 현의 세금 50석을 바쳐 향불을 피우는데 쓰게 했다. 뒤에 작갑으로 옮겨와 절을 크게 짓고 죽었다.

법사의 행장은 옛 전기에 실려 있지 않다. 세상에서는 '석굴사의 비허 법사와 형제이며, 봉성·석굴·운문 세 절은 봉우리를 나란히 이어서 서로 오가기도 하였다' 라고 말하곤 한다.

후세 사람이 《신라이전(新羅異傳)》을 고쳐 지으면서 작갑탑(까치탑)과 이목의 일을 원광법사 전기 가운데 잘못 적었고 견성의 일을 비허의 전기에 이어 붙였다. 매우 잘못된 것이다. 또 《해동승전》을 지은 사람이 그대로 따라서 문장을 만들어 보양을 전해 주지 못해 뒷사람들의 의문이 커졌다. 이 얼마나 잘못된 일인가?


## 양지, 지팡이를 부리다

석양지는 그 조상과 고향이 어딘지 알려지지 않았다. 단지 선덕왕 때에 그 자취를 세상에 나타냈음을 알뿐이다.

그가 지팡이 끝에 포대를 걸어두면 지팡이는 저절로 시주의 집으로 날아가 흔들리며 소리를 낸다. 그러면 그 시주의 집에서는 이를 알아채고 재에 올리는 비용으로 곡식 등을 포대에 넣는다.

그래서 포대가 차면 양지의 지팡이는 저절로 날아 돌아오곤 했다는 것이다. 그래서 양지가 머물고 있는 절을 이름하여 석장사(錫杖, 중이 들고 다니는 지팡이)라고 했다.

그는 한편 잡기에 능통하여 신묘하기 이를 데 없었으며 더욱이 서화에 뛰어났다. 영묘사의 장륙 삼존, 천왕상 및 전각들의 기와와 천왕사 탑 아래의 팔부신장과 법림사의 주불 삼존 및 좌우의 금강신 등을 모두 그가 만든 것이다.

그는 또 영묘사와 법림사 두 절의 현판을 썼고 일찍이 벽돌을 다듬어 작은 탑을 만들고 아울러 3천 불상을 만들어 그 탑에다 봉안하고 절에 모시고 예를 올렸다.

그가 영묘사의 장륙존상을 빚어 만들 때 선정(禪定)에 들어 잡념 없이 그 질료를 주물러 만들었기 때문에 온 성안의 남녀들이 다투어 진흙을 날랐다. 그때 부른 풍요는 이러하다.

오라, 오라, 오라, 오라, 서럽더라!
서럽더라, 우리들이여! 공덕 닦으러 오라.

이 풍요는 지금도 그 지방 사람들이 방아를 찧을 때나 큰 공사를 할 때에 부르고 있는데 이것은 아마 그때에 남녀들이 진흙을 나르던 데에서 비롯된 것일 것이다. 이 장륙존상을 완성하기까지 든 많은 비용이 곡식으로 2만 3천700석이었다.

논평하면 양지는 재주와 덕이 많은 각 방면의 대가로서 하찮은 재주만 세상에 보이고 신묘한 도술은 끝내 감춘 사람이라 하겠다.

다음과 같이 기린다.

재 끝난 불당 앞엔 지팡이 한가하고
조용한 몸가짐하고 향을 사르며

남은 경문 다 읽고 나면 할 일이 없어

부처님 모습 빚어 놓고 합장하고 있다네.


## 인도로 간 여러 스님들

광함(廣函)의 《구법고승전(求法高僧傳)》에는 다음과 같은 기록이
있다.

아리나 발마 스님은 신라 사람이다. 처음에 바른 불교를 배우고 싶
어 어려서 중국에 들어왔다가 성인들의 자취를 순례하며 참배했다.
용기가 더욱 솟아나자 627~649 연간에 장안을 떠나 오천축국에 이
르렀다. 나란타사에서 지내며 율론을 많이 보고 커다란 나뭇잎에 간
추려 적었다. 돌아가고 싶은 마음 간절했으나 기약한 바를 이루지 못
하고, 어느 날 절에서 생애를 마쳤다. 나이 70이었다.

이를 이어 혜업·현태·구본·현각·혜륜·현유가 천축에 왔고 이
름이 알려지지 않은 두 명의 스님들이 모두 제 몸을 버리고 법을 따라
중천축국에 와서 부처의 가르침을 배웠다. 어떤 이는 돌아오는 길에
죽고, 어떤 이는 살아 그곳 절에서 지냈지만 끝내 다시 계귀(고구려의
지명)나 당나라로 돌아오지 못했다. 오직 현태 스님만 당나라로 돌아
왔으나, 어떻게 죽었는지 모른다.

천축 사람들은 해동 사람들을 구구탁예설라라 불렀다. '구구탁'은
'닭'이라는 말이고, '예설라'는 '귀(貴)'라는 말이다. 저들 나라에서
'그 나라는 닭의 신을 경배해 존귀하게 여기기 때문에 깃을 머리에
꽂고 장식을 한다'라고 전한다.

다음과 같이 기린다.


천축 길 하늘 너머 산이 만 겹이나 가려 있는데

가런타 순례자들 힘써 오르네

외로운 배 달빛 타고 몇 번이나 떠나갔건만

이제껏 구름 따라 지팡이 짚고 돌아옴을 보지 못했네.


## 혜숙과 혜공의 삶

혜숙스님은 호세랑의 무리에 섞여 지내다 자취를 감추자, 호세랑이
화랑의 명부에서 스님의 이름을 지워버렸다. 스님 또한 적선촌에 은
거하여 20여 년을 보냈다.

때마침 국선인 구참공이 교외에 나가 사냥을 하게 되었다. 혜숙이
가는 길가에 나와 말고삐를 잡으며 청하였다.

"소승도 따라가고자 합니다. 괜찮겠습니까?"

구참공은 이를 허락하였다.

사냥하는 무리들은 이리저리 치달으며 옷소매를 걷고 서로 앞서거
니 요란스러웠다. 구참공은 흐뭇했다. 잠시 쉬면서 여러 줄로 앉아 고
기를 삶아 다투어 먹고 권하고 했다. 혜숙 또한 더불어 씹어먹는데 꺼
려하는 빛이 거의 없더니 이윽고 구참공의 앞에 나아가 말하였다.

"여기 이 보다 더 좋고 신선한 고기가 있으니 바칠까요?"

"그래, 좋다."

혜숙은 사람을 물리고 허벅지 살을 베어 쟁반에 올려 바치는 것이
었다. 옷에 피가 흘러 가득히 적셨다. 구참공은 깜짝 놀랐다.

"어찌 이다지 지독한 짓을 하는가?"

"처음에 저는 공을 인자한 사람이라 자신의 경우를 미루어 만물과
통할 수 있는 분이라 여겨 따랐을 뿐입니다. 지금 살펴보니 공께서는
죽이는 것만 좋아하시고 남을 헤쳐 자신만 살찌우려 할 따름이니, 어
찌 인자한 군자가 할 짓이겠습니까? 공은 우리와 같은 무리가 아닙니

다."

그러면서 옷을 털고 가버렸다. 구참공은 대단히 부끄러워졌다. 혜숙이 먹던 쟁반을 보니 생고기가 그대로 있었다. 공은 매우 이상히 여겨 조정에 돌아와 아뢰었다. 진평왕이 이 말을 듣고 사람을 보내 찾아들이도록 하였다. 혜숙은 부녀자의 침상에 누워 자고 있었다. 사신이 더럽게 여기고 돌아오는데 7~8리쯤 가다가 길에서 혜숙을 만났다. 어디서 오는가 물었다.

"성 안 우리 신도 집의 7일 재에 갔다가 끝마치고 오는 길입니다."

그가 말한 대로 임금에게 아뢰었다. 그 신도 집에 사람을 보내 조사해 보니 그의 말이 사실이었다.

얼마 있지 않아 혜숙이 갑자기 죽었다. 마을 사람들이 이현의 동쪽에 묻어주었다. 마을 사람 가운데 하나가 이현의 서쪽에서 오다가 도중에 혜숙을 만나 어디 가는가 물었다.

"이 곳에 너무 오래 머물러 다른 지방에 가고자 하네."

서로 절을 하고 헤어졌다. 반 리쯤 갔는데 구름을 타고 멀어졌다. 그 사람이 이현의 동쪽에 이르러, 장례를 치르던 사람들이 아직 흩어지지 않은 것을 보고, 있었던 일을 말해 주었다. 무덤을 열어 안을 보니 오직 짚신 한 짝만 있을 뿐이었다.

지금 안강현 북쪽에 절이 있는데, 이름이 혜숙사이니, 그가 거처했음을 말한다. 또한 부도가 남아 있다.

혜공스님은 천진공 집안의 어드렛일을 하는 노파의 아들이었는데, 어려서 이름은 우조였다. 천진공이 일찍이 등창이 나서 거의 죽을 지경이 되자 문병하는 사람들이 길거리를 메울 정도였다. 우조의 나이 일곱이었는데 어머니에게 물었다.

"집안에 무슨 일이 있기에 손님이 이다지 많아요?"

"집안 어르신께서 악질이 나서 죽게 생겼다. 네가 어찌 모르느냐?"

"제가 도와드릴 수 있습니다."

어머니는 그 말을 기이하게 여기고 천진공에게 아뢰었다. 천진공이 불러들였으나, 침상 아래 앉아 한마디도 하지 않는 것이었다. 잠깐 사이에 등창이 쏟아져 내렸다. 그러나 천진공은 우연이라 하고 그다지 이상하게 여기지 않았다.

우조는 장성하여 천진공의 매를 길렀는데, 천진공의 뜻에 꼭 맞게 일을 하였다. 한편 천진공의 동생 가운데 한 사람이 관직을 얻어 외지로 나가게 되었다. 그는 천진공에게 청하여 매를 한 마리 골라 임지로 갔다. 어느 날 저녁 천진공은 문득 그 매가 생각났다. 다음날 아침 시험삼아 우조를 보내 가져오도록 할 작정이었다. 우조는 그 뜻을 먼저 알고 잠깐 사이에 매를 가져다가 바치는 것이었다. 천진공은 매우 놀랐다. 그리고 그제야 옛날 등창을 낮게 했던 일이 떠올랐다. 모두 헤아리기 어려운 일이었다.

"내가 지극한 성인(聖人)이 우리 집에 있는 것을 알지 못하고 헛말과 비례(非禮)로 더럽히고 욕되게 하였구나. 그 죄를 어찌 씻겠습니까? 이후로는 인도자가 되어 저를 이끌어 주소서."

그리고 나서는 내려와 절을 하였다. 우조는 신령스런 이적이 드러나자 출가하여 승려가 되고 이름을 혜공이라 하였다. 늘 작은 절에 머무르며, 미친 듯이 크게 취하여 삼태기를 지고 거리에서 노래를 불렀다. 그래서 부궤화상(질 부, 삼태기 궤)이라 불렀다. 거처한 절도 그런 까닭에 부개사라 하였다. 부개는 삼태기의 신라 말이다.

매양 절의 우물 가운데 들어가 몇 달 동안 나오지 않기도 하였기에 스님의 이름을 따서 우물 이름을 지었다. 나올 때면 언제나 푸른 옷을 입은 신동이 먼저 솟구쳐 나왔기 때문에 절의 승려들이 이를 보고 스님이 나올 신호로 알았다. 그렇게 우물에서 나왔는데도 스님의 옷이 젖지 않았다.

늘그막에는 항사사로 옮겨 머물렀다. 그때 원효가 여러 경소(經疏)를 찬술하면서 매양 스님에게 와서 의심나는 곳을 물었다. 간혹 서로 장난을 치기도 하였는데, 하루는 두 분이 시냇물을 따라가다 물고기를 잡아 구워 먹고는 돌 위에 똥을 누었다. 스님이 그것을 가리키며 희롱하였다.

"자네는 똥인데 나는 물고기 그대로야."

이 말로 인하여 그곳을 오어사(吾魚寺)라 이름지었다. 어떤 이들은 이 말이 원효의 말이라고 하지만 아니다. 마을에서는 시냇물을 잘못 불러 모의천(芼矣川)이라고 한다. 구참공이 일찍이 놀이를 나갔다가 스님의 시신이 산길에 버려진 것을 보았다. 시신은 썩어있고 거기서 벌레가 기어 나왔다. 한참을 비탄에 잠겨 있다가 말고삐를 돌려 성으로 들어가는데 스님이 저자거리에서 크게 취해 노래를 부르고 있지 않은가.

또 하루는 새끼줄을 꼬아 영묘사에 들어가 금당과 좌우의 경루 그리고 남문의 회랑 둘레를 묶었다. 강사(剛司)에게 이 새끼줄을 3일 뒤에 거두라고 일렀다. 강사는 이상히 여기면서도 따라 했다. 드디어 3일이 지나 선덕여왕의 가마가 절 안으로 들어오자 지귀(志鬼, 선덕여왕을 사모했다고 전해지는 사람)가 불을 질러 그 탑을 태우는데 오직 새끼줄로 묶어둔 곳만 화재를 면하였다.

신인종의 창시자 명랑스님이 금강사를 새로 짓고 낙성회를 열었다. 큰 스님들이 모두 모였는데, 오직 혜공스님만이 오지 않았다. 명랑은 분향하고 기도를 올렸다. 잠시 후 혜공이 이르렀다. 때마침 큰비가 내렸는데도 바지며 저고리가 젖지 않았고 발에도 흙이 묻지 않았다. 명랑에게 말하였다.

"부르심이 매우 간절하여 이렇게 왔소이다."

신령스런 자취가 자못 많았으며 마지막에는 공중에 떠서 입적을 알렸다. 사리는 수를 헤아리기 어려울 만큼 많았다. 일찍이 《조론(肇論)》을 보며 말하곤 하였다.

"이는 내가 옛날에 편찬한 것이다."

그렇다면 승조의 후신임을 알겠다.
이를 기린다.

벌판에서 사냥질하고 침실에 누웠고
술집에서 노래하고 우물 밑에서 잠잤다.
외짝 신 남기며 허공에 뜨며 어디로 떠갔는가
한 쌍 귀중한 불 속의 연꽃이어라.


## 계율을 정한 자장

대덕 자장은 성이 김씨이며 진골인 소판 무림의 아들이다. 그의 아
버지는 청렴한 관리로 높은 지위의 관직을 지냈으나 뒤를 이을 자식
이 없었다.

이에 그는 삼보에 귀의하여 천부관음을 만들어 자식 낳게 해주기를
기원했다.

"만약 아들을 낳는다면 시주하여 불법의 바다에 나루와 다리가 되
게 하겠나이다."

그 어머니는 문득 꿈을 꾸었다. 별이 떨어져 품안으로 들어오는 꿈
이다. 그 꿈을 꾸고 나서 임신을 하고 자장을 낳았다.

그것은 석가모니의 탄신일과 같은 날이었다. 이름을 선종이라 했
다. 선종, 즉 자장은 천성이 맑고 지혜로웠으며 글 짓는 구상이 날로
풍부해지고 세속에 물들지 않았다.

일찍이 양친을 여의고는 세속의 번거로움이 싫어서 처자를 버리고
전원을 모두 내놓아 원녕사를 세웠다. 그리고 그는 홀로 깊고 험한 산
곡을 찾아들어 이리며 호랑이 같은 맹수들도 피하지 않고 고골관(인
생의 덧없음을 깨닫는 수행)을 닦았다. 간혹 조금 권태롭고 피로할 때도

있었다.

그러자 그는 조그만 집을 지어 가시나무로 바람벽 삼아 둘러막고는 옷을 벗고 그 안에 앉아 움직이기만 하면 곧 가시에 찔리게끔 하는 한편 머리를 들보에 매달아 정신이 혼미해짐을 물리치곤 하였다.

마침 나라에 재상 자리가 비었다. 문벌로 보아 자장이 그 후임자로 적당하여 나라에서 여러 번 불렀으나 자장은 나아가지 않았다. 왕은 마침내 취임하지 않으면 사형에 처한다고 칙명을 내렸다. 자장은 칙명을 듣고 말하였다.

"내 차라리 계율을 지키고 하루를 살지언정 계를 깨뜨리고 백 년을 살기를 원하지 않는다."

이 말이 왕에게 전달되자 왕도 결국 그의 출가를 허락하였다. 이에 자장은 깊이 바위 사이에 숨어들었다. 한 알의 밥도 먹지 않았다.

그때 이상한 새가 과일을 물고 와서 자장에게 공양하였다. 자장은 그것을 집어먹었다. 그러고는 깜박 잠이 들었는데, 천인이 와서 그에게 오계를 주는 꿈을 꾸었다. 그때서야 자장은 비로소 산곡에서 나왔다.

각처의 남녀들이 그에게로 다투어와서 계를 받았다. 자장은 변방에 태어났음을 스스로 탄식하고 중원으로 가서 큰 가르침을 받기를 원하였다. 그리하여 636년에 칙명을 받아 제자 승려 실 등 10여 명과 함께 당나라에 들어가 그곳 청량산으로 갔다.

그 산에는 문수보살의 소상이 있는데 그곳 사람들 사이에 전해오는 말에 따르면 제석천의 장인을 데리고 와서 만든 것이라고 하였다. 자장은 문수상 앞에서 명상하고 기도했다. 꿈에 문수상이 그의 머리를 어루만지며 범어로 된 게를 주었다.

꿈에서 깨어났으니 자장은 그 의미를 알 수가 없었다. 이튿날 아침이 되자 한 이상한 중이 와서 그 범어도 된 게를 해석해 주었다.

그리고 그 중은, "비록 만가지 가르침을 배운다 할 지랄도 이 보다 더 나은 것이 없다."라고 자장에게 말해주었다.

그 이상한 중은 또 가사와 사리 등을 자장에게 주고는 사라졌다. 자장은 이미 자기가 대성으로부터 전수를 받았음을 알고 그제야 북대에서 내려와 태화지에 도착하여 당나라 서울로 들어가니 당나라 태종은 칙사를 보내어 그를 위무하고 승광별원에 있게 하니 은총이 자못 두터웠다.

자장은 그런 번거로움이 싫어서 태종께 글을 올려 아뢰고는 종남산 운제사의 동쪽 산록으로 들어가 바위에 의지하여 집을 짓고 거기서 3년을 살았다. 사람은 물론 신령들도 그곳에서 계를 받아갔으며 영묘한 감응이 날로 많아져 갔다. 그 내용은 번거로워 여기에 적지 않겠다.

그 뒤 자장은 재차 당의 도읍으로 들어갔다. 그리고 당나라 황제에게서 위로를 받았다. 황제는 그에게 비단 200필을 하사하여 옷감으로 쓰게 했다.

선덕여왕 즉위 12년에 왕은 태종에게 글을 보내 자장을 돌려보내주기를 요청하였다. 태종은 선덕여왕의 요청을 들어주고 자장을 궁중으로 불러들여 비단 가사 1벌과 좋은 비단 500단을 하사했다. 황태자역시 비단 200단을 선사했다. 그밖에도 예물이 많았다.

자장은 본국의 불경이며 불상들이 아직 미비함을 생각하여 대장경 1부와 번당, 화개 등 복과 이로움이 될 만한 것을 모두 실어 왔다. 그가 본국에 돌아오자 온 나라가 환영하고 왕은 그에게 분황사에 머물러 있게 하고 극진히 대접하였다.

어느 여름에 자장은 궁중으로 초청되어 대승론을 강의하였다. 또 황룡사에서 이레 낮 이레 밤 동안 보살계본을 강의했는데 그때 하늘은 단비를 내리고 운무가 자욱하게 강당을 덮었다. 그러자 사방의 중들 모두 탄복하였다.

당시 조정에서는 불교가 동방으로 전파되어온 지가 비록 오래이나,

불법을 보호 유지하고 받듦에 있어 일정한 법도가 결여되어 있기에 기강을 세워 통괄하지 않으면 교계를 엄정히 정돈할 길이 없다는 의견이 일어났다. 그래서 신하들의 직언과 왕의 칙명으로 자장을 대국통으로 삼아 승려의 규범을 모두 위임하여 주관해나가게 하였다.

자장은 그 좋은 기회를 만나 불교를 널리 퍼뜨리는 데 힘썼다. 하여 그는 비구와 비구니 오부에 각기 구학(舊學)을 더하게 하고 보름마다 계를 설명하게 하였으며 매년 겨울과 봄에는 시험을 실시하여 계를 잘 지켰는가, 아니면 범했는가를 알게 하고, 임원을 두어 관리하고 유지해나가게 했다.

그는 또 순검사를 파견하여 지방의 사찰을 일일이 살펴 비구와 비구니의 과실을 징계하며 불경?불상 등을 잘 보존하게 하는 것을 영원한 규범으로 삼았다.

한 시대에 불법을 보호하는 것이 이 자장의 활약으로 크게 진전되었으니, 그것은 마치 공자가 위나라에서 노나라로 돌아간 데에서 음악이 바로 잡혀 아·송이 각기 그 마땅함을 얻게된 경우와 같았다. 그 즈음 신라 사람들로서 계를 받고 부처를 받드는 이가 열 집 가운데 8, 9 집은 되었으며 머리를 깎고 승려가 되고자 청하는 자가 갈수록 불어났다.

이에 자장은 통도사를 창건하여 계단을 쌓고는 사방에서 모여든 승려 지망자들을 입문시켰다. 그리고 그가 출생했던 집, 원녕사를 개축하고 낙성회를 열어 화엄경 1만 게를 강의하였다. 그때 52녀(석가가 세상을 떠날 때 모여든 52종류의 중생)가 감응하여 강의를 들었다. 자장은 제자들을 시켜 그 수효대로 나무를 심어 그 이상한 행적을 표시하게 하고 그 나무들을 지식수라 불렀다.

일찍이 자장은 국가 조정의 의관이 중국과 같지 않음을 보고 중국의 것과 같게 하기를 조정에 건의하여 허락을 받았다. 그리하여 진덕여왕 즉위 3년 650년에 비로소 중국 조정의 의관을 착용하게 되었다.

그 이듬해에는 처음으로 당나라의 연호 영휘를 썼다. 그 뒤부터는 사신을 보낼 때마다 그 서열이 번국(藩國)들 가운데서 가장 상위에 있게 되었으니 이는 자장의 공이다.

만년에 그는 서울을 하직하고 강릉군에 수다사를 세우고 머물렀다. 다시 꿈에 당나라의 청량산에서 하산할 때 북대에서 만났던 그 이상한 중과 같은 모양을 한 중이 와서 말했다.

"내일 그대를 대송정에서 보리라."

자장은 놀라 깨어나 일찍 대송정으로 갔다. 과연 문수보살이 감응해 나타났다. 자장은 보살게 법요를 물었다.

"태백산 칡덩굴이 서리고 있는 곳에서 다시 만나리라."

이렇게 알려 주고 문수보살은 사라져버렸다. 자장은 태백산으로 가서 그 칡덩굴이 서리고 있는 곳을 찾았다. 어느 나무 아래에 커다란 구렁이가 몸을 서리고 있는 걸 발견하고 자장은 시종자에게 말했다.

"이곳이 이른바 칡덩굴이 서리고 있는 곳이니라."

그 자리에다 석남원을 세우고 문수보살의 강림을 기다리고 있었다. 한 번은 가사가 남루한 늙은 거사가 죽은 강아지를 담은 칡삼태기를 메고 와서 자장의 시종에게 말했다.

"자장을 보러 왔다."

"스승님을 받들어 온 이래로 우리 스승님의 이름을 함부로 불러대는 사람이 없었는데 당신은 대체 어떤 사람이기에 그런 무례를 범하는 것이오."

"네 스승에게 고하기나 하여라."

드디어 시종은 들어가 자장에게 고했다. 자장은 깨닫지를 못하고 그의 시종에게 말했다.

"아마도 미치광이인가 보다."

자장의 제자는 밖으로 나가 그 남루한 옷의 거사를 꾸짖어 내쫓았다.

그 거사는 말했다.

"돌아가리로다! 돌아가리로다! 남을 업신여기는 마음을 지닌 자가 어찌 나를 볼 수 있겠는가."

그리고 그 삼태기를 거꾸로 털었다. 그러자 죽은 강아지가 튀어 나와 곧 사자보좌로 변했다. 거사는 사자보좌에 올라 광명을 내비치며 가버렸다.

자장이 듣고는 그때서야 옷매무새를 갖추어 광명을 좇아 그 남쪽 산마루로 급히 달려 올라갔다. 그러나 이미 아득히 사라져가고 있어 따를 수 없었다. 자장은 마침내 그 자리에서 쓰러져 죽었다. 화장하여 유골을 굴속에다 안치하였다.

자장이 세운 절과 탑이 모두 십여 군데인데, 절이며 탑이며 세울 때마다 반드시 상서로운 일들이 일어나곤 하였다. 그래서 시주해오는 사람들이 성시를 이룰 지경이어서 며칠 안되어 절이며 탑들이 완성되곤 했다.

자장율사가 쓰던 도구며 가사, 장삼들은 당나라 태화지의 용이 바친 오리모양의 목침과 석존께서 입으셨던 가사와 함께 통도사에 보존되어 있다.

헌양현에 압유사란 절이 있다. 그곳은 그 목침 오리가 일찍이 그곳에서 이상한 일을 나타냈던 것에서 유래된 이름이다. 원승이란 중이 있어 자장율사에 앞서 당나라에 유학했다가 함께 고국에 돌아와 자장이 율부를 넓히는데 도왔다고 한다.

이를 기린다.

일찍이 청량산에서 꿈을 깨고 돌아오니
칠편삼취가 일시에 열렸네
승속의 복색을 모양 있게 하려고
동국의 의관을 중국에 본떠 마름질 했네.

# 원효대사

성사(聖師) 원효의 속세 성은 설씨이며 그 조부는 잉피공 또는 적대공이라고도 한다. 지금 적대연 옆에 잉피공의 사당이 있다. 아버지는 담날내말이다.

원효대사는 압량군 남쪽 불지촌 북쪽에 있는 율곡의 사라수 아래에서 태어났다. 불지촌이란 마을 이름은 발지촌이라 쓰기도 한다.

사라수의 유래에 대해 세속에 전하는 말이 있다.

즉 원효대사의 집이 본래 율곡의 서남쪽에 있었다. 그 어머니가 원효를 배어 만삭이 되었는데 마침 골짜기, 즉 율곡의 밤나무 아래를 지나다 홀연 해산을 하였다.

너무 급해 집으로 돌아갈 수 없어 남편의 옷을 나무에다 걸어두고 거기서 아이를 낳았기 때문에 사라수(裟羅樹, 옷이 너울거리는 모양 사, 새그물)라고 부르게 된 것이다. 그 나무의 열매가 또한 보통 나무와 달리 특이하여 지금도 사라율이라 불리고 있다.

예부터 전해오는 얘기에 따르면 옛적 어떤 주지가 그 사노들에게 하룻저녁의 저녁밥거리로 한 사람 앞에 밤을 두 알씩 나눠주곤 했다. 사노들이 불만을 품고서 관가에 고소를 하였다. 관리가 이상스러워 그 밤을 가져다 검사를 해보았더니 밤 한 개 사발 하나에 가득 찼다.

그러자 그 관리는 드디어 사노 한 사람에게 밤 한 개씩만 주라고 판결을 내렸다. 그래서 그 밤나무가 있는 산골짜기를 밤나무골이라고 부른 것이라 한다.

원효가 출가하고 나서 그의 집을 내놓아 절로 만들어 이름을 초개사라고 했다. 그리고 원효가 태어났던 그 밤나무의 곁에도 절을 지어 사라사라고 했다.

원효대사의 전기에는 그가 서울 사람이라고 했는데 이것은 그의 조부 본거지를 따른 것이다.

《당승정(唐僧傳)》에는 원효대사는 본시 하상주 사람이라고 했다.

상고해보면 당 고종 16년 즉 문무왕 즉위 5년 665년 중에 문무왕이 상주와 하주의 땅 일부를 떼어서 삽량주를 설치했으니 하주는 바로 오늘날의 창녕군에 해당하고 압량군은 본래 하주에 소속된 고을이다. 상주는 지금의 상주(尙州)이니 또한 상주(湘州)라고도 쓴다. 원효대사가 태어난 불지촌은 지금의 자인현에 속해 있으니 곧 압량군에서 나누어진 한 구역이다.

원효대사의 아명은 서당, 또 다른 이름은 신당이었다. 당초 그 어머니는 별똥이 품안으로 들어오는 꿈을 꾸고 나서 원효대사를 잉태했는데 해산하려고 할 때에는 오색 구름이 땅을 뒤덮었다.

원효대사의 탄생은 진평왕 즉위 39년 즉 617년이었다. 그는 나면서부터 총명하기가 남달라서 스승을 모시지 않고 혼자 배워나갔다. 그가 수도를 위해 사방으로 떠돌던 행적의 시말과 불교의 포교에 남긴 성대한 업적은 《당승정(唐僧傳)》과 그의 전기에 모두 실려 있으므로 여기에서는 일일이 다 기록하지 않고 단지 《향전》에 실린 한 두 가지의 특이한 일만을 기록하겠다.

어느 날 원효대사는 다음과 같은 시가를 지어 부르며 거리를 돌아다녔다.

누가 자루 없는 도끼를 주려나
하늘 받칠 기둥을 찍어내련다.

사람들은 모두 이 시가가 무엇을 의미하는지를 깨닫지 못했다. 다만 태종 무열왕이 듣고서 이렇게 말하였다.

"이 법사가 귀부인을 얻어 훌륭한 아들을 낳고 싶어하는구나. 나라에 훌륭한 인물이 있으면 그보다 이익이 더 클 수가 없지."

그때 요석궁에 홀로 된 공주가 있었다. 무열왕은 궁리를 시켜 원효대사를 찾아 요석궁으로 인도해 들이도록 했다. 궁리가 왕명을 받들고 원효대사를 만났다.

원효대사는 일부러 물에 빠져서 함빡 옷을 적셨다. 궁리는 원효대사를 요석궁으로 데리고 가 거기서 옷을 벗어 말리도록 했다. 이리하여 원효대사는 그 요석궁에 유숙하였다. 요석공주는 임신을 하더니 설총을 낳았다.

설총은 천생의 자질이 영특하였다. 널리 경서와 사기에 통달했고, 신라 10현 가운데 한 사람이다. 그리고 그는 방음으로 중국과 우리나라의 풍속과 사물 이름에 통달하여 육경과 문학을 풀이하였다. 지금도 경서를 공부하는 자들에게 전수되어 끊어지지 않고 있다.

원효대사는 이미 파계하여 총을 낳은 뒤로는 세속의 복장으로 바꾸어 입고 스스로 소성거사라 일컬었다.

우연히 광대들이 가지고 노는 큰 박을 보았다. 그 형상이 진기했다. 원효대사는 광대의 그 박 형상을 따라 도구를 만들어 화엄경의 '일체무애인 일도 출생사'에 의거하여 무애란 이름으로 그 도구를 명명하고 거기에 해당하는 노래 '무애가'를 지어 세상에 퍼뜨렸다. 원효대사는 이 도구를 가지고 많은 촌락을 돌아다니며 노래하고 춤추며 널리 교화를 펼쳤다.

그리하여 오두막집의 더벅머리 아이들까지도 모두 불타의 이름을 알게 하고 나무아미타불을 부르게 했으니 원효대사의 포교는 참으로 크다고 할 수 있다.

그가 출생한 마을을 불지촌이라 이름하고 그의 집을 희사하여 만들 절을 초개사라 이름하고 그리고 또 자칭 원효라고 한 것들은 모두 불교를 처음으로 빛나게 했다는 뜻이다. 원효라는 말 또한 우리나라 말에서 뜻이 취해진 것이니 당시 사람들은 모두 우리나라 말로써 '새벽'이라고 불렀다.

일찍이 분황사에 머물러 있으면서 《화엄경소(華嚴經疏)》를 저술했는데, 제4권 10회 향품에 이르러 그만 붓을 그쳤다.

또 언젠가는 공적인 일로 인해서 몸을 일백 그루의 소나무로 나누니 모두들 위계의 초지라고 일렀다. 원효대사는 또한 바다 용의 권유에 의하여 노상에서 조서를 받들고 《삼매경소(三昧境疏)》를 저술하였는데, 붓과 벼루를 소의 두 뿔 위에 놓아두기도 하였다. 그리하여 그것을 각승이라고 불렀다. 그것은 본각(本覺)과 시각(視覺)의 오묘한 뜻이 숨어있는 것이다.

대안 법사가 와서 종이를 붙였으니 역시 의미를 알고 둘이서 주고받은 것이다. 원효대사가 입적하자 아들 총은 그 유해를 가루 내어서 진용을 만들어 분황사에 봉안해두고서 돌아가신 아버지에 대한 존경과 흠모의 뜻을 표했다.

총이 그때 원효대사의 소상 곁에서 예를 올리자 소상이 홀연 돌아다보았다. 지금도 소상은 여전히 돌아다보는 채로 있다. 원효대사가 일찍이 거처한 적이 있던 혈사 곁에 설총의 집터가 남아있다고 한다.

다음과 같이 기린다.


각승을 지어 삼매경의 뜻 열어 보이고
표주박 들고 춤을 추며 거리마다 교화를 베풀었네.
달 밝은 요석궁에 봄잠이 깊더니
문 닫힌 분황사엔 돌아다보는 모습만 남았네

# 의상이 화엄종을 전하다

법사 의상의 아버지는 한신 그리고 성은 김씨이다. 29세에 황복사에서 머리를 깎고 승려가 되었다. 얼마 되지 않아 그는 중국으로 유학할 뜻을 품고 드디어 원효와 함께 길을 떠나 요동까지 갔다. 그곳에서 국경을 지키던 고구려의 군졸들에게 첩자의 혐의를 받아 수십일 간을 갇혀 있다가 겨우 방면되어 돌아왔다.

650년에 마침 본국으로 돌아가는 당나라 사신의 배가 있어 그 편에 실려 중국으로 들어갔다. 처음엔 양주에 머물러 있었는데 주장(州將) 유지인이 관아에서 머물러 있기를 요청하며 융숭히 대접하였다.

얼마 뒤 종남산의 지상사로 가서 지엄을 뵈었다. 지엄은 전날 밤에 꿈을 꾸었다. 한 그루의 커다란 나무가 해동에서 생겨나더니 가지와 잎이 퍼져 나와 온 중국을 덮었다. 그리고 그 나무 위엔 봉황의 둥지가 있었다. 올라가 보니 한 개의 마니보주가 하나 있었고 그 빛이 멀리 뻗치고 있었다.

지엄은 꿈에서 깨자 놀랍기도 하고 이상하기도 하여 절을 말끔히 청소해두고 기다리고 있었다. 그러자 과연 의상이 왔다. 지엄은 특별한 예로 의상을 맞아 조용히 말했다.

"어젯밤 꿈이 그대가 내게 올 징조였군요!"

그러고는 의상을 방에 들어오게 했다. 이로써 지엄의 제자가 된 것이다. 의상은 화엄경의 오묘한 뜻을 깊고 세밀하게 분석해냈다. 지엄은 학문을 서로 질의할 만한 이를 만나 능히 새로운 이치를 밝혀내었고 의상을 만난 것을 기뻐하였다. 마침내 제자가 스승을 뛰어넘는 경지에까지 이르게 되었다.

그 뒤로 신라와 당나라 사이에 불화가 생겨 본국의 승상인 김흠순과 김양도 등이 당나라에 갇히게 되었고, 당 고종은 대군을 일으켜 신라를 정벌하려고 했다. 그러자 흠순 등이 몰래 의상을 권유하여 당나라의 발병에 앞서 본국으로 돌아가 그 사실을 알리게 했다.

의상은 당 고종 12년 즉 문무왕 10년 670년에 본국으로 돌아왔다. 그리하여 당나라의 발병 사실을 조정에 알렸다. 조정에서는 신인 대덕 명랑에게 명하여 밀교의 제단을 임시로 세우고 기도드리게 하여 나라는 마침내 전쟁의 화를 면할 수 있었다.

당 고종 27년 즉 문무왕 즉위 16년 676년에 의상은 태백산으로 가서 조정의 뜻을 받들어 부석사를 창건하고 널리 대승교를 펼치자 영묘한 감응이 많이 나타났다.

종남산 지엄 문하의 동문인 현수가 《수현소》를 저술하여 그 부본을 의상에게 보내오면서 아울러 간곡한 사연의 글월까지 붙여왔다.

"서경 승복사의 승려 법장은 글월을 해동 신라의 화엄 법사님께 드립니다. 한 번 작별한 지 20여 년이 되었으나 존경하는 정성이 어찌 마음에서 떠나리까? 더욱이 연기와 구름이 만리요, 바다와 육지가 천겹이라 이 몸이 찾아뵙지 못함을 한스럽게 여깁니다. 그리운 회포를 어찌 다 말하리까? 지난 세상에서는 인연을 같이 하고 이 세상에선 학업을 같이 한 까닭에 이런 과보(果報)를 얻어 함께 화엄경에 멱감으며, 특별히 선사께서 물려주신 심오한 경전의 가르침을 받은 것입니다. 우러러 듣건대 상인은 귀향하신 뒤로 화엄을 펼치어 법계의 무애한 연기를 선양하고 제망을 겹겹이 하며 불국을 새롭게 하여, 중생을 널리 이롭게 하신다고 하니 뛸 듯이 기쁩니다. 이로써 여래께서 돌아가신 뒤 불교를 찬연히 빛내고 설법을 널리 펴서 법을 오래 머물게 한 것은 오직 법사의 힘임을 알겠습니다. 이 법장은 앞으로 나아가려는 뜻이 있으나 이루어진 게 없고, 하는 일이 그리 활발하지 못해 우러러 이 경전을 받들면 오직 선사께 부끄러운 한편 분수대로 받아 지닌 것이라 버릴 수 없는 일이라 여기고 이 업에 기대어 내세와 인연을 맺고자 기원하고 있습니다. 다만 스님의 장소(章疏)가 뜻은 풍부한데 글이 간략하여 뒷사람들이 듣고 이해하기에 어려움이 많을 것이기에 스님의 미묘한 말, 오묘한 뜻을 기록하여 무리하게 기록을 완성했습니다. 근간 승전 법사가 베껴 가지고 고향에 돌아가 그 땅에 전할 것이오니, 상인은 그 잘 되고 잘못됨을 상세히 검토하여 가르침을 주시오면 다행이겠습니다. 바라옵건대 내세에 환생할 때는 둘이 노사나불의 무궁한 묘법을 들어 받들고 무량한 보현행원을 닦고 싶습니다. 그러나 혹 아직 악업이 남아 하루아침에 미계에 떨어지더라도 상인께서는 옛날의 인연을 잊지 마시고 어느 곳에 가나 정도로써 인도해주십시오. 인편과 서신이 있을 때마다 안부를 물어주시옵기 바라오며 이만 줄입니다.”

의상은 이에 열 곳의 사찰에 영을 내려 가르침을 전했다. 태백산의 부석사, 원주의 비마라사, 가야의 해인사, 비슬의 옥천사. 금정의 범어사, 남악의 화엄사 등이 그것이다.

의상은 《법계도서인》과 그 《약소(略疏)》를 지었다. 그것은 성불의 가르침과 요점을 통괄한 것으로 오랜 세월을 두고 귀감이 되어왔으며 모두들 소중하게 여기는 것이다.

이외에는 달리 저술한 것은 없다. 하지만 한 솥의 국 맛을 보는 데에는 고기 한 점이면 족한 법이다.

그 《법계도》는 당 고종 19년 즉 문무왕 즉위 8년 668년에 이루어졌다. 이 해에 의상의 스승 지엄이 또한 입적했으니 마치 공자가 《춘추》를 편찬하다가 기린을 잡았다 라는 구절에서 붓을 놓은 사례와 같다고 하겠다.

세상에 전해오는 말에 따르면 의상은 바로 금산보개의 화신이라 한다. 의상의 제자들은 오진·지통·표훈·진정·진장·도융·양원·상원·능인·의적 이 열 분의 고승들이 우두머리가 되었으니, 모두 버금가는 성인들이기에 각기 전기가 있다.

오진은 일찍이 하가산의 골암사에 있으면서 매일 저녁 거기서 팔을 뻗치어 부석사의 석등에 등불을 켰다. 지통은 《추동기》를 저술하였다. 그것은 의상의 가르침을 직접 받았으므로, 오묘한 경지에 나아간 말들이 많다. 표훈은 일찍이 불국사에 머물러 있었고, 항상 천궁을 왕래했다.

의상대사가 황복사에 머물러 있을 때다. 제자들과 함께 탑돌이를 할 때 매양 허공을 딛고 올라가고 층계를 오르지 않았다. 그래서 그 탑에는 사닥다리를 설치하지 않았다. 그 제자들도 또한 계단에서 석 자나 떠서 허공을 밟고 돌았다.

의상대사는 제자들을 돌아보며 말했다.

"세상 사람들이 이것을 보면 반드시 괴이하게 생각할 것이니 세상에는 가르치지 못할 것이다."

의상대사에 대한 여타의 것들은 최치원 공이 지은 《의상본전》과 같다.

다음과 같이 기린다.

수풀 헤치고 연기와 먼지 무릅쓰고 바다를 건너니
지상사는 문 열어 귀한 손님 맞아들였네.
무성한 꽃들을 우리나라에 심으니,
종남산과 태백산에 꼭 같이 봄이 머무네.


## 사복이 말을 못하다

서울의 만선북리에 과부가 살고 있었다. 남편 없이 잉태하여 아이를 낳았는데, 열두 살이 되도록 말을 하지 못하고 걷지도 못하였다. 그래서 사동(蛇童)이라 불렀다.

어느 날 그의 어머니가 죽었다. 그때 원효는 고선사에 머물고 있었다. 원효가 그를 보고 예를 갖춰 맞았으나 사복은 답례도 하지 않고 말하였다.

"옛날에 그대와 내가 함께 경전을 싣고 다니던 암소가 지금 죽었소. 함께 장례를 치르는 것이 어떻겠소?"

"좋소이다."

그래서 함께 집에 이르렀다. 원효에게 보살수계를 부탁하였다. 이에 원효는 시신 앞에서 빌었다.

"태어나지 말 것을, 죽음이 괴롭구나. 죽지 말 것을 , 태어남이 괴롭구나."

원효의 기도를 들은 사복은 글이 번거롭다고 말하자 원효는 다시 고쳐서 말하였다.

"죽고 남이 괴롭구나."

두 사람은 상여를 메고 일어나 활리산 동쪽 기슭으로 갔다.

원효가 말했다.

"지혜로운 호랑이를 지혜로운 숲 속에다 묻음이 마땅하지 않겠소?"

사복이 이에 게를 지었다.

> 지난 날 석가모니 부처가
> 사라수 사이에서 열반에 드셨도다
> 이제 또한 그와 같은 이가 있어
> 연화장 세계에 들어가려 하네

말을 마친 뒤 띠풀의 줄기를 뽑아내자, 그 아래 밝고 청허한 세계가 있었다. 휘황하면서 맑게 비어 있고, 칠보로 장식된 난간이며 누각은 장엄하였다. 정말로 인간 세상이 아니었다. 사복은 시신을 메고 같이 그곳으로 들어가자 홀연히 땅이 다시 합쳐졌다. 이에 원효는 돌아갔다.

후세 사람들이 사복을 위하여 금강산 동남쪽에 절을 지어 도량사라고 하였다. 매년 3월 14일 점찰회를 여는 규정을 만들었다. 사복이 세상에 나와 보여준 것은 오직 이 뿐이었다. 세상 사람들의 말이 많으나 황당한 것을 덧붙이고 있으니 우스운 일이다.

다음과 같이 기린다.


　용이 잠잠하다고 어찌 관심 밖이랴
　떠나면서 읊은 한 곡조 모든 것을 말했네
　생사가 괴롭다 한들 본디 괴로운 것만 아니니
　연화장 떠도는 세계 넓기도 하구나


## 진표가 간자를 전하다


승려 진표는 완산주의 만경현 사람이다. 아버지는 진내말이고 어머니는 길내낭이다. 성은 정씨였다.

나이 열두 살이 되자, 금산사의 숭제법사의 문하에 들어 머리를 깎고 승려가 되어 가르침을 청했다. 그 스승이 일찍이 일러 주었다.

"나는 일찍이 당나라에 들어가 선도삼장에게 가르침을 받았다. 그런 다음 오대산에 들어가 문수보살이 나타나신 것을 느끼고 오계를 받았다."

"얼마나 부지런히 닦아야 계를 얻을 수 있습니까?"

"정성을 지극히 하면 1년을 넘기지 않을 것이다."

진표는 스승의 말을 듣고 이름난 산들을 두루 돌아다니다가 선계산의 불사의암에 머물면서 몸과 마음과 뜻을 모아 닦고 제 몸은 돌보지 않은 채 뉘우치며 계를 얻어냈다. 처음에 7일을 기약하고, 온 몸을 돌에 두들겨 무릎과 팔뚝이 부서지니, 바위가 온통 피로 물들었다. 그래도 성인의 감응이 없었다. 뜻을 더욱 굳건히 하여 몸을 버릴 각오로 다시 7일을 기약하였다. 그래서 14일이 지나자 마침내 지장보살이 나타나 정계(淨戒)를 받았다. 때는 740년 3월 15일 진시(오전 7~9시)였다. 그때 나이는 스물 셋 정도였다.

그러나 미륵보살에 뜻이 있었으므로 중간에 그만두지 않고 영산사로 옮겨갔다. 또 처음처럼 용감하게 수행하였다. 과연 미륵보살이 나타나 《점찰경》 두 권과 더하여 간자(簡子) 189개를 주면서 말했다.

"이 가운데 8간자는 새로 얻은 묘계(妙戒)를, 제9간자는 더 얻은 구족계(具足戒)를 비유한다. 이 두 간자는 곧 내 손가락뼈이다. 나머지는 침향과 전단향 나무로 만들어 여러 번뇌를 비유한 것이다. 너는 이것을 가지고 세상에 법을 전하고, 나루터와 뗏목을 만들어 사람들을 건너게 하라."

진표는 미륵보살의 글을 받아 금산사로 옮겨가 지냈다. 해마다 단(檀)을 열어 불교의 가르침을 펼쳤는데, 단석(檀席)이 매우 엄격하여 말세에서 보지 못할 것이었다. 가르침이 두루 펼친 후 걸어서 아슬라주까지 갔다. 섬 사이에서 물고기와 자라가 다리를 만들어 바다 속으로 모시고 가서 법을 들으며 계를 받았다. 바로 752년 2월 보름의 일이다.

경덕왕이 이를 듣고 궁궐로 맞아들여 보살계를 받았다. 쌀 7만 7천 석을 주었다. 왕비와 외척들도 모두 계를 받고 비단 5백 단과 황금 50냥을 시주하였다. 모두 받아 여러 산에 나누어 불사(佛事)를 널리 일으키게 되었다.

그의 사리는 지금 발연사에 있다. 그곳은 곧 바다의 물고기들에게 계를 베풀던 곳이다. 직접 법을 받은 제자들은 영심·보종·신방·체진·진해·진선·석충 등인데 모두 사원의 창시자가 되었다.

영심은 진표로부터 간자를 받아 속리산에 지내며 대를 이었다. 단을 만드는 방법은 점찰·육륜이 조금 다르지만 수행법은 산중에서 전해오는 본래 법규와 같았다.

# 관동 풍악산의 발연수 비석의 기록

진표 율사는 전주 벽골군 도나산촌 대정리 사람이다. 나이 열두 살에 이르러 출가할 뜻을 굳히자 아버지가 허락하였다. 스님은 금산사의 숭제법사 처소로 가서 중이 되었다. 숭제법사가 사미계법을 주고 《공양차제비법》 한 권과 《점찰선악업보경》 두 권을 주며 말했다.

"너는 이 법을 가지고 미륵보살과 지장보살 두 성인 앞에서 간절히 참회하여 직접 계를 받아 세상에 펴도록 하라."

스님은 가르침을 받고 물러 나와 이름난 절들을 돌아 다녔다. 나이가 27살이 된 760년이 되었다. 쌀 20말을 쪄서 말려 양식 삼아, 보안현으로 가 변산의 불사의암에 들어갔다. 5홉 쌀이 하루치 먹을 양인데, 거기서 1홉은 덜어내 쥐를 먹였다.

스님은 미륵상 앞에서 부지런히 계법을 얻으려 했으나, 3년이 지나도록 수기(授記, 부처로부터 내생에 부처가 되리라고 하는 예언을 받는 것)를 받지 못 하였다. 더욱 분발하여 제 몸을 버려 바위 아래로 던졌다. 문득 푸른 옷을 입은 어린 아이가 나타나 손으로 받아 바위 위에 올려놓았다. 스님은 다시 힘을 내 21일을 기약하고 뜻을 이루고자 하였다. 밤낮으로 부지런히 수행하며 바위에 몸을 부딪히며 참회하자 3일째 손과 팔이 부러졌다. 7일째 밤에 지장보살이 손에 금석장을 흔들며 와서 지켜주자 손과 팔이 예전처럼 되었다. 게다가 보살은 가사와 바리때를 주었다. 스님은 그런 신령스런 응답을 느끼며 배나 더욱 정진했다.

21일을 다 채웠다. 문득 온 세계를 보는 눈이 열려 도솔천의 여러 성인들이 의식을 갖추고 내려오는 모습이 보였다. 이어 지장보살과 미륵보살이 앞에 나타났다. 미륵보살이 스님의 이마를 만지며 말했다.

"장하구나, 대장부로다. 계를 얻으려 이처럼 목숨을 아끼지 않고 간절히 구하며 참회하다니."

지장보살이 계본(戒本)을 주었고, 미륵보살은 막대기 두 개를 주었
다. 하나에는 '9', 다른 하나에는 '8'이라고 써 있었다. 스님에게 말
했다.

"이것은 간자라는 것이다. 곧 내 손가락뼈인데 이는 처음과 근본 두
깨달음을 비유한다. 또 9는 법이요, 8은 새로 만들어 부처가 될 종자
이다. 마땅히 이것으로 인과업보를 알아야 한다. 너는 지금 몸을 버려
대국왕의 몸을 받아 뒷날 도솔천에 태어날 것이다."

이와 같은 말을 마치고 두 성인은 사라졌다. 그때가 762년 4월 27
일이었다. 스님은 교법을 받았으므로 금산사를 새로 짓고자 산을 내
려왔다. 대연진에 이르렀는데, 어디선가 용왕이 나타나 옥으로 된 가
사를 바치고 8만 명의 그 무리들이 스님을 모시고 금산사로 갔다. 그
러자 사방에서 사람들이 모여와 며칠만에 완성되었다. 다시 미륵보살
이 감응하여 도솔천으로부터 구름을 타고 내려와 스님에게 계법을 주
었다. 스님은 신도들에게 권해 미륵장륙상을 만들도록 하였다. 또 미
륵보살이 내려와 계법을 주던 위엄찬 모습을 금당의 남쪽 벽에 그렸
다. 764년 6월 9일에 불상이 완성되어 766년 5월 1일 금당에 모셨다.

스님은 금산사를 내려와 속리산으로 향하였다. 도중에 소가 끄는
수레를 타고 가는 사람을 만났다. 그 소들이 스님 앞에서 무릎을 꿇더
니 우는 것이었다. 수레에 탔던 사람이 내려서 물었다.

"어인 까닭에 이 소들이 스님을 보고 우는 것입니까? 스님은 어디
서 온 누구십니까?"

"나는 금산사의 진표라는 중이오. 내가 일찍이 변산의 불사의암에
들어가 미륵보살과 지장보살 앞에서 친히 계법과 간자를 받았소. 새
로운 절을 짓고 오래도록 수도할 만한 곳을 찾고 있는 중이오. 이 소
들이 겉은 우둔하나 속은 밝은 모양이오. 내가 받은 계법이 매우 중요
함을 알기 때문에 무릎을 꿇고 우는 것이지요."

그 사람이 듣고 나서 말했다.

"짐승도 믿는 마음이 이럴진대 하물며 내가 사람이 되어서 어찌 믿는 무심하겠습니까?"

그러더니 손으로 낫을 집어 스스로 머리카락을 잘랐다. 스님이 자비스런 마음으로 머리를 깎아주며 계를 주었다.

속리산 골짜기 깊숙한 곳에 도착해서는 길상초가 자라는 곳을 보고 표시해 두었다. 다시 명주를 향해 해변을 서서히 걸어가는 중에, 물고기며 자라 같은 것들이 줄줄이 바닷가로 나와 스님 앞에서 몸과 몸을 이어 마치 땅처럼 되었다. 스님이 밟고서 바다로 들어가 계법을 소리 높여 암송했다.

다시 나와서 가다 고성군에 이르렀다. 개골산으로 들어가 발연수를 세워 점찰법회를 열고 7년을 머물렀다.

그때 명주 근방에 흉년이 들어 백성들이 굶주림에 시달렸다. 스님이 그들을 위해 계법을 설명하니, 사람마다 받들어 모시며 삼보에 정성을 다했다. 얼마 있다가 고성 해변에 셀 수 없이 많은 고기들이 죽은 채 떠올랐다. 백성들은 이것을 팔아다 먹을 것을 장만해 굶주림에서 벗어날 수 있었다.

스님은 발연수에서 나와 다시 불사의암으로 갔다. 그런 다음 고향으로 가서 아버지를 만나 뵈었다. 어떤 때는 진문 대덕의 방에 가서 지내기도 하였다. 그때 속리산의 영심과 융종, 불타 대덕 등이 스님이 있는 곳으로 와서 부탁하였다.

"저희들이 천하를 멀다 않고 와서 계법을 얻으려 하나이다. 바라건대 법문을 주시옵소서."

스님은 묵묵히 대답을 하지 않았다. 그러자 세 사람은 복숭아나무 위에 오르더니 땅에다 몸을 거꾸로 쳐박았다. 그렇듯 용맹스럽게 정진하여 참회하였다. 그제야 스님은 교법을 베풀고 이마에 물을 부어주며 가사와 바리때를 주었다. 또《공양차제비법》한 권과《점찰선악

업보경》두 권 그리고 189개의 간자를 주고, 아울러 미륵보살이 준 8
번째와 9번째 간자를 주면서 일렀다.

"9는 법이고 8은 새로 만들어 부처가 될 종자이다. 내가 이제 너희
들에게 부탁하나니, 이것을 가지고 속리산으로 돌아가라. 그 산에 길
상초가 자라난 곳이 있을 터이니 거기에 절을 짓고 이 교법에 따라 널
리 인간 세상을 구제하고 후세에 널리 퍼지게 하라."

영심 등이 교법을 받들고 바로 속리산으로 가서 길상초가 난 곳을
찾아 절을 짓고 길상사라 하였다. 영심은 여기에서 처음으로 점찰법
회를 열었다. 스님은 아버지와 다시 발연수로 돌아 왔다. 함께 수도하
며 효도를 다하였다.

스님이 돌아가실 때는 절의 동쪽 큰 바위 위에서 숨을 거두었다. 제
자들은 스님의 시신을 옮기지 않고 뼈가 모두 삭아 내릴 때까지 공양
을 하였다. 거기에 흙을 덮어 무덤을 만들었다. 푸른 소나무가 생기더
니 오랜 세월이 지난 다음 말라죽고, 다시 한 그루가 자라났다. 뒤에
또 한 그루가 나왔는데, 그 뿌리는 하나였다. 지금도 두 그루가 남아
있다.

경배를 드리는 이들이 소나무 아래 와서 뼈를 찾아보면, 어떤 이는
보고 어떤 이는 보지 못하였다. 나는 스님의 뼈가 다 없어져 버리는
것이 염려되어 1197년 9월에 일부러 소나무 아래로 가 뼈를 모았더
니, 통에 가득 세 홉쯤 되었다. 큰 바위 위 나무 두 그루 아래에 비석
을 세우고 뼈를 안치하였다.


## 승전과 해골

승려 승전의 출신 내력을 상세히 알 수 없다. 일찍이 배를 타고 중
국으로 들어가서 현수 국사의 문하에 들어가 현묘한 가르침을 받았

다. 미묘한 것을 연구하고 깊은 생각을 쌓아 지혜와 보는 눈이 뛰어났으며 깊은 것과 숨은 것을 찾아 심오한 진리가 최상에 이르렀다. 인연이 닿는 곳으로 가고자 생각하여 자기 나라 고향 마을로 돌아가게 되었다.

처음에 현수는 의상과 함께 지엄화상의 자애스런 가르침을 함께 받았다. 현수는 스승의 말씀에 대해서 뜻을 풀어서 설명한 책을 짓고 있었다. 승전법사가 고향으로 돌아간다고 하자, 그 편에 의상에게 자신의 책을 보여주며 편지도 부쳤다고 한다. 별폭은 이렇다.

"《탐현기》스무 권 가운데 두 권은 아직 이루지 못했고,《교분기》세 권,《현의장》두 권,《십이문소》한 권,《법계무차별론소》한 권을 모두 베껴서 승전법사가 돌아가는 편에 부칩니다. 저 번에 신라 승 효충이 금 9푼을 가져다 주면서 '이는 의상스님께서 보낸 것입니다' 라고 하였습니다. 비록 편지는 받지 못했지만 은혜가 크기만 합니다. 이제 인도 사람들이 쓰는 물병과 대야를 하나씩 부쳐서 작은 정성이나마 표시하려 합니다. 받아주시면 다행이겠습니다."

승전법사가 돌아와 의상에게 이 편지를 주었다. 의상이 글을 보니 마치 스승 지엄의 가르침을 귀로 듣는 것 같았다. 수십 일을 탐구하고 검토하여 제자들에게 주고 이 글을 널리 가르치도록 하였다. 이 이야기는 의상의 전기에 있다. 따지고 보면 불교의 원만하고 두루 넘치는 가르침이 이 땅에 흡족히 퍼진 것은 실로 승전법사의 공이라 할 것이다.

그 후 범수라는 승려가 멀리 그 나라에 가서 새로 번역한《후분화엄경관해의소》라는 책을 구해 가지고 돌아와 퍼뜨리고 가르쳤다, 때는 799년이었다. 이 또한 법을 찾고 크게 떨친 예라고 할 수 있다.

승전은 상주 관내 개녕군 가까이에 암자를 새로 짓고 돌로 만든 해골들을 상대로《화엄경》을 강의했다. 신라의 승려 가귀가 자못 총명하고 도리를 알아 법사가 켠 불법을 이어《심원장》을 지었다. 그 내용은 대략 다음과 같다.

"승전법사가 해골들을 거느리고 불경을 강연하니, 지금의 갈황사이다. 그 해골은 80여 개는 지금까지 강사(綱司)가 전하고 있는데, 자못 신령스런 이적이 많다."

그 밖의 일들은 비문에 실려 있는데, 《대각국사실록》의 기록과 같다.


## 심지가 스승을 잇다

승려 심지는 신라의 41대 임금 헌덕대왕 김씨의 아들이다. 나면서부터 효성스럽고 우애가 있었으며 타고난 성품이 밝고 지혜로웠다. 열다섯 살쯤에 머리를 깎고 스승을 따라 불교에 부지런히 정진하였다.

중악에서 지내다가 마침 속리산의 영심스님이 진표율사의 간자를 전해 받아 과증법회를 연다는 말을 들었다. 뜻을 굳히고 찾아갔으나, 벌써 기일이 지난 뒤라 본 집회장에는 들어가지 못하였다. 이에 땅바닥에 앉아 마당에 머리를 박으며 여러 사람들을 따라 예불하고 참회했다.

7일이 지났을 때, 하늘에서 큰 눈이 내리는데, 심지가 서 있는 곳 사방 열 자쯤에는 눈이 흩날리면서도 내리지 않았다. 여러 사람들이 그 신기한 모습을 보고 법당 위로 올라 오라 했다. 그러나 심지는 겸손히 사양하며 병을 핑계 대고 물러 나왔다. 방안에 있으면서 법당을 향해 적이 예를 갖추었다. 팔꿈치와 이마에 피가 가득해 마치 진표가 선계산에서 했었던 일과 비슷하였다. 날마다 지장보살이 와서 위로해 주었다.

자리를 끝나고 집으로 돌아오는 길에 간자 두 개를 발견했다. 자신의 옷 속에 붙어 있었다. 그것을 가지고 돌아와 영심에게 알렸다.

"간자는 함 속에 있는데 어떻게 가져왔단 말이냐?"

그러면서 살펴보자 닫은 표시는 예전 그대로인데 열어보니 없었다. 영심은 매우 이상하게 여기며 거듭 싸서 보관하였다. 그런데 가다보니 또 처음처럼 간자가 붙어 있었다. 다시 돌아와 영심에게 알렸다.

"부처님의 뜻이 그대에게 있는 것이군. 그대가 모시고 가시오."

그러면서 간자를 주었다. 심지는 받아서 이고 중악으로 돌아왔다. 중악의 산신이 두 명의 신선 동자를 데리고 마중 나와 심지를 산꼭대기로 인도하여 바위 위에 앉게 하고, 바위 아래 엎드려 삼가 계를 받았다. 심지가 말했다.

"이제 땅을 골라 성스러운 간자를 모시고자 하오. 우리들이 정할 수 없으니, 바라건대 세 분과 높은 곳에 올라가 간자를 던져 점을 칩시다."

그래서 신들과 봉우리로 올라가 서쪽을 향해 던졌다. 간자는 바람을 타고 날아갔다. 이 때 신들이 노래를 지어 불렀다.


　　눈앞을 가리던 바위는 멀리 물러나
　　숫돌처럼 평평해지네
　　낙엽이 날아 흩어지니
　　앞은 밝아지네
　　부처의 뼈로 만든 간자를 찾아내
　　정결한 곳에 모시고
　　정성을 다하려 하네.


노래를 마치고 숲 속 샘에서 간자를 찾아냈다. 곧 그 땅에 법당을 짓고 모셨다. 지금 동화사 첨당 뒤쪽에 있는 작은 우물이 바로 그곳이다.

우리 고려조에 예종이 일찍이 성스런 간자를 궁궐 안으로 맞아들여 공경하여 예배를 올렸다. 어느 날 제9 간자 하나를 잃어버려 상아로 대신 만들어 절로 돌려보냈다. 그런데 지금은 차츰 색이 변하더니 같은 색이 되어 새것과 옛것을 구분할 수 없다. 그 질은 상아도 옥도 아니었다.

또 우리 고려의 문인 김관의가 편찬한 ?왕대종록? 2권에는 다음과 같이 전한다.

신라 말년에 신라의 석충 대덕이 고려 태조에게 진표 율사의 가사 한 벌과 간자 189개를 바쳤다. 지금 동화사에 전하는 간자와 같은 지 다른 지는 자세히 알 수 없다.

다음과 같이 기린다.

궁중에서 자라난 몸 속박을 벗어내리고
부지런함과 총명함은 하늘이 내리신 것
뜰에 가득 쌓인 눈 속에서 간자를 뽑아내
동화사 높디높은 봉우리에 올려놓았네.


## 유가종의 대현과 화엄종의 법해

유가종의 시조인 대현대덕은 남산의 용장사에서 지냈다. 절에는 돌로 된 미륵보살의 장륙상이 있었다. 대현이 둘레를 돌 때면 불상도 대현을 따라 얼굴을 돌렸다. 대현은 지혜롭고 영특하여 판단이 분명하였다.

대개 법상종의 경전들은 담긴 이치가 매우 깊어 해석하기가 까다로웠다. 중국의 이름난 문인 백거이가 일찍이 연구해 보았으나 해내지 못하고 말하였다.

"유식론은 의미가 깊어 터득하기 어렵고 인명학은 분석해도 뜻이
통하지 않는다."

이런 까닭에 배우는 이들이 제대로 받아들이기 어렵다고 여겨왔다.
대현이 홀로 잘잘못을 바로 잡고 깊이 숨은 뜻을 가려내 자유자재로
풀었다. 이 땅의 후배들이 모두 그 가르침을 따르고 중국의 학사들도
가끔 이것을 보며 안목을 틔었다.

753년 여름의 일이다. 큰 가뭄이 들자 경덕왕은 대현을 궁안으로
불러들여 《금강경》을 읽으며 단비를 기원하게 하였다. 하루는 재를
올리려 바리때를 열어 놓았는데 공양하는 이가 정한수를 바치는 일이
늦어졌다. 맡은 관리가 꾸짖자 공양하는 이가 말했다.

"궁궐의 샘이 말라 먼 데서 떠오느라 늦었습니다."

대현이 듣고 말하였다.

"왜 빨리 말하지 않았느냐?"

그리고서 낮 강의를 할 때 향로를 받들고 묵묵히 있었더니, 샘물이
솟아 나와 높이가 일곱 길쯤, 절의 당간과 맞먹었다. 궁안의 사람들은
무척 놀라워했다. 이 때문에 샘의 이름을 금광정이라 하였다. 대현은
스스로 청구사문이라는 호를 지었다.

다음과 같이 기린다.


불상을 도는 남산에서는 불상도 따라 돌고
이 땅의 부처님의 날이 다시 한 번 올랐네
궁궐의 샘물을 뚫어 푸른 물결 용솟음치니
누가 알리, 금빛 향로의 한줄기 불길임을.


다음해 여름이었다. 왕이 또 법해 대덕을 황룡사로 불러 《화엄경》
을 읽게 했다. 왕이 와서 향을 피우고 조용히 물었다.

"지난 여름에 대현법사가 《금강경》을 읽자 샘물이 일곱 자 길이나

치솟았소. 이제 공의 법도는 어떠시오?"

"자잘한 일이라 달리 말할 만한 것이 아닙니다. 이제 바닷물을 기울여 동악을 잠기게 하고 서울을 떠내려가게 하라고 해도 어려운 일이 아닙니다."

왕은 믿지 못하고 농담으로 생각하였다. 한낮에 강의를 하려는데 향로를 끌어다 놓더니 고요히 있었다. 잠깐 사이였다. 내전에서 갑자기 우는 소리가 들리더니 관리가 달려와 아뢰었다.

"동궁의 연못이 넘쳐흘러 내전의 오십여 칸이 떠다니고 있습니다."

왕은 멍청해져 정신을 잃을 지경이었다. 법해가 웃으며 이를 두고 말했다.

"동쪽 바다를 기울이려 하니 물줄기가 먼저 넘쳤을 뿐입니다."

왕은 저도 모르게 일어나 절을 하였다. 다음날 감은사에서 아뢰었다.

"어제 한낮에 바닷물이 넘치더니, 불전의 계단까지 이르렀다가 서너 시쯤 물러갔습니다."

왕은 더욱 믿으며 공경하였다.

다음과 같이 기린다.

법해의 물결이 법계에 충만하여
이 세상 바다쯤 줄고 늘이는 것 어렵지 않네
백 억의 수미산 크다 말하지 마오
한낱 우리 스님 손끝에 달린 걸.

三國遺事

5권

# 제6 신주

## 밀본법사가 요사한 귀신을 꺾다

선덕왕 덕만이 병에 걸린 지 오래 되었다. 흥륜사에 법척이라는 승려가 있었는데, 불러 와서 병을 고치려 했으나 시간이 지나도 아무 효험이 없었다. 그때 밀본법사가 덕행이 있다고 나라 안에 소문이 퍼져 있었다. 신하들이 그 사람으로 바꾸자고 청하자, 왕은 궁안으로 밀본법사를 불러들였다.

밀본은 침실의 바깥에 있으면서 《약사경》을 읽었다. 책을 한 권 다 읽어 갈 무렵, 가지고 있던 육환장이 침실 안으로 들어가더니 늙은 여우 한 마리와 법척을 찔러 마당 아래로 거꾸러뜨렸다. 왕의 병도 곧 나았다. 그 때 밀본의 이마에서는 다섯 색깔의 신령스러운 광채가 뿜어져 나와 보는 이들을 놀라게 했다.

또 승상 김양도가 어린아이 때였다. 갑자기 입이 막히고 몸이 굳어 말도 못하고 움직이지 못했다. 늘 큰 귀신이 작은 귀신들을 데리고 집안으로 들어와 상에 놓인 음식들을 모두 씹어 먹는다고 했다. 무당이 굿을 하니 귀신들이 모여들어 톡톡히 창피를 주었다. 김양도가 비록 물러가라 하고 싶어도 입이 떨어지지 않았다.

아버지는 이름이 알려져 있지 않은 법류사의 승려 한 사람을 불렀다. 승려는 와서 경전을 펼쳤는데 큰 귀신이 작은 귀신에게 철퇴로 승려의 머리를 치라고 시켰다. 승려가 땅에 엎어지더니 피를 토하며 죽었다.

며칠 있다 사람을 보내 밀본을 모셔오게 했다. 그 사람이 돌아와 밀본법사가 곧 올 것이라고 하였다. 여러 귀신들이 이를 듣더니 모두 낯빛이 변했다. 작은 귀신이 말했다.

"법사가 오면 불리하니 피하는 게 어떨까?"

큰 귀신이 면박을 주며 거만하게 말했다.

"어떻게 우릴 해치겠느냐."

그런데 잠깐 사이였다. 사방에서 힘 센 신(神)들이 모두 쇠 갑옷을 입고 긴 창을 들고 오더니, 여러 귀신들을 잡아 묶어서 가버렸다. 그런 다음 셀 수 없는 천신들이 둘러서서 공손히 기다리자, 곧 밀본이 이르렀다. 경전을 펴기도 전인데, 병이 곧 나아 말을 하고 몸이 풀렸다. 김양도는 지난 일들을 법사에게 설명해 주었다.

이 때문에 김양도는 불교를 독실하게 믿고 일생동안 게을리 하지 않았다. 흥륜사 오당의 주불인 미륵존상과 양쪽 보살상을 만들고 금색으로 벽화를 가득 그렸다.

밀본은 일찍부터 금곡사에서 지냈다. 그 때 이런 일도 있었다.

김유신이 나이 든 거사 밀본과 교분을 두터이 가졌는데, 세상 사람들은 그가 누구인지 잘 몰랐다. 그때 공의 친척인 수천(秀天)이 오랫동안 악질에 걸려 있었다. 공이 밀본을 보내 살펴보게 했다. 마침 수천의 친구 가운데 이름이 인혜사라는 이가 있었는데, 중악에서 찾아와 밀본을 보더니 면박을 주며 말했다.

"당신의 모습을 살펴보니 거짓된 사람이 분명하군. 어떻게 사람의 병을 낫게 하겠소?"

"김 공의 명을 받들다 보니 어쩔 수 없었을 뿐이오."

"당신은 내 신통력을 보라."

인혜사는 말을 마치고는 향로를 받들고 불을 피우니 곧 다섯 색깔의 구름이 이마 위로 둘러지고 하늘에서 꽃이 떨어졌다.

"스님의 신통력은 생각지도 못할 정도시군요. 저도 못난 재주지만 보여 드리다. 스님께선 잠깐 앞에 서 주시겠습니까?"

인혜는 그대로 따랐다. 밀본이 손가락을 퉁기며 한 번 소리를 지르자 인혜는 공중에 한 길쯤 매달리는 것이었다. 한참 뒤에 거꾸로 선 채 서서히 내려와 땅바닥에 마치 나무를 심은 것처럼 꽂혔다. 옆 사람들이 뽑아내려 해도 움직이지 않았다.

밀본은 나가 버리고 인혜는 거꾸로 선 채 새벽이 되었다. 날이 밝자 수천이 대신 가서 김 공에게 부탁하였다. 김 공은 밀본에게 구해달라고 하자 곧 인혜를 풀어주었다. 그 후 인혜는 자신의 재주를 자랑하지 않았다.

다음과 같이 기린다.

어지러운 빛이 밝은 빛 해치기 얼마인고?
애달프다, 고기 눈깔로 어리석은 사람 속이네
거사의 손가락 가벼이 퉁기지 않았다면
상자 속에 가짜 옥은 얼마나 담았을까?

# 혜통이 마룡을 항복시키다

승려 혜통의 가계는 미상이다. 승려가 되기 전 그의 집은 남산의 서편 은천동 골짜기 어귀에 있었다.

어느 날 혜통은 그의 집 동쪽에 흐르고 있는 시내에서 놀다가 수달한 마리를 잡아죽이고 그 뼈는 동산에다 내버렸다. 그런데 이튿날 아침 동산에 버린 그 물개의 뼈가 어디론지 사라지고 없었다. 혜통은 피가 흐른 자취를 따라 따라가 보았다. 물개의 뼈는 물개가 살던 구멍으로 되돌아가 다섯 마리의 새끼를 안고 있었다.

혜통은 그 광경을 바라보고 한참동안 경이로움에 사로잡혔다. 그리고 거듭 탄식하였다. 문득 깨달은 바가 있어 속세를 버리고 불도의 길을 택했다. 이름을 혜통이라 고쳤다. 혜통은 당나라고 갔다. 무외삼장을 찾아가 수업을 청했다.

무외삼장이 이렇게 말하며 끝내 가르쳐 주지 않았다. 말했다.

"동이의 족속 따위가 어찌 불도를 닦을 만한 자격이 있겠는가?"

혜통은 그렇다고 해서 가벼이 떠나지 않고 2년 동안을 부지런히 섬겼다. 그래도 무외는 혜통에게 수업을 허락하지 않았다.

혜통은 마침내 분통이 터져, 뜰에 나가 머리에 화로를 이고 섰다. 잠시 뒤 정수리가 터지며 우레와도 같은 소리가 들렸다. 무외삼장은 소리를 듣고 와서 혜통의 모양을 보았다. 무외는 혜통의 머리 위에서 화로를 거두고 터진 곳을 손가락으로 매만지며 주문을 외었다. 그러자 터진 정수리는 곧 종전대로 아물고 그 자리엔 '왕(王)' 자 무늬의 상혼이 남았다. 그래서 혜통을 왕화상이라 부르고 무외는 그를 무척 애중히 여겨 드디어 그에게 인결(印訣)을 전수하였다.

그때 당나라 황실의 공주가 병이 들었다. 고종은 무외삼장에게 병을 낫게 해줄 것을 요청하였다. 무외는 혜통을 천거하여 자신을 대신하게 했다.

혜통은 명을 받고서 다른 데서 거처하면서 흰콩 한 말을 은그릇에 담고 주문을 외웠다. 그 흰콩들은 모두 흰 빛깔의 갑옷을 입은 신병으로 변했다. 그리고 병마와 싸웠다. 그러나 흰 빛깔의 갑옷을 입은 신병들은 병마를 이겨내지 못하였다.

혜통은 다시 검은 콩 한 말을 금으로 된 그릇에 담고 주문을 외웠다. 흑, 백 두 빛깔의 신병으로 하여금 연합하여 병마를 공격하게 하였다. 그러자 병마는 뱀처럼 생긴 용으로 나타나 도망해나가고 공주의 병은 드디어 완쾌되었다.

혜통에게 쫓긴 교룡은 혜통이 자기를 쫓아낸 것에 원한을 품고 본국 즉 신라의 문잉림으로 가서 인명을 마구 헤쳤다. 이때 정공이 사신으로 당나라에 왔다가 혜통을 보고서 이를 알렸다.

"스님께서 쫓은 독룡이 본국으로 와서 그 피해가 막심합니다. 빨리 제거해주십시오."

혜통은 정공과 함께 본국으로 돌아왔다. 그것은 당 고종 16년 즉 문무왕 즉위 5년 665년이었다. 혜통은 돌아오자 곧 독룡을 축출했다.

그러자 독룡은 이번엔 정공에게 원한을 품고서 버드나무로 변신하여 바로 정공의 집 대문 밖에 돋아났다. 정공은 그 버드나무가 자기에게 원한을 품은 독룡의 변신인 줄 알지 못하고 그저 버드나무의 짙푸른 모양이 좋아서 무척 아꼈다.

신문왕이 붕어하고 효소왕이 즉위하여 신문왕의 능터를 닦고 장례 지낼 길을 만드는데, 그 버드나무가 길을 막고 있자 관리들은 이를 베어내려고 하였다.

정공은 성이 나서 말했다.

"차라리 내 목을 벨지언정 이 나무는 못 벤다."

관원은 이 사실을 왕에게 아뢰었다. 효소왕은 크게 노하여 법관에게 명했다.

"정공이 왕화상의 신술을 믿고서 장차 불손한 일을 꾸미려 왕명을 무시하고 제 머리를 베라고 말했으니 마땅히 그가 원하는 대로 해주어라."

마침내 정공을 베고, 그의 집을 헐어 묻어버렸다. 그리고 조정의 의논이 왕화상과 정공의 사이가 매우 친밀했으므로 왕화상이 정공을 죽인 일로 필경 조정에 대해 증오를 품을 것이니 이쪽에서 먼저 그를 처치해버리는 것이 좋겠다는 것이다.

그리하여 왕은 군졸들을 풀어 왕화상, 즉 혜통을 잡아오라고 명령하였다. 혜통은 그때 왕망사에 있다가 군졸들이 오는 것을 보고 지붕 위로 올라가 사기로 된 병을 손에 들고서 붉은 빛깔의 먹물에 붓을 적시며 군졸들을 보고 외쳤다.

"너희들은 내가 하는 것을 지켜보아라."

혜통은 그 사기 병의 목에다 빵 돌려 금을 그어 놓고 다시 외쳤다.

"너희들은 각자 상대방의 목을 살펴보아라."

군졸들이 각자 상대방의 목을 보았더니 모두들 목에는 붉은 금이 돌려져 있었다. 군졸들은 서로 보며 경악했다.

다시 혜통은 외쳤다.

"내가 만약 이 병을 자르면 너희들의 목도 잘라질 테니 어떻게 하겠느냐?"

군졸들은 부리나케 달아나 모두 붉은 금이 그어진 목을 하고 왕에게 아뢰었다.

왕은 말했다.

"왕화상의 신통함을 어찌 사람의 힘으로 도모할 수 있겠는가?"

그리고는 혜통을 그냥 내버려두었다. 왕녀가 갑자기 병이 들자, 왕은 혜통에게 치료를 요청하였다. 혜통이 나서자 병은 곧 나았다. 왕은 크게 기뻐하였다. 그러자 혜통은 정공이 독룡의 작해를 입어 애매하게 죽임을 당했음을 말했다.

왕은 그 사유를 듣고서 정공을 죽인 걸 후회하고는 정공의 처자들을 방면시켰다. 그리고 혜통을 국사로 받들었다.

교룡은 정공에게 앙갚음을 하고 나서 기장산으로 가서 웅신이 되어선 그 악독함이 더욱 심해서 많은 백성들이 피해를 당했다. 혜통은 기장산으로 가서 독룡을 달래고는 그에게 불살계를 주었다. 그러자 그 독룡의 작해는 그치게 되었다.

보다 앞서 신문왕은 종기가 나자 혜통에게 치료해 줄 것을 요청하였다. 혜통이 와서 주문을 외자 신문왕의 종기는 바로 나았다. 그리고 혜통은 신문왕에게 말했다.

"폐하께선 전생에 관리의 몸이었는데, 선량한 백성 신충에 대한 판결을 잘못하시어 그를 노예로 삼았습니다. 그래서 신충이 원한을 품고서 환생하실 때마다 보복을 합니다. 지금 이 종기도 역시 신충의 저주 때문입니다. 신충을 위하여 절을 세워 그의 명복을 빌고 원한을 풀어주는 것이 좋겠습니다."

왕은 혜통의 말을 깊이 수긍하고 절을 세워 신충봉성사라 이름하였다. 절이 완성되자, 공중에서 다음과 같이 외치는 소리가 들려왔다.

"왕이 절을 세워 주신 덕으로 괴로움으로부터 벗어났으니 원한은 이미 풀리었도다."

이 외침이 들린 곳에다 절원당을 세웠다. 그 본당과 절은 지금까지 남아있다. 이보다 앞서 밀본법사 이후에 고승 명랑이란 자가 있어, 용궁에 들어가 신인을 얻어 신유림을 절을 세우고는 여러 차례 이웃 나라의 내침을 기도로 물리쳤다.

이제 혜통, 즉 왕화상은 무외삼장의 진수를 전수 받아 속세를 두루 돌아다니면서 사람을 구제하고 만물을 감화시켰으며 아울러 전생의 인연을 뚫어보는 지혜로써 절을 세워 원한을 풀어주는 등 밀교의 교풍이 크게 떨치게 되었다. 천마산의 총지암이며 무악산의 주석원들은 모두 그 유파이다.

혹은 말하기를 혜통의 속명이 각간 존승이라 하나 각간이라면 신라

의 재상급인데 혜통이 벼슬을 지냈다는 말은 아직 듣지 못했다. 혹은
또 혜통이 승냥이와 이리를 쏘아 잡았다 하나 정확하지 않다.

　다음과 같이 기린다.


　　복숭아나무 살구나무 그림자 울타리에 비치고
　　봄이 깊어 시냇가에 꽃이 흐드러졌었지
　　도령이 한가로워 수달을 잡은 인연으로
　　미룡을 멀리 서울 밖으로 쫓게 되었네.



## 명랑의 신인종


　금광사(金光寺)의 〈본기〉에는 다음과 같은 기록이 있다.

　명랑 스님은 신라에서 태어나 당나라에 들어가 불교를 배웠다. 돌
아오는데 바다의 용이 불러서 용궁으로 들어가자, 용은 비법을 전수
해 주고 황금 1천냥을 보시했다. 땅 속을 걸어 자기 집 우물 밑으로
솟아 나왔다. 이에 집을 내놓아 절을 만들고 용왕이 준 황금으로 탑과
불상을 꾸몄는데 빛이 빛났으므로 금광사라 했다. 스님의 이름은 명
랑이고, 자는 국육이다. 신라의 사간 재량의 아들이며, 어머니는 남간
부인 또는 법화낭이라고도 한다. 무림 소판의 아들 김씨 곧 자장의 누
이이다. 아들 셋이 있었는데 큰아들은 국교 대덕, 다음은 의안 대덕이
고, 스님은 막내이다. 처음에 어머니가 푸른 빛깔의 구슬을 삼키는 꿈
을 꾸고 법사를 임신하였다.

　선덕왕 원년인 632년에 당나라에 들어갔다가 을미년 635년에 돌아
왔다. 668년에 당나라 장수 이적이 대군을 이끌고 신라와 연합하여
고구려를 무찌른 다음, 나머지 군사를 백제에 남겨두고 신라를 쳐서
무찌르려 하였다. 신라에서는 이를 알고 군사를 내서 막았다. 당나라

고종이 이를 듣고 매우 화를 내며 설방에게 명령하여 군사를 일으켜 신라를 공격하려 하였다. 문무왕이 이를 듣고 두려워하며 스님에게 부탁하니 비법을 써서 물리쳤다. 이로 인해 신인종(神印宗)의 창시자가 되었다.

우리 태조가 나라를 열 때였다. 해적이 몰려와 소란을 떨자, 안혜와 낭융의 후예인 광학과 대연 등에게 부탁하니, 두 대덕이 비법을 써서 물리치고 진정시켰다. 모두 명랑의 계통을 이은 사람들이다. 그러므로 스님을 합쳐 위로 용수에 이르기까지 9조(祖)가 된다. 또 태조가 이들을 위해 현성사를 짓고 이들 종파가 지낼 근거를 마련해 주었다.

또 신라의 서울 동남쪽 20리쯤 원원사가 있는데, 세상에서는 이렇게 말한다.

안혜 등 네 분 대덕이 김유신, 김의원, 김술종 등과 함께 소원을 빌려고 지었다. 네 분 대덕의 유골을 절의 동쪽 봉우리에 장사지내니 이로 인해 사령산(四靈山) 조사암(祖師?)이라 하였다. 곧 네 분 대덕은 모두 신라 때 덕이 높은 스님들이라는 것이다.

돌백사 주첩(柱貼)의 주각(注脚)에 실린 것을 살펴보면 다음과 같다.

경주 호장 거천의 어머니는 아지녀이다. 그 어머니는 명주녀이고, 그 어머니 적리녀의 아들 광학 대덕과 대연 삼중 형제 두 사람은 모두 신인종에 들어갔다. 931년 태조를 따라 서울로 가서 왕을 모시고 향불을 피우며 수행했다. 그 노고에 상을 내리고, 두 사람 부모의 기일 보러서 돌백사에 전답 몇 결을 주었다.

그러니 광학과 대연 두 사람이 태조를 따라 서울로 올라온 이들이고 안혜 등은 김유신 등과 원원사를 세운 사람들이다. 광학 등 두 사람의 뼈가 여기에 모셔져 있을 뿐 네 사람 대덕이 모두 원원사를 지은 것도 아니고 모두 태조를 따라 온 것도 아니다.

# 제7 감동

## 선도성모가 불사를 즐기다

진평왕 때 한 비구니가 살았는데, 이름은 지혜였다. 어진 행실이 많았다. 안흥사에 지내면서 새롭게 법당을 고치려고 하였지만 힘이 미치지 못하였다. 꿈에 모습이 또렷하고 구슬과 비취로 머리를 꾸민 한 선녀가 와서 위로하며 말했다.

"나는 선도산 신모이다. 네가 법당을 고치려는 것을 보고 기뻐서 금열 근을 보시해 도와주려고 한다. 내가 앉은자리 아래에서 금을 가져다 주존 세 불상을 꾸미고 벽에는 쉰 세 분의 부처님과 여섯 무리의 성중 및 여러 천신과 다섯 군데 산의 신군을 그려 넣어라. 매년 봄과 가을 두 계절의 열흘 동안 선남선녀들을 모두 모아 널리 모든 중생들을 위해 점찰법회를 여는 규정을 만들어라."

지혜가 놀라 깨어 무리를 거느리고 신을 모신 사당으로 갔다. 꿈속에 신모가 앉았던 자리 아래를 파서 황금 160냥을 찾고 부지런히 일

해 모두 신모가 가르쳐 준대로 하였다. 그 사적은 남아 있으나 법사는 없어졌다.

신모는 본래 중국 황실의 딸로 이름은 사소였다. 어려서 신선의 술법을 익혀 동쪽 나라에 와서 살더니, 오래도록 돌아가지 않았다. 아버지인 황제가 솔개의 발에다 편지를 묶어 부치면서 솔개를 따라가다 솔개가 멈추는 곳에 집을 지으라고 하였다. 사소는 편지를 받고 솔개를 놓아주자, 이 산에 날아와 멈추었다. 그대로 따라와 집을 짓고 이 땅의 신선이 되었기에 산의 이름을 서연산(西鳶山)이라 하였다.

신모는 오랫동안 이 산에서 머물면서 나라를 지키고 도왔는데 신령스런 이적이 무척 많았다. 나라가 생긴 이래 늘 삼사(三祀)의 하나가 되었고, 차례가 여러 산천제사의 위에 있었다.

제54대 경명왕은 매 부리기를 좋아하여 늘 여기에 올라 매를 놓았다가 잃어버리게 되자, 신모에게 빌었다.

"매를 찾으면 반드시 벼슬을 주겠습니다."

그러자 곧 매가 날아와 상위에 앉았다. 그 때문에 대왕이라는 벼슬을 주었다. 신모가 처음 진한에 왔을 때, 성스러운 아들을 낳아 동국에 첫 임금이 되게 하였으니, 혁거세와 알영 두 성인이 그렇게 나왔다. 그러므로 계룡·계림·백마 등으로 불렸으니, 닭은 곧 서쪽에 해당하는 까닭이다. 일찍이 여러 하늘의 선녀들을 시켜 비단을 짜게 하고 붉은 색깔을 물들여 조정에서 입을 옷을 만들어 주었다. 이로 인해 나라 사람들이 비로소 신선임을 알았다.

또 《국사(國史)》에서 김부식은 다음과 같이 말한다.

1111~1117 연간에 내가 사신으로 송나라에 들어가 우신관(祐神館)에 갔는데 집 한 쪽에 선녀의 그림이 걸려 있었다. 접대 임무를 맡은 학사 왕보가 말했다.

"이것은 당신 나라의 신입니다. 그대는 이를 아십니까?"

그러면서 말을 이었다.

"옛날 중국 황실의 딸이 바다를 건너 진한 땅에 머물렀지요. 아들을 낳아 해동의 시조로 만들고 딸은 그 땅의 선녀가 되었는데 오래도록 선도산에 살았습니다. 이것이 그 그림입니다."

또 송나라의 사신 왕양이 우리나라에 와서 동신성모(東神聖母)에게 제사지내는 글에 '어진 이를 낳아 나라를 열었도다'라는 구절이 있다.

이제 황금을 시주해 불상을 만들고 중생들이 향불을 피우며 고해를 건널 나루터를 만들어 주었다. 어찌 한갓 장생의 기술이나 익혀 캄캄한 속세에 갇혀 있었다 하겠는가.

다음과 같이 기린다.

서연산에 와서 산 지 몇 십 년
선녀들을 불러다 신선의 옷을 짜게 했네
장생술도 신령스러움 있으려니
부처님을 찾아뵙고 옥황상제가 되었네.

## 욱면이 염불하여 서방정토로 가다

경덕왕 때의 일이다. 강주의 뜻 있는 선비 수십 명이 서방정토에 가기를 바라면서 그 근처에 미타사를 세우고 1만 일을 기약하는 계를 만들었다. 그때 귀진 아간의 집에서 일하는 여종 가운데 욱면(郁面)이라고 불리는 이가 있었다. 자기 주인을 따라 절에 가서 마당 가운데 선 채 승려들이 하는 대로 염불을 따라 했다. 그러나 주인은 제 일을 하지 않는 것을 미워하여 날마다 곡식 두 섬씩 주고 하루 저녁에 찧도록 했다. 욱면은 밤 아홉 시쯤 다 찧고 나서 절에 와 염불을 했는데 하루도 게을리 하지 않았다.

마당 양쪽에 장대가 서 있었다. 욱면은 새끼줄로 양쪽 손을 뚫어 장대 위에 연결하고 양쪽을 왔다갔다하며 있는 힘을 다했다. 그때 천사가 공중에서 부르는 소리가 났다.

"욱면 처자는 법당으로 올라가 염불하라."

절에 모인 사람들이 이를 듣고 권하니, 욱면은 법당에 올라 순서에 따라 열심히 염불하였다. 얼마 있다 서쪽 하늘에서 음악 소리가 울려오더니 욱면이 지붕을 뚫고 솟아올라 서쪽으로 향했다. 가다가 동네밖에 이르러 몸을 버렸는데 진신(眞身)으로 변해서 연대(蓮臺)에 앉아 밝은 빛을 뿜으며 천천히 가버렸다. 서서히 가는 동안 음악소리는 하늘에서 그치지 않았다. 그 법당에는 지금도 구멍 뚫린 자리가 있다고 한다.

승전을 살펴보니 다음과 같은 기록이 있다.

승려 팔진(八珍)이라는 이는 관음보살의 현신이다. 1천 명의 승도를 모아 둘로 나누어 한 편은 일을 하고 한 편은 수도를 하였다. 일하는 무리들 가운데 책임진 이가 계를 지키지 못하고 축생도(畜生道)에 떨어져 부석사의 소가 되었다. 늘 경전을 나르다가 경전의 힘을 빌어 귀진 아간의 종이 되었다. 이름이 욱면이다.

일이 있어 하가산에 갔다가 꿈에 감응을 받아 도를 닦을 마음을 가졌다. 아간의 집에서 혜숙법사가 지은 미타사까지 멀지 않았다. 아간이 매번 그 절에 가서 염불을 하는데 욱면도 따라가 마당에서 염불했다고 한다.

이렇게 9년이 흘러, 때는 755년 정월 1일이었다. 예불을 하다 지붕을 뚫고 가더니 소백산에 이르러 신발 한 짝을 떨어뜨렸다. 그곳에다 보리사를 지었다. 산의 아래 이르러 몸 마저 버려 곧 그곳이 두 번째 보리사가 되었다. 불당에 '욱면등천지전(勖面登天之殿)'이라고 써 붙였다.

그 당시 지붕에 뚫린 구멍이 열 아름쯤 되었다. 세찬 비와 함박눈이 내려도 새지 않았다. 뒷날 이런데 관심이 많은 사람이 금탑 하나를 만들어 그 구멍에 맞춰 반자 위에 모시고, 이 경이로운 일을 적어 놓았다. 써 붙인 것과 탑이 아직도 남아 있다.

　욱면이 간 다음 귀진도 그 집을, 특별한 분이 몸을 맡겼던 곳이라 하여 내놓아 절을 세워 법왕사라 하였다. 밭과 종들도 내놓았으나 오래 세월이 지나 폐허가 되었다. 회경대사와 승선 유석, 소경 이원장이 뜻을 모아 다시 지었다. 회경은 몸소 토목 일을 맡았다. 처음에 목재를 나르는데 꿈에 노인이 삼베와 칡으로 엮은 미투리를 한 켤레씩 놓고 갔다. 또 옛 신당에 가서 불도를 위한 일이라 알리고 절 옆의 재목을 잘라다 5년 정도 걸려 일을 마쳤다. 게다가 노비들도 더 두어 번성해지니 동남 지방의 이름난 절이 되었다. 사람들이 회경을 귀진의 후신이라 하였다.


## 광덕과 엄장


　문무왕 때, 광덕과 엄장이라는 두 승려가 있었다. 둘은 우정이 매우 돈독한 사이였다. 그들은 먼저 극락으로 돌아가는 사람이 서로 꼭 알려 주자고 다짐했다.

　광덕은 분황사 서쪽 마을에 은거하여 신 삼는 것을 생업으로 아내를 데리고 살았다. 그리고 엄장은 남악에 암자를 짓고 화전을 일구어 대규모로 경작에 힘쓰며 살았다

　어느 날 해 그림자가 붉은 빛을 띠고 소나무 그늘이 고요히 저물어 갈 무렵 엄장은 창 밖에서 들려오는 소리를 들었다.

　"나는 벌써 서방으로 가네. 그대는 평안히 머물다 나를 따라 오도록 하게."

　엄장은 문을 열고 나가 살펴보았다. 멀리 구름 밖에서 하늘의 음악

소리가 들려오고 광명이 땅에 뻗쳐 있었다. 이튿날 엄장은 광덕의 거처로 찾아가 보았다. 과연 광덕은 죽어 있었다. 이에 그의 아내와 함께 유해를 거두어 장사를 지냈다. 일을 마치고 엄장은 광덕의 아내에게 말했다.

"남편은 이미 갔으니 나와 같이 사는 것이 어떻겠소."

광덕의 아내는 좋다고 대답하였다. 드디어 엄장은 광덕의 아내와 함께 지내게 되었다. 밤이 되어 잠자리에 들 즈음 엄장은 광덕의 아내와 정을 통하려 하니, 부인은 이를 허가하지 않았다. 광덕의 아내는 부끄러움과 혐오가 섞인 웃음을 띠며 말했다.

"스님이 극락을 구하는 것은 물고기를 구한다면서 나무에 올라가는 것과 같습니다."

엄장은 동거를 허락했던 광덕 아내의 뜻밖의 태도를 놀랍고 이상히 여기며 말했다.

"광덕이 이미 그러고도 극락에 갔거늘 나라고 안 될 게 뭐 있소?"

광덕의 아내는 차근차근 말해주었다.

"그 분과 나는 십여 년을 동거했지만 일찍이 하룻밤도 잠자리를 같이 하여 잔 적이 없었습니다. 하물며 몸을 더럽혔겠습니까? 그분은 매일 밤 몸을 단정히 하고 정좌해서는 한결같이 아미타불을 외기도 하고 또는 십육관을 짓기도 했으며 관이 이미 원숙해진 뒤 밝은 달이 창에 들어오면 그 달빛에 올라 때때로 그 위에서 가부좌하기도 했습니다. 정성을 다하기 이와 같았으니 비록 서방정토로 가지 않으려 한들 어디로 가겠습니까? 대개 천리를 가려는 자는 그 첫걸음으로 재어볼 수 있나니 이제 스님의 관은 동방으로 간다고 말할 수 있을지언정 서방으로 간다고는 할 수 없는 일입니다."

엄장은 부끄러워 물러 나왔다. 그리고 곧 원효법사의 거처로 나아가 도 닦는 법을 간절히 요구하였다. 원효법사는 정관법을 지어 지도했다. 엄장은 이에 스스로를 깨끗이 하고 뉘우쳐 자책하며 일념으로 도를 닦았다. 그리하여 서방으로 갔다.

정관법은 원효법사 본전(本傳)과 《해동고승전》 속에 있다. 광덕의 아내는 바로 분황사의 노비로 19 응신의 하나였다. 일찍이 광덕은 다음과 같은 노래를 지었다.

달님이시여,
이제 서방으로 갈 것인가?
무량수불전에 일러다가 전해 주오.
다짐 깊으신 부처님을 우러러 두 손 모아
원왕생, 원왕생을 그리워하는 사람 있다고 전해 주소.
아으, 이 몸을 남겨두고 48가지 소원 모두 이루어질까?


## 경흥이 성인을 만나다

신문왕 때의 고승 경흥은 성이 수씨이고, 웅천주 사람이다. 나이 18세에 출가하여 삼장에 통달하니 명망이 높았다. 681년 문무왕이 세상을 떠나려 할 때, 신문왕에게 유언을 하였다.

"경흥법사는 국사로 삼을 만하니 내 말을 잊지 말아라."

신문왕이 즉위하자, 경흥을 높여 국사로 삼고 삼랑사에 머무르게 했다. 경흥은 갑자기 병이 들어 한 달 동안 앓게 되었다. 이때 한 여승이 찾아왔다.

"《화엄경》에 보면 착한 벗이 병을 고쳐준다 합니다. 지금 법사의 질병은 근심으로 생긴 것이니 마음을 편히 하시고 즐겁게 웃으시면 나을 수 있습니다."

그리고는 열한 가지 탈을 만들어 저마다 흥겨운 춤을 추게 하였다. 높이 솟았다가 줄었다가 하며 변하는 모습이 너무 우스워 턱이 떨어질 지경이었다. 법사는 자신도 모르게 병이 깨끗이 나았다. 그러자 여승은 문을 나가 남항사로 들어가 살았는데, 그가 짚었던 지팡이만 얼굴이 11개인 관음상 그림 앞에 놓여 있었다.

어느 날 경흥이 궁궐로 들어가게 되었다. 따르는 자들이 미리 동쪽 대문 밖에서 준비를 하였다. 말과 안장이 화려하고 신과 갓도 제대로 갖추어졌으므로 길 가던 사람들이 모두 두려워하며 물러났다.

이때 행색이 초라한 한 거사가 손에는 지팡이를 짚고 등에는 광주리를 메고 와서 하마대(下馬臺, 말에서 내릴 때 밟는 돌)에서 쉬고 있었다.

광주리 안에는 말린 물고기가 들어있었다. 경흥을 따르던 시종이 이를 꾸짖었다.

"당신은 승려의 옷을 입고 어찌하여 계율에 어긋나는 물건을 지니고 다니는가?"

"두 다리에 산 고기(馬)를 끼고 다니는 것에 비해, 등에 마른 고기를 메고 다니는 것이 뭐 그리 나쁘오."

거사는 말을 마치자 일어나 가버렸다. 경흥은 문을 나서다가 그 말을 듣고는 사람을 시켜 따르게 하였다. 거사는 남산 문수사 문 밖에 이르러 광주리를 버리고 사라져버렸다. 짚었던 지팡이는 문수보살상 앞에 세워져 있었다. 그리고 마른 고기는 소나무 껍질이었다. 따르던 자가 돌아와 보고하니, 경흥은 탄식하였다.

"문수보살이 와서 내가 말을 타고 다니는 것을 경계하셨구나!"

그 후로 경흥은 다시는 말을 타지 않았다. 경흥의 높은 덕은 승려 현본이 지은 삼랑사비(三郞寺碑)에 자세히 기록되어 있다. 일찍이 《보현장경(寶賢章經)》에서 미륵보살이 이렇게 말하였다.

"나는 내세에서는 필히 인도에 태어나 먼저 석가의 말법제자(불법이 쇠퇴한 시기의 제자)를 구원할 것이다. 그러나 말 탄 승려는 제외시켜 그들이 부처를 보지 못하게 할 것이다."

다음과 같이 기린다.

옛날 어진 이가 모범을 보임은 뜻한 바 많았는데,
어찌 후손들이 힘써 갈고 닦지 않는가?
등에 진 마른 고기가 도리어 말썽거리라면,
훗날 미륵불 저버릴 일 어찌 하리오?


## 진신이 공양을 받다

692년에 효소왕이 망덕사를 짓고 당나라 황실을 위해 복을 빌게 되었다. 그런데 경덕왕 14년 755년에 이르러 망덕사 탑이 흔들리더니 이 해에 바로 안록산과 사사명의 난이 일어났다. 신라 사람들은 말하였다.

"당나라 황실을 위해 이 절을 지었더니 영험이 나타나는구나."

697년에 낙성회를 열었다. 효소왕은 몸소 나가서 공양을 베풀었다. 이 때 행색이 초라한 한 비구가 나타났는데 어깨도 제대로 펴지 못하고 말했다.

"저도 끼게 해 주십시오."

왕은 상 끝에 앉도록 하였다. 자리가 다 파할 때쯤 왕은 놀리는 듯 말하였다.

"어디서 지내시는가?"

"비파암입니다."

"이제 가거든 사람들더러 국왕이 몸소 공양한 재를 받았다고 말하지 마시게."

"폐하께서도 사람들더러 진신석가를 공양했노라 말하지 마십시오."

승려는 웃으며 말하더니 몸을 솟구쳐 공중에 떠 남쪽으로 날아가 버렸다. 왕은 놀라고도 부끄러웠다. 말을 달려 동쪽 언덕 위로 올라가 사라진 방향을 향해 멀리 경배하였다. 신하를 시켜 가서 찾아보게 하였다. 남산의 삼성곡에 이르자 돌 위에 지팡이와 바리때를 놓고 사라졌다. 신하는 와서 그 사실을 알렸다. 그래서 비파암 아래에다 석가사를 짓고 자취를 감춘 곳에 불무사를 지어 지팡이와 바리때를 나눠 간직했다. 두 절은 지금고 있으나 지팡이와 바리때는 없어졌다.

《지론(智論)》의 제 4 권에 다음과 같은 이야기가 있다.

옛날 계빈에 큰스님이 한 분 있었다. 아란야법을 행하며 일왕사에 도착하였다. 절에서는 큰 법회가 열리고 있었다. 문지기는 그의 옷차림이 초라한 것을 보고는 문을 닫고 들어가지 못하게 했다. 이처럼 여러 차례 초라한 옷차림 때문에 들어가지 못하자 다른 방법을 썼다. 좋은 옷을 빌려 입고 온 것이다. 문지기가 보더니 막지 않고 들여보냈다. 자리를 차지한 다음 여러 가지 좋은 음식이 나오면 먼저 옷에게 주었다. 여러 사람이 물었다.

"어찌 그러시오?"

"내가 여러 차례 왔으나 그 때마다 들어오지 못했소. 이제 이 옷 때문에 이 자리를 차지했으니 여러 가지 음식이 나오면 그것을 옷에게 주어야 마땅하지요."

이 일과 같다고 하겠다.


## 월명사의 도솔가

경덕왕 즉위 19년 760년 4월 초하룻날 두 개의 태양이 나란히 떠서 열흘 동안이나 없어지지 않았다. 일관이 진언하기를 인연 있는 승려가 산화공덕을 하면 그 재앙이 물러날 것이라 하였다.

이에 왕은 조원전에다 정결히 단을 설치하고 청양루에 행차하여 인연 있는 중을 기다렸다. 그때 월명사란 이가 들 남쪽 길을 가고 있었다. 왕은 사람을 시켜 불러오게 하였다. 그리고 단을 열고 기도문을 짓도록 명했다.

월명사는 왕의 명을 사양하였다.

"소승은 단지 국선의 무리에 속해 있으므로 그저 향가나 알 뿐 범어로 하는 염불에는 익숙하지 못하나이다."

"그대가 인연 있는 승려로 지적되었으니 비록 향가를 쓰더라도 좋소."

월명사는 마침내 〈도솔가〉를 지어 바쳤다.

　　오늘 이에 산화가를 부를제
　　뽑히어 나온 꽃아, 너희는
　　참다운 마음이 시키는 그대로
　　미륵좌주를 모셔라!

이 도솔가를 풀이하면 이렇다.

　　용루에서 오늘 산화가를 불러
　　푸른 구름에 한 송이 꽃을 날려보낸다.
　　은근하고 곧은 마음이 시키는 것이니
　　멀리 도솔천의 대선가를 맞이하라.

지금 세속에서는 이것을 가리켜 〈산화가〉라고 하나 잘못이다. 당연히 〈도솔가〉라고 해야 할 것이다. 〈산화가〉는 따로 있으나 글을 여기 싣지 않는다.

〈도솔가〉를 지어 부른 조금 뒤 태양의 변괴가 곧 사라졌다. 왕은 월명사를 가상히 여겨 좋은 차 한 봉지와 수정 염주 108개를 하사했다.
그런데 홀연히 외양이 깨끗한 동자가 차와 염주를 받들고 궁전의 서
쪽 작은 문에서 나왔다.

그 동자를 두고 월명은 대궐의 심부름꾼으로 알았고, 왕은 월명사
의 시종으로 알았다. 그러나 서로 알아보니 그 동자는 궁궐의 심부름
꾼도 월명사의 시종도 아니었다.

왕은 매우 이상스럽게 여겨 사람을 시켜 그 동자를 추적하게 했더
니 동자는 안뜰의 탑 속으로 사라지고 그 차와 염주는 내원 남쪽 벽에
그린 미륵상 앞에 놓여져 있었다. 이에 월명의 지극한 덕과 정성이 능
히 부처님을 감동시켰음을 조정에서나 민간에서나 모르는 사람이 없
게 되었다.

왕은 더욱 월명사를 존경하고 다시 비단 100필을 선사하여 정성을
표했다. 월명은 또 일찍이 그의 죽은 누이를 위해 재를 올릴 때 향가
를 지은 적이 있다. 그때도 갑자기 광풍이 일어 종이돈을 날려 서쪽을
향해 사라져갔다. 다음이 그 노래이다.

생사의 길이 여기에 있으니 두려워지고
나는 간다는 말도 못 다 이르고 가야 하는가
어느 가을 이른 바람에 이리 저리 떨어지는 나뭇잎처럼
한 가지에 나고서도 가는 곳 모르는구나!
아으, 미타찰에서 만나볼 것이니 나는 도 닦아 기다리련다.

월명은 항상 사천왕사에 거주하고 있었다. 그는 피리를 잘 불었다.
한 번은 달밤에 그 절 대문 앞의 한길을 거닐며 피리를 불었더니 달이
그 운행을 멈추었다. 그래서 그 길을 월명리라 이름했다.

월명사 역시 이 일로 유명해졌다. 월명사는 바로 능준대사의 제자
다. 신라사람들 가운데 향가를 숭상하는 이가 많았으니 향가란 대개

시가와 송가 같은 것이다. 따라서 간혹 가다 천지 귀신을 감동시킨 경우가 한 둘이 아니었다.

다음과 같이 기린다.

바람은 종이돈을 날려 저 세상 가는 누이의 노자되게 했고
피리 소린 밝은 달 움직여 항아(姮娥, 달 속에 산다는 미인)를
머물게 했구나
도솔천이 멀다고 그 누가 말하더냐
만덕화 한 곡조로 즐겨 맞았네.


## 선율이 살아 돌아오다

망덕사의 승려 선율(善律)이 돈을 시주 받아 《육백반야경(六百般若經)》을 만들고자 하였으나, 공덕을 다 이루지 못했는데, 갑자기 저승으로 가게 되었다.

염라대왕이 물었다.

"너는 세상에서 어떤 일을 하였느냐?"

"저는 늘그막에 ?대품반야경?을 만들고자 했으나, 공덕을 미처 이루지 못하고 왔나이다."

"네 수명은 비록 다 되었다만 소원을 이루지 못하였으니 다시 세상으로 보내주겠노라. 반드시 귀중한 경전을 끝마치거라."

그러면서 돌려보냈다. 오는 길인데, 한 여자가 나타나 서럽게 울며 앞으로 나와 절하면서 말했다.

"저 또한 남염주의 신라 사람입니다. 부모가 금강사의 논 1 이랑을 몰래 가로챈 것과 연루되어 저승에 잡혀와 오래도록 고통을 받고 있습니다. 이제 스님께서 고향에 돌아가시거든 제 부모에게 빨리 그 논

을 돌려주라고 알려 주소서. 제가 세상에 있을 때 참기름을 침상 아래 묻어 두었고, 곱게 짠 베를 요 사이에 간직해 두었습니다. 스님께서 제 기름을 가져다 불등(佛燈)에 켜시고 그 베를 밑천으로 불경 만드는 비용을 써 주신다면 저승에서나마 은혜가 되어 고통에서 벗어날 수 있을 것입니다."

"그대의 집이 어디요?"

"사량부의 구원사 서남쪽 마을입니다."

선율이 이를 듣고 총총히 가서 곧 깨어났다. 그 때는 선율이 죽은 지 벌써 10여 일이 지나. 남산의 동쪽 기슭에 장례를 치른 다음이었다. 무덤 안에서 3일간 외쳤는데, 목동이 이를 듣고 본디 지내던 절에 와서 알렸다. 그 절 승려가 가서 무덤을 헤치고 꺼내자, 앞서 있었던 일을 모두 설명했다.

그리고 그 여자의 집을 찾아갔다. 여자는 죽은 지 15년이나 되었으나, 기름과 베는 그대로였다. 선율은 일러준 대로 명복을 빌었다. 그러자 여자의 혼령이 와서 말했다.

"스님의 은혜에 힘입어 저는 고통에서 벗어났습니다."

그 때 사람들이 이를 듣고 놀라마지 않았다. 경전을 이룩하니 지금도 경주의 승사장 가운데 있다. 매년 봄과 가을에 꺼내 돌리면서 재앙을 물리쳤다.

다음과 같이 기린다.

부러워라 우리 스님 좋은 인연 따라
흔히 되살아 옛 고향으로 돌아가는구나
저의 부모님 소저 안부 물으시거든
빨리 이 몸 위해 밭 한 무 돌려 주라 하소서.

## 호랑이와 감통한 김현

신라 풍속에 해마다 이월이 되면 초여드렛날부터 보름까지 장안의 남녀들이 흥륜사의 전탑을 돌며 복을 빌었다.

원성왕 때의 일이다. 김현이란 한 총각이 밤이 깊도록 홀로 탑돌이를 하고 있었다. 그런데 한 처녀 또한 염불을 하며 김현의 뒤를 따라 돌고 있었다. 둘은 마침내 마음이 통하여 서로 눈길을 주고받았다.

탑돌이를 마치자 처녀를 아늑한 곳으로 데리고 가서 정을 통했다. 처녀가 집으로 돌아가려 하자 김현이 따라 나섰다. 처녀는 자기를 따라오지 말라고 했으나 김현은 굳이 처녀를 따라갔다. 처녀는 서산 기슭에 이르러 한 오두막집으로 들어갔다. 거기엔 한 노파가 있다가 처녀에게 물었다.

"널 따라온 이가 누구냐."

처녀는 밖에서 있었던 사정을 다 얘기했다. 처녀의 얘기를 듣고 노파는 말했다.

"비록 좋은 일이라 하나 차라리 없던 게 나았다. 그러나 이미 저질러진 일이니 어쩔 수 없구나. 아무도 모를 곳에 잘 숨겨 주어라. 네 형제들이 돌아오면 나쁜 짓을 할까 두렵다."

처녀는 김현 총각을 끌고 깊숙한 곳에다 숨겨두었다. 잠시 후, 세 마리의 호랑이가 포효하면서 오두막집으로 들어왔다. 그들은 사람 말로 지껄였다.

"집안에 비린내가 나는군. 마침 시장하던 참이라 요기하면 좋겠다!"

노파와 처녀는 꾸짖었다.

"너희들 코는 어떻게 되었구나! 무슨 그런 미친 소리들을 해대지!"

그때 하늘의 울림이 들려왔다.

"너희들이 남의 생명을 빼앗기를 좋아하니, 너희들 중 한 놈을 베어 그 악을 징계하리라."

세 호랑이들은 이 하늘의 울림을 듣고는 모두 풀이 죽어 걱정스러운 표정들을 했다. 처녀가 그들에게 말했다.

"세 분 오라비가 만일 멀리 피해가서 스스로를 뉘우친다면 제가 그 벌을 대신 받겠습니다."

이 말을 듣고 세 호랑이들은 기뻐하며 머리를 숙이고 꼬리를 낮추고선 달아나 버렸다. 처녀는 김현이 숨어 있는 데로 들어갔다.

"처음 저는 도련님이 저희 집으로 오시는 것이 부끄러웠습니다. 그래서 오시지 말도록 말렸던 겁니다. 그러나 이제는 모든 것이 이미 드러나 버렸으니 감히 저의 속마음을 말씀드리겠습니다. 이 몸이 도련님과 비록 같은 부류는 아니지만 하룻밤의 즐거움을 얻었던 것, 그 의리는 부부로서의 결합만큼이나 소중한 것입니다. 그런데 제 세 오빠들의 죄악을 하느님이 미워하여 이미 벌하려 하시니 집안의 재앙을 제 한 몸으로 감당하려 합니다. 이왕 죽을 몸일 바엔 아무 상관도 없는 보통 사람들의 손에 죽기보다는 도련님의 칼 아래 죽어 소중한 당신의 은혜에 보답하는 것이 얼마나 좋은 일이겠습니까? 제가 내일 거리에 들어가 한바탕 극심하게 작해를 부리며 돌아다니겠습니다. 그러면 사람들은 저를 어떻게 할 수 없을 테고 임금님은 필경 많은 상금과 벼슬을 내걸고 저를 잡을 사람을 찾게 될 것입니다. 그럴 때 도련님은 조금도 겁내지 마시고 도성 북쪽의 숲 속으로 저를 추격해오십시오. 거기서 제가 기다리겠습니다."

김현은 말하였다.

"사람이 사람과 교합하는 것은 인류의 평범한 도리지만 사람이 아닌 다른 유인데도 교합하게 되는 것은 보통의 인연이 아니오 이미 그대와 교합을 하였으니 이는 진실로 하늘이 정한 운명인데, 어찌 차마 배필의 죽음을 팔아 요행으로 한 세상의 벼슬과 영화를 구할 수 있겠소."

"도련님께서 그런 말씀일랑 아예 마십시오. 지금 제가 젊은 나이에 일찍 죽는 것은 하늘의 명이요, 또한 제가 바라는 바입니다. 그리고 그것은 도련님의 경사요, 저희 일족의 복이며 나라사람들의 기쁨입니다. 한 번 죽음으로 이렇게 다섯 가지 이로운 점이 생기는데 어찌 그것을 피하겠습니까? 다만 저를 위해 절을 세우고 불경을 강론하여 좋은 업보를 얻도록 해주시면, 도련님의 은혜는 그보다 더 클 수가 없습니다."

드디어 둘은 울며 헤어졌다.

다음날 과연 한 마리 맹호가 서울 성안에 들어왔는데 그 사나움이 어찌나 심했던지 아무도 감당할 수가 없었다. 원성왕은 그 보고를 받고 명을 내렸다.

"호랑이를 잡는 사람에게는 2급의 벼슬을 주겠다."

이 명을 듣고 김현은 대궐로 가서 소신이 잡아오겠노라고 아뢰었다. 그러자 왕은 먼저 벼슬을 주어 격려하였다. 김현은 단도를 지니고 처녀가 알려준 도성 북쪽의 그 숲으로 들어갔다. 호랑이는 처녀로 변해있었다. 그녀는 반갑게 웃으며 말했다.

"어젯밤 도련님께 드렸던 저의 간곡한 사연을 도련님은 잊으시지 않으셨군요. 오늘 저의 발톱에 상처를 입은 사람들에게는 모두 흥륜사의 간장을 바르게 하고 그 절의 나팔소리를 들려주시면 상처가 치료될 것입니다."

말을 마치고 처녀는 김현이 차고 있는 단도를 뽑아 스스로 목을 찔러 넘어졌다. 넘어진 것은 한 마리의 호랑이였다. 김현은 숲 속에서 나와 지금 그 호랑이를 쉽사리 잡았다고 말했다. 그리고 그 호랑이와의 사이에 있었던 사연은 일체 발설하지 않았다. 다만 호랑이 처녀가 가르쳐준 처방에 따라 그 날 호랑이에게 물린 사람들을 치료했다. 상처들은 나았다. 오늘날도 역시 그 처방을 쓰고 있다.

김현은 등용된 뒤에 서천가에다 절을 세우고 호원사라 불렀다. 그리고 항상 《범망경》을 강론하여 그 호랑이의 명복을 빌어 호랑이가 제 몸을 죽여 김현 자신을 출세시킨 그 은혜에 보답했다.

김현은 죽음을 앞두고 자신이 겪은 그 과거사의 신기함을 깊이 느끼고 붓을 들어 기록을 남겼다. 세상에서는 그때서야 비로소 그 사연을 알고 호랑이가 들어가 죽었던 그 숲을 논호림이라 불렀다. 지금도 그렇게 부르고 있다.

당나라 덕종 14년 793년 신도징이 야인으로 있다가 한주 십방현의 현위로 임명되었다. 임지로 가는 도중 진부현 동쪽 10리쯤 이르렀을 때, 무섭게 휘몰아치는 눈보라를 만나 말이 앞으로 나아 갈 수 없었다.

마침 길옆에 한 초가집이 있고 그 안에는 불이 피워져 있어 무척 따뜻해 보였다. 도징이 등불 밑으로 나아가 보니 늙은 부부와 한 처녀가 둘러앉아 불을 쬐고 있었다.

처녀의 나이는 이제 14, 5세쯤, 비록 머리는 헝클어져 있고, 때묻은 옷을 입고 있으나 눈처럼 흰 살결이며 꽃처럼 발그레한 두 볼에 몸가짐이 예쁘장스러웠다. 늙은 부부는 도징이 들어서자 황급히 말했다.

"손님께서는 눈보라에 몹시 시달리셨군요. 이리 오셔서 불을 쬐시지요."

도징이 한참 동안 불을 쬐고 있는 사이 날은 아주 어두워졌다. 그런데 눈보라는 여전히 그치지 않았다. 도징은 그 늙은 부부에게 말했다.

"서쪽으로 현까지 가자면 아직도 멉니다. 여기서 자고 가게 해주십시오."

"누추한 오두막이라도 괜찮다면 그렇게 하십시오.

도징은 마침내 말안장을 풀고 침구를 폈다. 처녀는 손님이 유숙하려는 것을 보고는 얼굴을 매만지고 단장을 하고는 장막 사이에서 나왔다. 아름다운 맵시가 처음 때보다 더욱 더했다.

도징은 처녀의 아버지를 보고 말했다.

"댁의 낭자는 총명함이 뛰어납니다. 아직 정혼하지 않았다면 감히 청혼을 드립니다. 어떠하십니까?"

"뜻밖에도 귀하신 손님께서 거두어주시겠다니 아마도 정해진 연분인가 생각됩니다."

도징은 드디어 사위의 예를 하였다. 그리고 타고 왔던 말에 신부를 태워갔다. 부임한 뒤 봉록이 매우 박했으나 아내가 힘써 집안 살림을 돌보았다. 그리하여 항상 즐거운 일만 있을 뿐이었다. 나중에 임기가 만료되어 돌아갈 때쯤에는 1남 1녀를 두었다. 그들 또한 매우 총명스러워 도징은 그의 아내를 더욱 사랑하였다. 그는 일찍이 아내에게 주는 시를 쓴 적이 있었다.

한 번 벼슬길에 나서니 매복에게 부끄러웠고
3년이 지나자 맹광에게 부끄러웠다.
이 애정을 어디에 비기면 좋으랴
시냇가에 한 쌍 원앙이 노는데.

도징의 아내는 이 시를 받아 종일토록 읊조리다 속으로 화답할 시를 구상한 것 같았으나 입밖에 내지 않았다. 그러다가 도징이 벼슬을 그만두고 가족을 데리고 본가로 돌아가려 하자 아내는 문득 슬퍼하면서 전날에 준 시에 곧 화답하겠다고 하고 다음과 같이 읊조렸다.

금실의 정도 비록 소중하지만
산림으로 향한 뜻 절로 깊고 깊어
언제고 시절이 달라지면
백년해로의 마음 저버리게 될 듯
늘 두려워하였네.

그 후 함께 아내의 집을 찾아갔다. 거기엔 이미 사람이라곤 없었다. 도징의 아내는 그리워함이 심하여 종일토록 울었다. 그러다 문득 벽한 귀퉁이에 호랑이 가죽 한 장이 있는 걸 발견하고는 소리 높여 웃으면서 말했다.

"이 물건이 아직 여기 있을 줄 몰랐구나!"

그러고는 그것을 뒤집어쓰니 도징의 아내는 곧 한 마리 호랑이로 변하여 포효하면서 땅을 할퀴다가 문을 뛰쳐나가 버렸다. 도징은 깜짝 놀라 물러섰다가 두 아이를 데리고 그의 아내, 즉 호랑이가 가버린 길을 찾아갔다. 그리고 산림을 바라보며 며칠 동안을 통곡하다 마침내는 어디론가 종적을 감추어 버렸다.

아아, 도징과 김현, 두 사람이 인류 아닌 다른 동물과의 접촉했을 때, 그것들이 처첩으로 변해 온 것은 같았으나 도징이 만난 호랑이가 사람을 저버리는 시를 주고 난 뒤에 포효하면서 땅을 할퀴고 달아난 것은 김현의 호랑이와 달랐다.

김현의 호랑이는 마지못해 사람을 다치게 했으나 좋은 처방을 가르쳐 주어 다친 사람들을 구제해냈다. 짐승이면서도 어질기가 그와 같은 자가 있었거늘 오늘날 사람으로서 짐승만도 못한 자가 있는 것은 어인 일인가.

김현 고사의 전말을 자세히 살펴보면, 그 호랑이가 하필 절을 도는 중에 사람을 감응시킨 점, 그의 세 오빠들의 죄악을 경계하리라는 하늘의 울림에 스스로 벌을 대신하게 된 점, 신기한 처방을 알려주어 사람들을 구제한 점, 절을 지어 불계를 강론하게 한 점 등으로 보아 그 호랑이는 한갓 짐승 가운데서 어진 성품을 가진 자로만 볼 수 없고, 부처가 미물에 감응한 것 중의 하나일 것이다. 김현이 그 정성을 다해 탑돌이 한 것에 감동되어 남모르는 이익으로 보답코자 함이었다. 김현이 그때에 복을 받았음은 당연한 일이 아니겠는가!

다음과 같이 기린다.

산골집 세 오빠의 악행이 모질어도
고운 입에 한 마디 허락의 아름다움이여!
의리의 중함 몇 가지니 죽음도 가벼이 여기고
수풀 아래 맡긴 몸 꽃잎처럼 떨어졌네.

## 융천사의 혜성가

제 5 거열랑, 제 6 실처랑, 제 7 보동랑, 이 세 화랑이 거느린 낭도들이 풍악산으로 놀러 나가려고 했을 때, 혜성이 나타나 심대성(心大星)을 침범하였다. 세 화랑과 그 낭도들은 꺼림칙하여 풍악산으로의 유람을 중지하려고 했다.

그때 융천사가 노래를 지었다.

예전 동해 물가 건달파가 놀던 성을 바라보니
왜군이 왔다고 봉화를 든 변방이 있구나!
세 화랑의 산 구경 간다는 말을 듣고
달은 부지런히 밝히고 별도 그 길을 쓰는데
그 별을 보고 '혜성이여!' 사뢴 사람이 있어라!
아으, 달은 저 아래로 떠갔더라,
이와 어울릴 무슨 혜성이 있을고.

그러자 혜성의 변괴는 즉시 사라지고 침범해오던 왜구들도 제 나라로 돌아가 버려 도리어 복이 되었다. 진평왕은 기뻐하며 화랑과 그 낭도들을 풍악산으로 보내어 놀게 했다.

# 정수법사가 얼어붙은 여인을 구하다

제 40대 애장왕 때에 승려 정수가 황룡사에 머물고 있었다.

겨울 어느 날, 눈이 많이 쌓이고 날이 저물 무렵이었다. 법사가 삼랑사에서 돌아오는 길에 천엄사 문밖을 지나게 되었다. 그때 한 여자 거지가 애를 낳고는 거의 얼어 죽을 지경이었다.

법사는 그것을 가엾게 여겨 안아 주었더니, 한참만에 여자 거지가 깨어났다. 이에 법사는 자기 옷을 벗어 덮어주고 벌거벗은 채로 절로 돌아와 볏짚으로 몸을 덮고 밤을 지냈다.

한밤중에 궁궐의 뜰을 향해서 외치는 소리가 들려왔다.

"황룡사의 승려 정수를 마땅히 왕의 스승으로 봉하라."

왕이 급히 사람을 보내 조사하게 하였다. 모든 사실이 왕에게 알려졌다. 왕은 예를 갖추고 법사를 궁궐로 맞아들여 국사로 삼았다.

# 제8 피은

## 낭지가 구름을 타다, 그리고 보현수

삽량주 아곡현의 영취산에 특이한 승려 한 사람이 암자에 여러 해 살았는데 마을 사람들은 아무도 몰랐다. 스님 또한 이름을 말하지 않았다. 늘 《법화경》을 염송해서 신통력을 가지고 있었다.

문무왕 원년 661년의 일이다. 사미승 지통은 이량공 집안의 종이었다. 일곱 살에 출가하였는데 그 때 까마귀 한 마리가 와서 짖어대며 말했다.

"영취산에 가서 낭지스님의 제자가 되어라."

지통이 듣고 영취산을 찾아갔다. 마을의 나무 아래서 쉬고 있는데 이상하게 생긴 사람이 나타나 말하였다.

"나는 보현대사이다. 네게 계품을 주러 왔노라."

그리고는 계를 베풀고 사라졌다. 지통은 신령스런 마음이 활짝 트이고 지혜가 두루 통하였다. 계속해서 가는데 길거리에서 한 스님을 만났다.

"낭지스님은 어디 계신가요?"

"어찌 낭지를 찾느냐?"

지통은 신령스러운 새의 이야기를 해주었다. 스님은 빙그레 웃으며 말했다.

"내가 바로 낭지다. 지금 불전 앞에 까마귀 한 마리가 날아오더니 '성스런 아이가 스님에게 몸을 맡기러 올 것이오'라고 알려 주더구나. 그래서 이렇게 마중 나온 거란다."

그러면서 손을 잡고 감탄하여 말했다.

"신령스런 까마귀가 놀랍게도 내게 오는 것을 알려주고 내가 널 맞으러 나왔으니 이야말로 좋은 징조다. 아마도 산의 신령이 우리를 몰래 돕는 것일 게다."

전하는 말에 따르면 그 신령은 변재천녀(辨才天女)라고 한다.

지통은 이 말을 듣고 울며 인사드리고 스님에게 예를 갖추어 제자로 들어갔다. 얼마 있다 계를 주려하자 지통이 말했다.

"저는 마을의 나무 아래에서 벌써 보현대사를 뵙고 정식으로 계를 받았습니다."

"그러냐? 대사가 몸소 내리는 만분계(滿分戒)를 받았구나. 나는 태어나서 늙도록 은근히 대성을 뵙길 바랐건만 아직 부름 받지 못했는데 이제 너는 벌써 뵈었으니 나는 네게 훨씬 미치지 못한다."

낭지는 그렇게 감탄하며 도리어 지통에게 예를 갖추었다. 이로 인해 그 나무 이름을 보현대사의 이름을 따서 보현수라 하였다. 지통이 낭지에게 말했다.

"스님께서 여기 머무신 지 오래되었습니까?"

"법흥왕 때인 527년부터 있었으니, 이제 얼마나 되었는지 모르겠다."

지통이 산에 왔을 때, 문무왕이 즉위한 원년 661년이었다. 계산해

보니 135년이나 되었다. 그 뒤 지통은 의상이 있는 곳으로 가 불교의 깊은 이치를 깨달아 교화에 이바지하고 《추동기》를 지었다.

원효가 반고사(磻高寺)에 있을 때였다. 낭지를 만나러 갈 때마다 《초장관문(初章觀文)》과 《안신사심론(安身事心論)》을 지으라는 권유를 받았다. 원효는 편찬을 마치자 그곳 선비인 문선을 시켜 편지를 가지고 급히 전달하게 했다. 그 책의 끝에 게를 적었다. 그 내용은 다음과 같다.

> 서쪽 골짜기 사미승이 머리 조아려 예를 드리노라
> 동쪽 봉우리의 큰 스님 암자 앞에
> 잘디 잘은 먼지를 불어 영취산 꼭대기에 얹히고
> 작은 물방울 날려 용연(龍淵)에 채우노라.

영취산의 동쪽에는 대화강이 있다. 곧 중국 대화지 용의 복을 빌기 위해 만든 까닭에 용연이라 한다. 지통과 원효는 모두 큰 성인이다. 두 분이 성인이면서도 옷을 걷고 스승으로 섬겼으니, 낭지 스님의 높은 도를 오히려 알 수 있다.

스님이 일찍이 구름을 타고 중국의 청량산에 간 적이 있었다. 무리들을 따라 설법을 듣고 금방 돌아왔다. 그들은 '어디 가까운 곳에 사는 사람'이라고 여길 뿐 아무도 그가 어디서 지내는지 몰랐다. 하루는 여러 사람들에게 명을 내렸다.

"여기 상주하는 이들을 제외하고 다른 절에서 오는 승려는 각각 자기가 사는 곳의 이름난 꽃을 가지고 와서 이 절에다 심도록 하라."

낭지는 다음 날 산에 있는 특이한 나뭇가지를 하나 꺾어 와서 바쳤다. 그곳의 승려가 이를 보더니 말했다.

"이 나무는 산스크리트 말로 달제가라고 부른다. 이는 혁(赫)이라고 하는데 오로지 인도와 해동의 영취산에만 있습니다. 저 두 산이 모두 제 10 법운지(法雲地)로 보살이 지내는 곳이니, 이 사람은 분명 성스런 사람일 것입니다."

그리고서 낭지의 차림새를 살펴보고 곧 해동의 영취산에서 사는 사람임을 알았다. 이 때문에 그를 다시 보게 되었으며, 이름이 중국과 그밖에 퍼졌다.

신라 사람들은 그 암자를 혁목암이라 불렀다. 지금 혁목사의 북쪽 언덕에 옛 터와 그 유적지가 남아 있다.

《영취사기(靈鷲寺記)》에는 다음과 기록이 있다.

낭지가 일찍이 이 암자 터를 일러 곧 가섭불 시대의 절터라고 했다. 땅을 파서 등잔 두 개를 찾았다고 한다.

시간이 흘러 원성왕 때의 일이다. 연회(緣會)대덕이 와서 산중에서 지내며 낭지 스님의 전기를 편찬해 세상에 전하게 되었다. 《화엄경》을 살펴보면 제 10 법운지는 낭지 스님이 구름을 타던 곳이니 대개 부처님이 세 번째 손가락을 구부리고, 원효가 몸을 백 개로 나눈 것과 같은 일이라 하겠다.

다음과 같이 기린다.

바위틈에 백년이나 숨어살았다는 생각
세상에서 높은 이름 알 턱이 있나.
산새들 겨워 지저귀는 소리 일랑 막을 길 없어
구름 타고 오가던 얘기 저절로 소문났네


## 연회가 이름을 감추다, 그리고 문수점

고승 연회(緣會)는 일찍이 영취산에서 머물며 항상 《묘법연화경》을 읽고 보현보살의 수행법을 닦았다. 뜰의 연못에는 늘 연꽃 몇 송이가 피어 있는데 사철 내내 시들지 않았다. 국왕인 원성왕이 그 상서로운 일을 듣고 불러서 국사로 삼고자 하였다. 스님은 이 말을 듣고 곧 암자를 버리고 숨어 버렸다.

서쪽 고개의 바위 사이를 지나가는데 마침 한 노인이 밭을 갈고 있다가 물었다.

"스님 어디 가시오?"

"나라에서 분에 넘치게도 벼슬을 주려 하기에 피하는 것이올시다."

"여기서 팔면 되지 뭐 멀리까지 가며 수고하시오. 스님은 이름 팔기를 싫어하지 않으시는군요."

연회는 그 말이 자기를 놀리는 줄 알고 듣지 않았다. 그래서 몇 리쯤 더 갔는데 시냇가에 할머니 한 사람을 만났다.

"스님 어디 가시오?"

연회는 앞에서처럼 대답했다.

"앞서 사람을 만나셨나요?"

할머니가 다시 물었다.

"한 노인이 나타나 저를 매우 욕보였지요, 화가 나서 오는 길입니다."

"그 분이 문수보살이신데, 어찌 그 말을 듣지 않으셨소?"

연회는 이 말을 듣고 깜짝 놀라고 송구스러워 노인이 있던 곳으로 돌아와 머리를 조아리며 뉘우치듯 말했다.

"성자의 말씀을 어찌 듣지 않겠습니까? 그리하여 돌아왔습니다. 시냇가의 할머니는 어떤 분이신가요?"

"변재천녀일세."

말을 마치더니 사라져버렸다.

암자로 돌아와 있는데 얼마 있다 사신이 왕의 명령을 가지고 와 불렀다. 연회는 제 업으로 받아야 할 줄 알고 조서에 응하여 궁궐로 가서 국사에 임명되었다.

스님이 노인에게 감명 받은 곳을 문수점(文殊岾)이라 하고, 할머니를 만난 곳을 아니점(阿尼岾)이라 하였다.

다음과 같이 기린다

장바닥에서는 어진 이가 오래 숨기 어렵고
주머니 속의 송곳도 한 번 드러나면 감추기 어렵네
뜰 아래 푸른 연꽃 때문에 그르친 것이지
구름과 산이 깊지 않아서가 아니라네.


## 혜현이 고요함을 늘 구하다

승려 혜현(惠現)은 백제 사람이다. 어려서 출가하여 애써 마음과 뜻을 다해 《묘법연화경》을 외는 것을 과업으로 삼고 기도하여 복을 청하니, 신령스런 감응이 매우 많았다. 또한 삼론(三論)을 부지런히 닦아 신통력을 갖추기도 했다.

처음에는 북쪽 지방의 수덕사에서 지냈는데, 사람들이 있으면 불경을 강론하고 없으면 경을 외웠다. 사방 멀리까지 그를 흠모하여 오니 문밖에는 신발이 가득하였다. 서서히 번잡한 일이 싫어져 강남의 달라산으로 가서 지냈다. 산은 바위투성이라 험해서 오가는 이가 매우 드물었다. 혜현은 고요히 앉아 세상을 잊고 산중에서 생애를 마쳤다.

같이 수련하던 이들이 시신을 들어다 석실 안에 두었는데 호랑이가 모두 뜯어먹고 오직 뼈만 남았는데 혀는 그대로 있었다. 그런데 추위와 더위가 세 번이나 지나가도 오히려 혀는 자줏빛으로 단단하게 변했다. 세상에서 그것을 공경하여 석탑에 보관했다. 혜현이 세상에서 산 나이가 58세였다.

혜현은 중국으로 공부하러 가지 않고 고요히 물러나 세상을 마쳤으나, 이름은 중국 등 여러 나라에 퍼져 전기가 만들어졌다. 특히 당나라에서 명성이 자자했다.

또 고구려의 승려 파약(波若)이 중국 천태산에 들어가 지자(知者)에게서 교관(教觀)을 받았다. 신령스런 이적으로 산중에서 이름을 날리다가 죽었다.《당승전(唐僧傳)》에 또한 수록되었으며 신령스런 가르침을 많이 보여 주었다.


## 신충이 벼슬을 버리다

효성왕이 아직 등극하기 전, 어진 선비 신충과 함께 대궐 뜰에 있는 잣나무 아래에서 곧잘 바둑을 두곤 했다.

어느 날 신충에게 말했다.

"후일 등극하는 날에 내가 만일 그대를 잊는다면 이 잣나무와 같으리라."

신충은 일어나 절을 했다. 두어 달 뒤에 효성왕은 즉위했다. 그리고 공신들에게 상금과 벼슬을 내렸다. 그런데 왕은 신충을 잊어버리고 상을 준 대상에서 빠뜨렸다. 신충은 원망에 잠겨 노래를 지어 그 잣나무에다 붙였다.

뜰의 잣이 가을에 시들지 않듯이 어찌 너를 잊을까 하시던
우러러보던 얼굴이 계시온데,
달 그림자가 옛 못의 가는 물결 원망하듯이
얼굴만을 바라보지만 세상이 싫어지는구나!

이 시가를 잣나무에 붙이자 싱싱하던 그 잣나무는 갑자기 말라들었다. 왕은 이상스러워 사람을 시켜 조사해보게 했다. 신충이 써 붙인

노래를 발견하여 왕에게 바쳤다.

왕은 놀랐다.

"온갖 정사에 바쁘다보니 하마터면 가까운 이를 저버릴 뻔했군!"

이에 신충을 불러 벼슬을 주었다. 그러자 그 잣나무는 되살아났다. 이로 말미암아 신충은 양조에 걸쳐 대단한 총애를 받았다.

경덕왕 즉위 22년 763년 신충은 그의 두 벗과 약속하고서 벼슬을 사퇴하고 남악으로 들어갔다. 왕이 거듭 불렀으나 다시는 나오지 않고 머리를 깎고 승려가 되어서 왕을 위해 단속사를 세우고 거기에 머물렀다. 그가 죽을 때까지 대왕의 복을 빌며 살겠다고 간청하자 왕은 허락해주었다.

단속사의 금당 뒷벽에 남아 있는 화상이 바로 그것이다. 절 남쪽에 속휴라는 마을이 있는데, 이것은 물론 세속과 인연을 끊은 신충의 일에서 유래한 명칭이다. 지금은 와전되어 소화리라 부르고 있다.

또 다른 기록에 의하면, 경덕왕 때에 직장 이준이란 자가 일찍이 나이 쉰이 되면 꼭 출가하여 절을 세우겠다고 하더니, 당 현종 36년 즉 경덕왕 즉위 7년 748년에 나이 쉰이 되자 조연에 있는 작은 절을 큰 절로 개조하여 단속사라 이름짓고 자신 역시 삭발했다고 한다. 법명을 공굉장로라 하더니 20년을 그 절에 머물다 죽었다고 한다.

이는 앞의 《삼국사》에 실린 것과 같지 않으므로 두 가지 기록을 그대로 실어 의심을 없앤다.

다음과 같이 기린다.


공명을 마저 이루기 전에 귀밑 털이 먼저 희어지네.
군왕의 총애야 많지만 죽음에의 길이 바쁘구나
바라다보는 저 산이 줄곧 꿈속에 어리어 들어오니
가서 향불 올리며 우리 임금 복 빌리라.

# 포산의 두 성인

신라 때에 관기(觀機)와 도성(道成)이라는 두 분 큰스님이 살고 있었는데 어떤 사람인지는 정확히 알 수 없으나 함께 포산에 살았다. 관기는 남쪽 산마루에 암자를 지었고, 도성은 북쪽 굴에 자리를 잡았다. 서로 거리가 십 리쯤 되었다.

구름을 헤치고 달을 읊으며 매양 서로 오고갔다. 도성이 관기를 부르고자 하면 산중의 나무들이 모두 남쪽을 향해 엎드려 마치 맞이하는 것 같으니, 관기가 그것을 보고 갔다. 관기가 도성을 부르고자해도 또한 이와 같이 북쪽으로 엎드려 곧 도성이 관기에게 가곤 하였다.

이렇듯 여러 해가 지나갔다. 도성은 살고 있는 뒤편 높은 바위 위에서 늘 자리를 잡고 좌선했는데, 하루는 바위틈 사이를 뚫고 몸이 공중으로 올라가 간 곳을 알 수가 없었다. 어떤 이는 수창군에 이르러 몸을 버렸다고 한다. 관기 또한 따라서 진여(眞如)의 세계로 갔다.

지금 두 스님의 이름을 따 그 자리에 이름을 붙여 남긴 터가 모두 남아 있다. 도성암은 높이가 여러 길인데 후세 사람들이 굴 아래 절을 세웠다.

982년의 일이다. 성범 스님이 처음 와서 절에 머물며 만일미타도량을 열고 50여 년이나 부지런히 수행하였는데 특이한 일이 자주 벌어졌다. 그때 현풍에 사는 신도 스무 남짓한 사람들이 모임을 만들고 향나무를 모아 절에 바쳤다. 매번 산에 들어가 향나무를 캐서 잘게 쪼개어 씻고 상자 위에 올려놓으면 나무가 밤에 촛불처럼 빛을 발했다. 이런 까닭에 마을 사람들이 향 모임 사람들에게 시주를 하고 '빛을 얻은 해'라고 경하하였다.

사람들은 두 성인의 감응이라고도 하고, 산악신의 도움이라고도 하였다. 신의 이름은 정성천왕이다. 일찍이 가섭불의 시대에 부처님의 부탁을 받고 산중에서 천명의 현인이 나기를 기다려 남은 과보를 받겠노라 다짐하였다고 한다.

　지금 산중에 아홉 성인의 일이 기록되어 남아 있는데 내용은 자세하지 않지만 이름은 다음과 같다. 관기 · 도성 · 반사 · 첩사 · 도의 · 자양 · 성범 · 금물녀 · 백우사 등이다.

　다음과 같이 기린다


　서로 찾을 제
　달빛 밟으며 구름과 노닐던
　두 분 풍류는 몇 백 년이던가
　골짜기 가득 안개는 끼어 있고 고목만 남아
　흔들흔들 비끼는 그림자
　이제 나를 맞는 듯


　반의 음은 반인데 신라말로 비나무이고, 첩의 음은 첩인데 신라말로 갈나무이다. 반사와 첩사 두 스님은 바위 덩굴 속에서 오래 숨어살며 사람 사는 세상과 교류하지 않았다. 모두 나뭇잎을 엮어 옷을 지어 입고 추위와 더위를 견디며 습기를 막고 부끄러운 곳만 가렸다. 그래서 이 나무 이름으로 호를 지은 것이다.

　예전 금강산에 이 같은 이름이 있다고 들었다. 이로 보면 옛날 숨어사는 인사가 상당히 있었고 운치가 이와 같이 뛰어났음을 알 수 있으나, 다만 본받기는 어려운 일이다. 내가 일찍이 포산에 머물며 그 분들의 남기신 아름다움을 적어 놓았는데, 이제 여기 함께 적는다.


　배를 채우기는 상수리에 거친 수수요
　나뭇잎으로 만든 헐한 옷
　비단과 거리가 멀지
　마른 소나무에 이는 바람

돌길은 팍팍한데
날 저문 숲 아래 초동아
집으로 돌아가는구나
한밤중
달빛 보며 자리 잡고 있으니
몸에 걸친 옷
바람 부는 대로 반 남아 날도다
거적자리에 가로누워도 단잠 들 것이니
띠끌 세상이야
꿈속에서도 가지 않으리라
구름만 노닐다 떠가는 곳
두 분 암자 빈터로다
사슴 한가로이 오르는데
사람 자취 드물다


## 도적 떼를 만난 영재

석영재는 성품이 익살스럽고 활달하여 재물에 얽매이지 않으며 향가를 잘 지었다. 만년에 남악으로 은둔해 가는 도중 대현령에 이르렀을 때 60여 명의 도적 떼와 마주쳤다.

도적들은 영재를 해치려고 했다. 그러나 영재는 도적들의 칼날 앞에서도 조금도 두려워하는 기색 없었다. 도적들은 하도 이상스러워 그의 이름을 물었다.

영재라고 답하자, 도적들은 평소 그의 이름을 들어온 터라 그에게 명하여 노래를 짓게 하였다. 영재는 다음과 같은 노래를 지어 불렀다.

제 마음의 하는 짓 모르던 날
멀리 ㅁㅁ 지나치고 이제 숨으러 가고 있네
오직 그릇된 파계승이여!
두려워 할 모습으로 또다시 돌아가니
이 칼을 맞고 나면 좋을 날이 오련만
아으, 오직 요만한 선행으로는 새집이 안된다네!

　도적들은 그의 노래에 감동되어 비단 두 필을 주자 영재는 웃으면
서 사양하였다.
　"재물이 지옥으로 떨어지는 근본임을 느껴 장차 깊은 산골에 숨어
일생을 보내려고 하는 사람인데 어찌 감히 이것을 받겠는가?"
　그리고는 비단을 땅에 던져 버렸다. 도적들은 또 영재의 그 말에 감
동되어 모두 지녔던 칼이며 창들을 던져 버리고 삭발하여 영재의 무
리가 되어 함께 지리산에 숨어 다시는 세상에 나오지 않았다. 영재의
나이 90세였으니 원성왕 때의 일이었다.
　다음과 같이 기린다.

지팡이 짚고 산으로 들어가며, 품은 그 뜻 더욱 깊구나
비단과 주옥으로 어찌 마음 다스릴 수 있으랴
숲 속의 군자들아 서로 주고받으려 하지 말거라.
한 치의 금도 지옥으로 떨어질 근본이나니.


## 물계자

　제 10대 내해왕이 즉위한 지 17년, 즉 212년에 보라국, 고좌국, 사
물국 등 여덟 나라가 힘을 합하여 신라의 변경을 침입해 왔다. 왕은

태자 내음과 장군 일벌 등에게 명하여 이를 막게 하자, 여덟 나라가
모두 항복하였다. 이때 물계자의 공이 제일 컸으나 태자가 그를 미워
하여 보상을 받지 못하였다.

어떤 사람이 물계자에게 와서 말하였다.

"이 번 전쟁의 공은 오직 자네에게만 있는데 상을 주지 않는 것은
태자가 자네를 미워하기 때문인데, 왜 자네는 태자를 원망하지 않는
가?"

"나라의 임금이 위에 계시는데 어찌 태자를 원망하겠는가?"

"그렇다면 이 일을 왕에게 아뢰는 것이 어떻겠소?"

"자신의 공적을 자랑하여 이름을 내세우고 드러내어 남을 가리는
것은 뜻 있는 선비가 할 일이 아니네, 오직 때가 올 때만 기다릴 뿐이
오."

215년에 굴포국 등 세 나라 왕이 군사를 이끌고 갈화를 공격하였
다. 이에 왕이 친히 군사를 이끌고 막으니, 세 나라 모두 패하였다. 이
때 물계자가 죽인 적군이 수십 명이었으나, 사람들이 물계자의 공적
을 말하지 않았다.

물계자가 그의 아내에게 말하였다.

"임금을 섬기는 도리는 위태로운 일을 보면 목숨을 바치고 어려운
일에 임해서는 자신을 잊고 절개와 의리를 지켜 죽고 사는 것을 돌보
지 않아야 충이라고 들었소. 보라와 길화의 싸움은 나라의 어려움이
었고 임금의 위태로운 일이었는데, 나는 내 몸을 잊고 목숨을 바칠 용
기가 없었으니 이는 매우 불충이라 하겠소. 이미 불충으로 임금을 섬
겨 그 허물이 아버님께 끼쳤으니 어찌 효라고 할 수 있겠소. 이미 충
효를 잃었으니, 무슨 면목으로 다시 조정과 거리를 다닐 수 있겠소."

그리고는 머리를 풀어헤치고 거문고를 지니고 사체산으로 들어갔
다. 그리고는 대나무의 곧은 성질이 병임을 슬퍼하며 그것에 비유하
여 노래를 짓기도 하고, 산골짜기에 흐르는 물소리에 비겨서 거문고

를 타고 곡조를 지으며 숨어살았다. 다시는 세상에 나타나지 않았다.


## 영여사

실제사(實際寺)의 승려 영여(迎如)의 출신은 잘 모른다. 그러나 인덕과 품행이 모두 높았다. 경덕왕이 그를 맞이하여 공양을 드리고자 신하를 시켜 불러오게 했다. 그래서 영여는 궁안으로 들어가 재를 마치고 돌아가고자 하였다. 그러자 왕은 신하를 보내 모시고 가도록 했다. 절에 이르자, 영여는 문안으로 들어가더니 갑자기 사라져 행방을 찾을 수 없었다. 신하가 돌아와 왕에게 아뢰자, 왕은 이를 기이하게 여겨 국사에 임명하였다. 뒤에도 세상에 나타나지 않았다. 그래서 지금 사람들이 그 절을 국사방(國師房)이라 부른다.


## 포천산의 다섯 비구

경덕왕 때였다. 삽량주의 동북쪽 20리쯤에 포천산이 있었다. 석굴이 기이한데다 쭉 빼어나 마치 사람이 깎아 놓은 듯 했다. 이름을 알 수 없는 다섯 비구가 이곳에서 지내면서 아미타불을 염송하며 서방정토에 가기를 기원했다.

거의 10년쯤 되었을 때였다. 갑자기 성인들이 서쪽으로부터 와서 이 다섯 비구를 맞이하더니 각각 연화대에 앉혀 공중으로 떠서 가는 것이었다. 통도사 문밖에 이르러 잠시 머무는데 그 사이에 하늘에서 음악이 울려 퍼졌다. 절의 승려들이 나와 보니 다섯 비구가 무상고공의 이치를 설법해 주었다.

몸은 모두 버리고 매우 밝은 빛을 내뿜으며 서쪽을 향해 갔다. 그 몸을 버린 곳에 절의 승려들이 정자를 세우고 치루(置樓)라고 하였는데 지금도 남아 있다.

## 염불사

남산의 동쪽 기슭에 피리촌이 있다. 그래서 마을에 있는 절을 피리사라고 하였다. 절에 특이한 승려가 살았지만 이름을 말하지 않았다. 늘 아미타불을 외웠는데 그 소리가 성안에까지 다 들렸다. 3백 60방, 17만 가구에서 들리지 않는 데가 없었으며 소리마다 높낮이가 없고 낭랑하기가 한결 같았다. 이것이 참으로 경이로와 존경하지 않는 이가 없었다. 모두들 염불사(念佛師)라고 불렀다.

죽은 다음에는 진흙으로 그 모습을 만들어 민장사 안에 모셨다. 그가 본디 지냈던 피리사를 고쳐 염불사(念佛寺)라 하였다.

# 제9 효선

## 진정법사의 지극한 효행

법사 진정(眞定)은 신라 사람이다. 평민으로 지낼 때는 군졸로 있었는데, 집안이 가난하여 장가들지 못하고 부역하는 틈틈이 품을 팔아 곡식을 받아다 홀어머니를 모셨다. 집안에 재산이라곤 다리 부러진 솥 하나 뿐이었다. 하루는 승려가 문 앞에 와 절에서 쓸 쇠붙이를 구하자, 어머니는 솥을 시주했다. 그런 다음 진정이 밖에서 돌아왔는데 어머니가 이 일을 말해 주면서 아들의 뜻이 어떤지 근심스러워 했다. 진정은 기쁜 얼굴로 말했다.

"부처님의 일에 시주하였으니 이처럼 다행이 어디 있습니까? 비록 솥이 없다해도 뭐가 걱정이겠습니까?"

그리고는 옹기로 솥을 삼아 먹을 것을 익혀 드렸다. 진정은 전에 군대에 있을 때 의상법사가 태백산에 있으면서 설법을 해 사람들을 이롭게 한다고 하는 말을 듣고 곧 거기를 사모하는 마음이 생겼다. 이에 어머니에게 말했다.

"효도가 끝나고 나면 꼭 의상법사에게 들어가 머리를 깎고 도를 배우려 합니다."

"부처님의 법을 만나기는 어렵고 인생은 짧은데, 효도를 마친 다음이라니? 그건 너무 늦다. 내가 죽기 전에 도를 듣고 깨우쳤다는 소식을 듣는 것만 같지 못하구나. 머뭇거리지 말고 빨리 가거라."

"어머님이 많이 늙으셔서 오직 제가 옆에서 지켜야 합니다. 어머니를 두고 어찌 출가할 수 있겠습니까?"

"아니다. 나를 위한다고 출가를 못 하다니. 그건 나를 지옥 구덩이에 빠뜨리는 일이야. 비록 남아서 진수성찬으로 나를 봉양한들 어찌 효도라 하겠느냐? 나는 남의 집 문 앞에서 옷과 밥을 빌어도 천수를 누릴 수 있다. 정말 내게 효도를 하려거든 그런 말은 하지 말아라."

진정은 침통한 생각으로 머리를 떨구고 있었다. 어머니는 벌떡 일어나더니, 쌀독을 뒤집어 쌀 일곱 되를 털어 내 그 자리에서 밥을 짓고는 말했다.

"네가 밥 지어 먹으면서 가느라 늦어질까 오히려 두렵다. 내 보는 눈앞에서 그 중 하나를 먹고 나머지 여섯 개를 싸서 서둘러 가거라."

진정은 눈물을 삼키고 사양하며 말했다.

"어머니를 버리고 출가하는 것도 사람의 자식으로 차마 어려운데, 하물며 며칠 먹을 식량마저 탈탈 털어 가다니요? 하늘이며 땅이 저를 뭐라 하겠습니까?"

세 번을 거듭 사양했으나, 어머니는 세 번 모두 권했다. 진정은 그 뜻을 거듭 어기지 못해 길을 나서 쉬지 않고 3일 만에 태백산에 이르렀다. 의상 문하에 들어 머리를 깎고 승복을 입어 제자가 되었다. 이름은 진정이라 하였다.

머문 지 3년이 되었다. 어머니가 돌아가셨다는 소식이 전해오자, 진정은 가부좌 한 채 7일 동안 입정(入定)하더니 일어났다. 이를 보고 사람들이 말했다.

"어머니를 생각하는 마음이 슬프고 너무도 아파 감당할 수 없기에 입정에 들어 씻어낸 것이다."

또는,

"입정에 들어 어머니가 다시 태어나는 곳을 살펴본 것이다."

"이로써 여실히 명복을 빈 것이다."

등등 여러 말이 많았다.

입정에서 나온 다음 이 일을 의상에게 알렸다. 의상은 제자들을 데리고 소백산의 추동(錐洞)으로 갔다. 풀을 엮어 움막을 짓고 3천 명을 모아 약 90일 동안《화엄대전》을 강의하였다. 제자 지통이 강의에서 주요한 부분을 모아 두 권의 책을 만들고《추동기(錐洞記)》라 이름 붙여 세상에 전했다.

그때 어머니가 꿈에 나타나 말했다.

"나는 이미 하늘 나라에서 환생하였다."

## 대성이 두 세상에서 부모에게 효도하다

신문왕 때의 일이다. 모량리에 사는 가난한 여자 경조(慶祖)에게 아이가 있었는데, 머리가 크고 이마가 마치 성(城)처럼 넓어 이름을 대성(大城)이라 불렀다. 집안이 가난하여 키울 수 없게 되자, 재산이 많은 복안의 집에 가서 고용살이를 하였다. 그 집에서 밭 몇 도랑을 나누어 줘서 먹고 입는 데 쓰도록 했다.

그때 승려 점개가 흥륜사에서 육륜회를 베풀고자 복안의 집에 와서 시주를 부탁했다. 복안이 베 50필을 시주하자, 점개가 주문으로 축원을 해 주었다.

그대가 보시를 잘 하니
천신께서 늘 지켜 주실 것입니다.
하나를 시주하면 받는 것은 만 배
편안히 즐거우며 오래 살리라.


대성이 이를 듣고 뛰어 들어와 어머니에게 말했다.

"제가 문에서 승려가 염송하는 소리를 들었어요. 하나를 시주하면 만 배를 받는다는군요. 저를 생각해 보니, 분명 전생에 쌓아 놓은 선행이 없어 지금 이렇게 고생하는 것 같아요. 이제 또 시주하지 않으면, 다음 세상에서 더욱 힘들겠지요? 작지만 저희가 가진 밭을 법회에 시주해서 후세에서 갚아 주시길 비는 것이 어떨까요?"

어머니는 승낙하였고 밭을 점개에게 시주하였다. 얼마 있지 않아 대성이 죽었다. 이날 밤 나라의 재상인 김문량의 집에 하늘로부터 소리가 울렸다.

"모량리의 대성이라는 아이가 이제 네 집에 태어나려 한다."

집안 사람들이 크게 놀라, 사람을 시켜 모량리의 대성을 찾아보게 하니, 과연 그 날 죽었다. 하늘의 울림과 동시에 임신하여 아이를 낳았는데, 왼쪽 손을 꽉 쥐고 펴지 않았다. 7일만에 열더니, 금빛 간자에 '대성'이라는 두 글자가 새겨 있어 그것으로 이름을 삼았다. 그 후 전생의 어머니 경조를 집안으로 모셔다 함께 봉양했다.

어른이 되어서 사냥을 좋아했다. 하루는 토함산에 올라 곰 한 마리를 잡았다. 산아래 마을에서 자는데 꿈에 곰이 귀신으로 변해 사납게 말했다.

"너는 어찌하여 나를 죽였느냐? 내가 너를 물겠노라."

대성은 두려워 움츠리며 용서를 빌었다. 그러자 귀신이 말했다.

"네가 나를 위해 절을 지어 줄 수 있느냐?"

대성은 그렇게 하겠다고 맹서했다. 깨어나서 보니 땀이 흘러 이불이 온통 젖어 있었다. 그 다음부터는 사냥을 그만 두고 곰을 위해 그를 잡았던 땅에다 장수사(長壽寺)를 지었다. 이 때문에 마음에 느끼는 것이 생기고 자비스런 소원이 더욱 돈독해졌다. 그래서 지금의 부모 두 분을 위해 불국사를 짓고, 전생의 부모를 위해 석불사를 지어 신림과 표훈 두 분 성사를 불러다 각각 절에서 지내게 하였다. 게다가 더 많은 불상을 세워 길러준 부모의 노고에 보답하였다.

한 몸으로 전생과 현생의 부모를 모시니, 이는 옛날에도 듣기 힘든 일이다. 시주를 잘한 징험을 믿지 않을 수 없구나.

석불을 만들 때였다. 큰 돌 하나를 다듬어 감실을 만드는데, 갑자기 셋으로 쪼개져 버렸다. 분하고 화가 났다. 그러다 설핏 잠이 들자, 밤중에 천신이 내려와 감실을 다 만들어 놓고 돌아갔다. 대성이 침대에서 일어나 남쪽 고개로 올라가 향나무를 태워 천신에게 공양을 드렸다. 그래서 그 땅을 향령이라 부른다.

불국사의 구름다리와 석탑 그리고 강당을 조각한 나무와 돌에 새긴 노력과 정성은 다른 어느 사찰과도 비교할 수 없을 정도로 대단하였다.

옛 《향전》에 실린 내용이 이와 같으나, 절에 있는 기록에서는 다음과 같이 말한다.

경덕왕 때였다. 대상 대성이 751년에 비로소 불국사를 짓기 시작하였다. 혜공왕 때를 거쳐 774년 12월 2일에 대성이 죽자, 나라와 집안에서 공사를 마쳤다. 완성된 처음에 유가종의 대덕 항마를 불러 이 절에서 머물게 했고, 이어서 오늘날에 이른다.

다음과 같이 기린다.

모량리 봄 지난 뒤에 세 이랑 밭을 시주했더니
향령에 가을이 와 만 배나 거두었네
전생 어머니 평생 가난하다가 부자가 되고

재상은 한 꿈 사이에 두 세상을 오갔네.

## 향득 사지가 허벅지 살을 베어 부모를 봉양하다

경덕왕 때였다. 웅천주 사지에 향득(向得)이라는 이가 살고 있었다. 어느 해 가뭄이 들어 그의 아버지가 거의 굶어 죽게 되었다. 향득은 자기 허벅지 살을 베어 먹여 살렸다. 마을 사람들이 이 일을 자세히 아뢰니 경덕왕은 쌀 5백 석을 상으로 내렸다.

## 손순이 자신의 아이를 묻다

홍덕왕 때였다. 손순이란 이는 모량리 사람으로 그의 아버지는 학산이다. 아버지가 돌아가시자 손순은 아내와 함께 남의 집 품팔이로 쌀을 얻어 늙은 어머니를 봉양했다. 그의 어머니의 이름은 운오라 했다. 손순에게는 어린아이가 하나 있었다. 그 아이가 늘 노모의 밥을 빼앗아 먹자, 손순은 민망하여 그의 아내에게 말했다

"자식은 또 얻을 수 있지만 어머니는 다시 모실 수 없소. 저 아이가 어머니 밥을 빼앗아 먹으니 어머니의 굶주림이 얼마나 크겠소. 차라리 저 애를 묻어 버리고 어머님을 배부르게 해드립시다."

마침내 아이를 업고 취산 북쪽 들로 갔다. 땅을 파려는데 뜻밖에도 이상한 돌종이 나왔다. 그들 부부는 놀랍고 이상스러워 얼른 나무에 걸어놓고 한 번 쳐보았다.

은은한 소리가 들을 만 했다. 손순의 아내는 말했다.

"이렇게 신기한 물건을 얻은 것은 아마 이 아이의 복인 듯하니 묻지 말도록 합시다."

손순 역시 그렇게 생각되어 아이와 돌종을 가지고 집으로 돌아왔다. 돌아와 그들은 돌종을 들보에 매달아두고 두드렸다. 돌종 소리가 대궐까지 들렸다.

당시 임금 흥덕왕이 듣고서 신하들에게 말했다.

"서쪽 교외에서 이상한 종소리가 들려오는데 그 맑고 고운 것이 보통 종과는 비교할 수 없다. 속히 가서 조사해보도록 하라."

왕의 사자가 손순의 집으로 찾아와 사실을 조사해 가서 왕에게 아뢰었다. 사자의 보고를 받은 왕은 말하였다.

"옛적에 곽거가 자식을 묻으려 하자 하늘이 금솥을 내리더니 오늘날 손순이 아이를 묻으려 하자, 땅이 돌종을 주셨구나. 앞서의 효자와 뒷날의 효자를 하늘과 땅이 함께 살피신 것이다."

그리고 집 한 채를 하사하고 해마다 벼 50석을 주어 그 지극한 효성을 표창하였다. 손순은 그의 옛집을 내놓아 절을 짓고는 홍효사라 부르고 그 돌종을 안치했다.

진성여왕 때에 후백제의 적도들이 그 마을을 침입하는 바람에 종은 없어지고 절만 남았다. 손순이 돌종을 얻은 그곳 지명은 완호평인데 지금은 와전되어 지량평이라 부르고 있다.


## 가난한 여인이 어머니를 봉양하다

효종랑이 남산 포석정에서 놀고자 하니 그의 식객들이 모두 급히 달려왔다. 그런데 오직 두 사람만이 뒤늦게 왔다.

효종랑이 그 까닭을 물었다.

"분황사 동쪽 마을에 20세쯤 되는 여인이 눈먼 아이를 끌어안고 울고 있었습니다. 그래서 동네 사람들에게 우는 까닭을 물었더니, 이 처녀는 집이 가난하여 몇 년 동안 구걸하여 어머니를 봉양했는데 흉년이 들어 밥을 얻기 어려워지자, 남의 집에서 품을 팔아 30섬의 곡식을 얻어 주인집에 맡겨두고 일을 해왔습니다. 날이 저물면 쌀을 조금씩 싸 가지고 집으로 돌아와 밥을 지어먹고 함께 잔 후 새벽이 되면 다시 주인집으로 가서 일하기를 수일 동안 했다고 합니다. 그런데 어머니는 전에 먹었던 음식은 아무리 거칠어도 마음이 편안하더니 요새 먹는 음식은 좋지만 가슴을 찌르는 듯하여 마음이 편하지 않으니 어찌 된 일이냐고 물었습니다. 여인이 사실대로 말하자 어머니가 큰소리로 울고 처녀는 어머니를 배만 부르게 봉양하고 마음은 기쁘게 하지 못한 것을 탄식하여 서로 붙들고 우는 것이라 하였습니다. 이를 보느라 늦었습니다."

효종랑은 이 말을 듣고 눈물을 흘리고는 곡식 백 석을 보냈다. 효종랑의 부모도 옷 한 벌을 보냈으며, 효종랑의 무리 1,000명도 조 1,000석을 모아 보내 주었다.

이런 사실이 조정에 알려지자, 진성왕이 곡식 500석과 집 한 채를 내려주고, 군사를 보내어 그 집을 도둑으로부터 지키도록 하였다.

그 마을에는 선행을 기리는 문을 세우고 효양리(孝養里)라 하였다. 이후 모녀는 그 집을 내놓아 절로 삼고 양존사라 이름지었다.

〈참고문헌〉

《삼국유사》홍익출판사, 고운기 역(2001)
《향가 해독법 연구》서울대출판부, 김완진 저(1990)
《삼국유사》을유문화사, 김원중 역(2002)
《新編三國遺事》신서원, 리상호 역(1998)
《鄕歌批解》, 유창균 저(1994)
《삼국유사》장락, 이동환 역(1994)
《삼국유사》(상)·(하) 범우사, 이민수 역(1991)
《향가해석》여강출판사, 홍기문 저(1990)

# 삼국유사

초판1쇄 펴낸날   2003년  4월 30일

초판7쇄 펴낸날   2007년  8월 10일

편저자  일연

편  역  배성우

펴낸이  배태수

펴낸곳  신라출판사

　　　　서울시 동대문구 제기동 1157-3영진빌딩

　　　　전화 (02)922-4735   팩스 (02)922-4736

출판등록  1975년 5월 23일 제 6-0216호


ISBN 89-7244-050-7    03810